Terrorismus

Peter Waldmann

Terrorismus
Provokation der Macht

Gerling Akademie Verlag

Die Deutsche Bibliothek – CIP-Einheitsaufnahme

Waldmann, Peter:
Terrorismus : Provokation der Macht / Peter Waldmann. – München :
Gerling-Akad.-Verlag., 1998
ISBN 3-932425-09-X

Copyright © 1998, Gerling Akademie Verlag GmbH,
Prinzregentenstraße 11, D-80538 München.
Alle Rechte, insbesondere das Recht der Vervielfältigung
und Verbreitung, vorbehalten
Umschlaggestaltung: Claus Seitz, München
Titelabbildung: Franz Hitzler: »Ohne Titel«, 1985,
Privatbesitz, München
Satz: Fotosatz Reinhard Amann, Aichstetten
Druck und Bindung: Clausen & Bosse, Leck
ISBN 3-932425-09-X

www.gerling-academy-press.com

Meinem verehrten Lehrer
Mohammed Rassem

Inhalt

1.
Einleitung:
Begriff und Tragweite
des Phänomens

Terrorismus ist ein emotional besetztes Modethema, und dies nicht erst heute. Schon nach der ersten großen Attentatswelle, die Europa gegen Ende des 19. Jahrhunderts erfaßte, wurden terroristische Einzeltäter, Zellen und Verschwörungen zu einem beliebten Thema in der gerade aufkommenden Massenpresse ebenso wie in Romanen. Die gleiche öffentliche Aufmerksamkeit, die sich teils aus moralischer Entrüstung, teils aus Sensationslust speiste, wurde dem Terrorismus von den späten 60er Jahren unseres Jahrhunderts an zuteil, als die Zahl der politisch motivierten Anschläge erneut stark anstieg.

Dieser modische Touch, der dem Thema anhaftet, ist für unser Anliegen eher lästig. Denn hier geht es nicht darum, in den allgemeinen Chor der Empörung über diese Form der Gewalt einzustimmen oder apokalyptische Zukunftsvisionen im Falle eines Ausuferns des Terrorismus zu entwickeln. Vielmehr soll das Phänomen möglichst nüchtern beschrieben und analysiert werden, wie es sich aufgrund der bekannten und zugänglichen Fakten und bisherigen Untersuchungen darstellt. Hierfür empfiehlt es sich, ungeachtet der starken moralischen Bedenken, die der Terminus Terrorismus wachruft, unseren Gegenstand möglichst vorurteils- und emotionslos zu betrachten. Außerdem scheint es notwendig, den Begriff von seinen Auswüchsen zu befreien und auf seinen wesentlichen Gehalt zu reduzieren. Deshalb wird zu Beginn dieses Kapitels ein Definitionsvorschlag gemacht. In einem zweiten Schritt erfolgt die Abgrenzung von »Terrorismus« zu Nachbarbegriffen wie »Terror« und »Guerilla«, wobei auch kurz auf den viel beschworenen »internationalen Terrorismus« eingegangen wird. Es folgen Ausführungen zur Verbreitung des Terrorismus sowie, am Schluß des Kapitels, eine Anmerkung zur Literatur und zur Anlage der Studie.

Was heißt Terrorismus?

Wenngleich das Thema alles andere als neu ist, hat man sich auf eine einheitliche Definition dessen, was Terrorismus eigentlich ist, bisher nicht einigen können. Unser Definitionsvorschlag lautet: Terrorismus sind planmäßig vorbereitete, schockierende Gewaltanschläge gegen eine politische Ordnung aus dem Untergrund. Sie sollen allgemeine Unsicherheit und Schrecken, daneben aber auch Sympathie und Unterstützungsbereitschaft erzeugen.

Wir grenzen uns bewußt von jenen Autoren ab, die auch von Staatsterrorismus sprechen, jedenfalls im Sinne einer unmittelbaren staatlichen Zwangsstrategie (staatliche Machteliten können ein *Terror*-Regime errichten, aber gegenüber der eigenen Bevölkerung keine terroristische Strategie verfolgen, vgl. S. 15 f.). Terrorismus ist eine bestimmte Art gewaltsamen Vorgehens *gegen* eine politische Ordnung. Damit wird zugleich die öffentliche Dimension des Phänomens betont. Die Ausübung von Druck und Gewalt, etwa zwischen zwei Handelspartnern oder innerhalb einer familiären Beziehung, kann nicht als Terrorismus angesprochen werden, da dieser, ähnlich wie die Folter, in den politischen Raum hineinwirkt, d. h. eine unverzichtbare öffentliche Komponente hat. In modernen Gesellschaften ist dieser öffentliche Charakter bereits deshalb gegeben, weil in ihnen der Staat ein Gewaltmonopol beansprucht, das durch rebellische Gewaltakte gleich welcher Art automatisch in Frage gestellt wird.

Terroristische Aktionen sind im allgemeinen planmäßig vorbereitet und erfolgen aus dem Untergrund. Beide Merkmale hängen eng miteinander zusammen. Terrorismus ist die bevorzugte Gewaltstrategie relativ schwacher Gruppen. Terroristische Organisationen sind nicht stark genug, um ein Stück des nationalen Territoriums, sei es ein Stadtviertel oder ein abgelegenes Gebiet, militärisch zu besetzen und der Staatsmacht offen Paroli bieten zu können. Deshalb tauchen sie in die Illegalität ab und operieren im Geheimen. Dadurch sind ihrer Ausdehnung jedoch deutliche Grenzen gesetzt, denn mit dem Umfang einer Geheimorganisation wächst auch die Gefahr, von Polizeispitzeln unterwandert oder sonstwie entdeckt und zerschlagen zu werden. Der geringe Umfang schränkt die Aktionsmöglichkeiten terroristischer Verbände erheblich ein. Beispielsweise kommt für sie die Inszenierung eines Aufruhrs, der eine Vielzahl offen rebellierender Menschen voraussetzt, nicht in Frage. Statt dessen sind sie auf spektakuläre, gut organisierte Anschläge angewiesen, um die öffentliche Aufmerksamkeit zu erregen. Ihr Wirken im Untergrund erscheint zwar besonders unheimlich und reizt die allgemeine Phantasie dazu an, den terroristischen Gruppen außergewöhnliche Macht zuzuschreiben. Dennoch sollte man sich nicht darüber hinwegtäuschen, daß es sich im Grunde um eine Verlegenheitsstrategie mangels der alternativen Möglichkeit eines offenen Aufbegehrens handelt. Viele, gerade auch die pathologischen Züge terroristischer Organisationen hängen mit diesem Umstand zusammen: daß wir es mit im Verborgenen wirkenden Kleingruppen, allenfalls Gruppen mittlerer Größe zu tun haben, die einer spezifischen sozialpsychologischen Entwicklungsdynamik unterliegen und dabei oft den Kontakt zur sozialen Realität im legalen öffentlichen Raum weitgehend verlieren.

Die Anschläge, so die Definition, sind schockierend. In diesem Punkt sind sich so gut wie alle Autoren, die das Phänomen untersucht haben, einig: Terroristische Aktionen setzen sich gezielt über die jeweils geltenden rechtlichen und moralischen Konventionen hinweg, sie zeichnen sich oft durch besondere Unmenschlichkeit, Willkür und Brutalität aus. Nicht von ungefähr hat David Rapoport in diesem Zusammenhang von einer Politik der *atrocity*, der Gräßlichkeit oder Scheußlichkeit, gesprochen. Man denke etwa an die islamischen Fundamentalisten in Algerien, die Frauen und Kindern in den überfallenen Dörfern die Kehle durchschneiden, an die baskische *ETA*, die eine Geisel acht Monate lang in einem Gehäuse von 2 m

Länge, 2 m Breite und 2 m Höhe gefangen hielt, oder an die sogenannte *Triple A*, eine rechts-terroristische Vereinigung im Argentinien der 70er Jahre, deren Mitglieder Gewerkschafter in Vororten von Buenos Aires aus ihren Häusern zerrten und auf nahen Plätzen mit Bomben buchstäblich in die Luft jagten. Aus Abschreckungsgründen verhinderten sie anschließend, daß die an Telefondrähten hängengebliebenen, verwesenden Körperteile entfernt wurden.

Wie das letzte Beispiel zeigt, ist der Schockeffekt kein nebensächliches oder zufälliges Merkmal terroristischer Aktionen, sondern zentraler Bestandteil terroristischer Logik und Strategie. Er soll für allgemeine Aufmerksamkeit sorgen, garantieren, daß der Anschlag von einer breiten Öffentlichkeit zur Kenntnis genommen wird. Bezeichnenderweise hat die außerordentliche Grausamkeit, mit der ein Opfer exekutiert wird, meist sehr wenig mit seiner Person zu tun. Möglicherweise wird er/sie zur Zielscheibe der Terroristen, weil er/sie einer bekämpften Kategorie von Personen angehört; z. B. Kapitalist oder Tourist ist und sich zum falschen Zeitpunkt im falschen Land an einem bestimmten Ort befindet. Es kann aber auch gänzlich Unschuldige, rein nach dem Willkürprinzip ausgewählte Menschen, etwa Kinder oder Greise, treffen. Ein Spanier hat dieses Paradox einmal in die treffende Formel gefaßt: *Es wäre weniger schlimm, wenn sie* (die Terroristen, A.d.V.) *jemanden umbrächten, weil sie ihn persönlich hassen; das Unmenschliche besteht darin, daß sie ihn töten, ohne eigentlich etwas gegen ihn zu haben.*

In der Tat: die jeweils ermordete oder sonstwie zu Schaden gekommene Person zählt für den Terroristen nicht. Die Gewalttat hat nur einen symbolischen Stellenwert, ist Träger einer Botschaft, die in etwa lautet, ein ähnliches Schicksal könne ein jeder erleiden, insbesondere derjenige, der den Terroristen bei ihren Plänen im Wege steht.

Damit sind wir zum Kern unserer Definition vorgestoßen, ohne den die Ratio terroristischen Handelns letztlich unverständlich bleibt: Dem Terroristen geht es nicht um den eigentlichen Zerstörungseffekt seiner Aktionen. Diese sind nur ein Mittel, eine Art Signal, um einer Vielzahl von Menschen etwas mitzuteilen. Terrorismus, das gilt es festzuhalten, ist primär eine Kommunikationsstrategie.

Ausgehend von diesem Grundmerkmal ergeben sich unmittelbar drei weitere Fragen bzw. Charakteristika: Welcher Art sind die Botschaften, die Terroristen übermitteln? Auf welchen Kommunikationsraum sind sie dabei angewiesen? Und wie wirkt sich die kommunikative Funktion auf die Frequenz terroristischer Gewalttaten aus?

Was die erste Frage betrifft, so wird in der Literatur überwiegend die Antwort gegeben, den Terroristen gehe es darum, das Vertrauen in den Staat und seine Fähigkeit zum Bürgerschutz zu untergraben. Diese Betrachtungsweise, die sich ausschließlich auf den Negativeffekt terroristischer Anschläge bezieht, scheint uns zu kurz zu greifen (vgl. auch S. 30 f.). Terroristen sind als schwache Gruppe darauf angewiesen, nach Bundesgenossen Ausschau zu halten und um Sympathie und Beistand für ihr politisches Anliegen zu werben. Ihre Anschläge sind deshalb für einen Teil der Bevölkerung als Hoffnungszeichen gedacht, sie sollen zumindest Schadenfreude, eventuell auch die Bereitschaft auslösen, die Gewaltaktivisten in ihrem »Kampf« zu unterstützen.

Freilich werden Gewaltbotschaften nur als solche wahrgenommen, solange der öffentliche Raum nicht ohnedies bereits dicht mit Gewalthandlungen besetzt ist. Damit ihre Gewaltsignale beachtet werden, ziehen Terroristen als Aktionsbühne relativ gewaltfreie politisch-gesellschaftliche Systeme vor, wie sie beispielsweise die westlichen Industrieländer darstellen. Das heißt nicht, daß es nicht auch in den Entwicklungsländern Afrikas, Asiens und Lateinamerikas Terrorismus gibt. Vor allem die Großstädte stellen in der ganzen Welt Ordnungs- und Resonanzräume eigener Art dar. Dort lösen politisch motivierte Gewaltanschläge größeren Umfangs stets eine gewisse Verunsicherung und Angst aus. Doch läßt sich der Schockeffekt einer Bombenexplosion in Lima oder Caracas nicht mit der Panikreaktion vergleichen, die auf die nämliche Bombenexplosion in Stockholm oder Berlin zu erwarten ist.

Signale wirken nur, wenn man sie nicht inflationär vermehrt. Insofern ist der Terrorismus als eine typische Form des *low intensity war* anzusprechen (wenn man ihn denn überhaupt als Krieg bezeichnen will). Damit sind Kriege gemeint, die im Unterschied zum konventionellen Krieg (oder gar einem Atomkrieg) sozusagen auf niedriger Flamme ausgetragen werden: ohne oder nur teilweise mit regulären Truppen, als Konflikte von begrenzter Tragweite, bei denen konventionelles Kriegsgerät (etwa Flugzeuge und Panzer) nur ausnahmsweise zum Einsatz kommen. Statistiken zeigen, daß die Mehrzahl der kriegerischen Auseinandersetzungen, die weltweit seit 1945 stattfanden, unter diese Kategorie fällt. Obwohl Kriege »von geringer Intensität«, vor allem, wenn sie sich lange hinziehen, nicht wenige Menschenleben fordern können, stellt doch der Terrorismus eine Unterform dar, die mit einer relativ geringen Opferzahl verbunden ist, jedenfalls in seiner bisherigen Form (falls Terroristen eines Tages ABC-Waffen einsetzen, würde sich dies ändern; vgl. Kap. 4). Bürgerkriege, aber auch der tägliche Straßenverkehr, pflegen in kürzerer Zeit ein Vielfaches der Menschenleben zu fordern, die auf das Konto terroristischer Anschläge gehen. Damit sind wir bei der Frage der faktischen Relevanz von Terrorismus angelangt. Zuvor scheint es aber im Interesse einer möglichst präzisen Fassung des Begriffs geboten, diesen von einigen Nachbarbegriffen abzugrenzen.

Terrorismus, Terror, Guerilla

Aus politikwissenschaftlicher Sicht wird oft hervorgehoben, daß Terrorismus weder als eine Kriegsform noch als Kriminalität anzusprechen ist. Dabei wird von einer Doppelfunktion der Staatsgewalt ausgegangen. Nach außen hin muß sie das Territorium, notfalls durch Kriegführung, schützen und nach innen hin die allgemeine Sicherheit und Ordnung durch Bekämpfung der Kriminalität aufrechterhalten. Terrorismus zählt offenbar weder zur einen noch zur anderen Herausforderung für den Staatsapparat. Er ist, ähnlich wie politische Aufstände oder Staatsstreiche, vielmehr einem dritten Typus von Bedrohung zuzurechnen, durch welche die bestehenden politischen Machtverhältnisse in Frage gestellt werden. Dies hindert nicht,

daß Terroristen sich gerne zu einer Kriegspartei stilisieren (vgl.
S. 171 f.), während Regierungen sich je nach Bedarf vorbehalten,
in ihrem Vorgehen gegen die Terroristen mit der Kriegs- oder
der Kriminalitätsformel zu spielen. Wenn sie die Auseinandersetzung zu einem Krieg deklarieren, so bedeutet dies im allgemeinen, daß sie deren Ernsthaftigkeit, die Stärke des Gegners,
die Notwendigkeit umfassender Gegenmaßnahmen, eventuell
auch einer politischen Verhandlungslösung der Öffentlichkeit
plausibel machen wollen. Demgegenüber wird dieser durch die
Abqualifizierung der Terroristen zu Kriminellen signalisiert,
daß man das Problem im Griff zu haben glaubt, keine Sondermaßnahmen ergreifen will und nicht daran denkt, mit den Gewaltaktivisten zu verhandeln. Regierungen, die längere Zeit
mit Fragen des Terrorismus konfrontiert sind, wie die britische
(1970–1997, mit kurzen Unterbrechungen) oder die argentini-
sche (1969–1980), wechseln oft mehrmals ihre Haltung in dieser Frage.

Bedeutsamer unter politikwissenschaftlichem und militär-
soziologischem Blickwinkel erscheint die Unterscheidung zwischen »Terrorismus« einerseits, »Terror« bzw. »Guerilla« andererseits.

Zunächst zur Abgrenzung zwischen »Terror« und »Terrorismus«: Hier spielen zum Teil semantische Unterschiede in den
verschiedenen Sprachen eine nicht unwichtige Rolle. Beispielsweise hat es sich im angelsächsischen Sprachgebrauch einge-
bürgert, sowohl von Staatsterrorismus als auch von aufständischem Terrorismus zu sprechen. Demgegenüber stellt der Begriff
»terror« bei angelsächsischen Gewaltforschern primär auf den
durch terroristische Anschläge erzeugten *sozialpsychologischen*
Effekt allgemeiner Furcht und Panik ab. Für den deutschen
Sprachgebrauch empfiehlt es sich dagegen, nicht dem angelsächsischen Beispiel zu folgen, sondern den *Terrorismus* als eine
bestimmte Form des Angriffs gegen den Staat und die staatliche
Ordnung vom *Terror* als staatlicher Schreckensherrschaft abzugrenzen.

Zwar teilen aufständischer Terrorismus und staatlicher Terror einige Züge, die dafür sprechen, sie gemeinsam zu themati-
sieren, insbesondere ein auf der Verbreitung von Furcht und

Schrecken beruhendes Machtkalkül. Doch verbieten gravierende Unterschiede zwischen ihnen, beide in einem Atemzug zu nennen. Die wichtigsten seien kurz aufgezählt:

- Regimeterror fordert ungleich mehr Menschenleben als aufständischer Terrorismus. Man denke nur an den Naziterror, die Sowjetunion unter Stalin oder die chinesische Kulturrevolution, als jeweils Millionen dem Terror zum Opfer fielen. Das war kein *low intensity war* mehr, der in diesen Fällen von Regierungsseite gegen die eigene Bevölkerung geführt wurde. Dieses Ungleichgewicht gilt übrigens nicht nur für Diktaturen, sondern auch für demokratische Systeme. Beispielsweise werden in Kolumbien, einem formal demokratischen Staat, regelmäßig mehr Menschen durch die staatlichen Sicherheitskräfte als durch die aufständischen Organisationen umgebracht.
- Die höhere Opferzahl von Terrorregimen, verglichen mit jener des aufständischen Terrorismus, dürfte damit zusammenhängen, daß die Mordschergen einer Regierung stets weniger riskieren als der politische Rebell und deshalb hemmungsloser wüten. Terroristen leben gefährlich, sie trachten nicht nur anderen nach dem Leben, sondern riskieren auch ihr eigenes oder doch zumindest, eines Tages zu einer hohen Haftstrafe verurteilt zu werden. Demgegenüber haben die Sicherheitskräfte eines die Bevölkerung durch Terror in Schach haltenden Staates meist wenig zu fürchten. Sie können offen und ungehindert ihrem mörderischen Treiben nachgehen.
- Terroristische Gruppen müssen, da sie schwach sind, nach Sympathisanten und Bündnispartnern Ausschau halten; das setzt ihrer Gewaltstrategie Grenzen. Dagegen kann ein Staat im Zeichen einer bestimmten Ideologie (wie dies Hannah Arendt für totalitäre Staaten aufgezeigt hat) Terror zum Hauptgesetz seines Handelns machen, ohne sich allzusehr um die Reaktion der Bevölkerung zu kümmern.

Es ließen sich noch weitere Unterschiede aufzählen: etwa, daß
Terroristen auf die Massenmedien angewiesen sind, während
bei Terrorregimen bereits die Flüsterpropaganda zur Verbreitung der Schreckensbotschaft ausreicht. Die meisten hängen
letztlich damit zusammen, daß es nicht nur eine quantitative
Differenz, sondern einen qualitativen Sprung ausmacht, ob
Gewalt als Strategie der Mächtigen oder der relativ Machtlosen
eingesetzt wird. Im folgenden wird es um die zweite Variante,
d. h. um Terrorismus als Gewaltform relativ schwacher Gruppen gehen. Dabei ist eine Unterscheidung zwischen drei
Hauptformen des Terrorismus zu treffen: dem sozialrevolutionären, dem ethnisch-nationalistischen und dem religiösen Terrorismus. Bereits an dieser Stelle sei jedoch angemerkt, daß es
eine vierte Form gibt, die einen eigentümlichen Zwischenplatz
in der Dichotomie »Terror von oben«, »Terrorismus von unten«
einnimmt: der sogenannte vigilantistische Terrorismus (Beispiel: die *Ku-Klux-Klan-Bewegungen* in den USA), der eine bestehende Ordnung außerhalb und teils wider das Gesetz gegen
angebliche Abweichler zu verteidigen vorgibt.

Die Abgrenzung zwischen Terrorismus und Guerillakampf
ist zwar nicht weniger wichtig als jene zwischen Terror und
Terrorismus, läßt sich jedoch rascher abhandeln. Beide Begriffe
bezeichnen irreguläre Kampfmethoden, die im übrigen nicht
selten kombiniert zum Zug kommen: Terroristische Anschläge
können den Auftakt zu einem Guerillafeldzug bilden oder dessen Ausklang. Fließende Übergänge dieser Art dürfen jedoch
nicht darüber hinwegtäuschen, daß es sich um im Grunde
verschiedene aufständische Vorgehensweisen handelt. Guerillakampf ist eine militärische Strategie; hier geht es um die Belä-
stigung, allmähliche Einkreisung und letztlich die Vernichtung
des Feindes. Dagegen stellt der Terrorismus, wir wiederholen es,
eine Kommunikationsstrategie dar. Gewalt wird insoweit nicht
wegen ihres Zerstörungseffektes, sondern als Signal verwendet,
um eine psychologische Breitenwirkung zu erzielen.

Um eine griffige Formel, die Franz Wördemann schon in
den 70er Jahren geprägt hat, wieder aufzunehmen: Der Guerillero will den Raum, der Terrorist will dagegen das Denken besetzen. Beide Absichten miteinander zu verwechseln, kann un-

heilvolle Konsequenzen haben. Beispielsweise hielten die französischen Sicherheitskräfte am Anfang des Algerienkriegs in den 50er Jahren die Gewaltanschläge der aufständischen Befreiungsbewegung *FLN* für die Eröffnung eines Guerillafeldzugs und begannen, eine Mauer der Distanz und des Mißtrauens gegenüber der algerischen Bevölkerung zu errichten. Tatsächlich war es genau das, was die algerischen Freiheitskämpfer, die zu jenem Zeitpunkt noch eine unbedeutende Minderheit waren, mit ihren provokativen Angriffen bezweckt hatten: die Franzosen zu einer Überreaktion der Abschottung zu veranlassen. Dank derer würden sich die bis dahin vielfach gespaltenen Algerier als ethnische Einheit empfinden und ein gemeinsames Bewußtsein der Unterdrückung und des Widerstandes den Franzosen gegenüber entwickeln.

Neben diesem Hauptunterschied gibt es noch einige weitere Punkte, in denen sich Guerillakampf und Terrorismus voneinander abheben. Beispielsweise wird von Guerilleros, ungeachtet ihrer irregulären Kampfweise, die Scheidelinie zwischen Kombattanten und Zivilisten, zumindest im Prinzip, respektiert, während Terroristen sich nicht scheuen, im Extremfall beliebige Zivilpersonen zu Trägern ihrer blutigen Botschaften zu machen. Terrorist ist außerdem ein stark negativ besetzter Begriff, während Guerilla und Guerillero positive Assoziationen wecken. Deshalb nehmen Terroristen für sich nicht selten dieses schmeichelhaftere Etikett in Anspruch.

Ist Terrorismus schon ein reichlich schillernder Begriff, so gilt dies noch weit mehr für die Rede vom »internationalen Terrorismus«. Damit können ganz unterschiedliche Sachverhalte gemeint sein:

– Verschiedene, auf nationaler Ebene operierende terroristische Verbände treten miteinander in Verbindung und gründen eine supranationale Koordinationszentrale oder Organisation; derartige Zusammenschlüsse hat es sowohl in Europa als auch in Lateinamerika gegeben, sie haben aber in der Praxis nie gut funktioniert.

– Terroristen können innerhalb eines Territoriums nicht Fuß fassen und versuchen daher, die verhaßte Staatsmacht von außen her zu attackieren: durch Flugzeugentführungen, Angriffe auf Botschaften und internationale Vertretungen, Geiselnahmen und dgl. Die USA, aber auch Israel waren wiederholt Objekt solcher Erpressungsversuche.

- Eine dritte Variante bildet schließlich, was oft als »Staatsterrorismus« bezeichnet wird: Außerstande, eine offene Konfrontation mit einem mächtigen Drittstaat zu riskieren, verlegen sich manche Regierungen darauf, diesen durch das *Sponsoring* terroristischer Gruppen zu destabilisieren oder mindestens zu belästigen. Libyen, der Irak, der Iran, Syrien und der Sudan werden als Beispiele für diese Art verdeckter Kriegführung genannt.

Der »internationale Terrorismus« wird in seiner Tragweite meist weit überschätzt: Laut Expertenmeinung machen die Anschläge, die dieser Kategorie zuzurechnen sind (das Kriterium ist die Involviertheit von Menschen unterschiedlicher Nationalität in einen Anschlag), allenfalls 5–10% sämtlicher terroristischen Anschläge aus. Dies führt uns zum nächsten Punkt: der faktischen Relevanz des Terrorismus.

Verbreitung des Terrorismus

Der Versuch, einen quantitativen Überblick über die terroristischen Aktivitäten zu gewinnen, hat sich inzwischen zu einem eigenen Forschungszweig entwickelt. Die dabei zu überwindenden Hindernisse sind beträchtlich. Zählen wir die wichtigsten auf:

- Das Hauptziel terroristischer Tätigkeit, die Erzielung eines sozialpsychologischen Effektes bei einer größtmöglichen Menschenzahl, ist schwer meßbar. Meßbar und quantifizierbar sind nur die Mittel und Instrumente, die zu diesem Ziel führen sollen: die terroristischen Zellen, Aktionen, die Zahl der Opfer.
- Da Terroristen im Untergrund operieren, fällt es meist schwer, die relevanten Daten in Erfahrung zu bringen, z.B.

Angaben über die Größe und innere Struktur dieser Gruppen, Zielkonflikte, Spaltungstendenzen und dgl.

- Für die Definition von »Terrorismus« wurde als Schlüsselkriterium »symbolische Gewalt« zugrundegelegt. Doch wie läßt sich auf Anhieb erkennen, ob ein Gewaltanschlag als kommunikative oder als instrumentelle Gewalt (z. B. als Bestandteil einer Guerillakampagne) oder als ein Gemisch aus beiden einzustufen ist? Hier können verschiedene Untersuchungsteams zu unterschiedlichen Ergebnissen gelangen.

- Die internationale Presse berichtet ziemlich zuverlässig über terroristische Aktivitäten, welche die Industrieländer und ihre Bürger (einschließlich der Angehörigen internationaler Organisationen, z. B. des Roten Kreuzes) betreffen. Dagegen finden die im nationalen Kontext weniger entwickelter Länder durchgeführten terroristischen Anschläge geringere Beachtung. Folglich fällt es schwer, eine zuverlässige globale Bilanz sämtlicher terroristischen *events* zu erstellen.

In Anbetracht der aufgezählten Hemmnisse ist es nicht verwunderlich, daß die diversen Institutionen, die sich seit Jahren um die quantitative Erfassung terroristischer Aktivitäten bemühen, zu teils recht unterschiedlichen Ergebnissen gelangen. Eine der wichtigsten unter ihnen ist das nordamerikanische Außenministerium, das U.S.Department of State, das jährlich einen Trendbericht zum globalen Terrorismus herausbringt, in dem u. a. die bedeutendsten terroristischen Organisationen aufgelistet sind. Es ist jedoch bekannt, daß in diesem Bericht dem internationalen Terrorismus, der sich in der Tat besonders gegen nordamerikanische Staatsbürger und Einrichtungen richtet, besondere Beachtung geschenkt wird, was das Gesamtbild verzerrt. Die vorzüglichen Chronologien terroristischer Trends, die von der Rand Corporation, einem zur St. Andrews-Universität in Schottland gehörenden Institut, erstellt werden, beschränken sich ebenfalls auf den internationalen Terrorismus, der, wie bereits angemerkt wurde, nur einen geringen Prozentsatz sämtlicher terroristischen Anschläge ausmacht. Andere Datenquellen weisen andere Schlagseiten auf. So findet in den Erhebungen des Jaffee Center for Strategic

Studies in Tel Aviv verständlicherweise der islamische Terrorismus besondere Berücksichtigung. Neben staatlichen und universitären Forschungsinstituten gibt es ebenfalls an Daten zum Terrorismus interessierte private oder kommerzielle Unternehmungen, wie die Versicherungsgesellschaft Risks International, die aufgrund ihrer Kriterien zu nochmals anderen Ergebnissen gelangen.

Angesichts der uneinheitlichen Erhebungsziele und Erhebungsgrundlagen, die den verschiedenen Datenbanken zugrunde liegen, erscheint es nicht sinnvoll, einen (letztlich fragmentarisch und fragwürdig bleibenden) Überblick über die globale Entwicklung des Terrorismus geben zu wollen. Statt dessen begnügen wir uns mit der Präsentation einiger Daten und Trendeinschätzungen. Diese beziehen sich primär auf den internationalen Terrorismus sowie den europäischen Raum und betreffen drei Indikatoren: terroristische Verbände, terroristische Anschläge *(events)* und deren Opfer.

Läßt man subtilere Einstufungskriterien beiseite, so kann man feststellen, daß die terroristische Szene zwischen 1970 und 1990 maßgeblich von rund 80 auf nationaler oder internationaler Ebene operierenden Organisationen bestimmt wurde. Ihre Zahl ist kontinuierlich gestiegen: Von 11 im Jahre 1968 auf etwa 70 Anfang der 90er Jahre, von denen aber nur 40 bis 50 stärker in Erscheinung treten. Unter ihnen ist der wachsende Anteil religiös motivierter Gruppen hervorzuheben, deren Anschläge einen steigenden Blutzoll fordern.

Dies führt uns zu den anderen beiden Meßgrößen, der Zahl der Anschläge und deren Opfer. Hierüber im Weltmaßstab Auskunft geben zu wollen, ist, wie gesagt, unmöglich, da die Zahlen stark variieren und sicher unvollständig sind. Doch selbst in ihrer unvollständigen Form bestätigen sie, was bereits über den Terrorismus als eine typische Form des *low intensity war* ausgeführt wurde: Die Opferzahlen reichen bei weitem nicht an die Zahlen von Toten und Verletzten heran, die dem Straßenverkehr, dem Drogenmißbrauch oder Familienzwisten anzulasten sind (ganz zu schweigen von den Kriegen in diesem Jahrhundert, die rund 100 Millionen Menschen das Leben kosteten). Um dies an einem Beispiel zu demonstrieren: Der

Nordirland-Konflikt, eine der blutigsten terroristischen Auseinandersetzungen in Europa, hat seit seinem Beginn 1969 bis zum gegenwärtigen Zeitpunkt, d.h. in rund 30 Jahren, etwas über 3000 Menschenleben gefordert. Aber im vor kurzem beendeten Bürgerkrieg in Bosnien-Herzegovina sind innerhalb von zweieinhalb Jahren 140000 Menschen eines gewaltsamen Todes gestorben.

Tabelle 1a

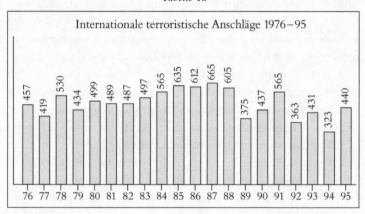

Tabelle 1b

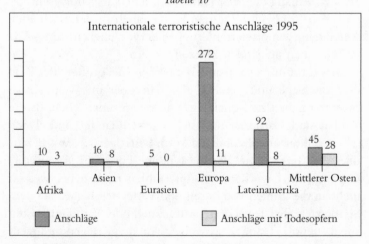

Quelle: Colin M. Mac, Manual de Terrorismo Internacional Tijuana/Mexico 1997 (IICLA), S. 112.

Am besten erforscht ist der sogenannte internationale Terrorismus. Wenn auch hier die Berechnungen teilweise auseinandergehen, läßt sich doch pauschal feststellen, daß zwischen 1976 und 1996 die Zahl der jährlichen Anschläge, die unter diese Kategorie fallen, zwischen 320 und 660 variierte. (Vgl. Tabelle 1) Einen Kulminationspunkt bildeten die Jahre 1984 bis 1988, während die Werte seitdem tendenziell rückläufig sind. Die Zahl der Opfer ist diesem rückläufigen Trend jedoch nicht gefolgt, sondern weiter angestiegen. In den 80er Jahren lag sie bereits deutlich über den durchschnittlichen Werten der 70er Jahre. In den 90er Jahren setzte sich dieser Trend fort: 1994 forderte der internationale Terrorismus weltweit 423 Tote, 1995 440 Tote. Bruce Hoffman von der Rand Corporation erklärt diese Entwicklung mit dem Vordringen des religiös motivierten Terrorismus, der besonders gewalttätig sei.

Für den europäischen Raum liegen für die Jahre 1968–1988 relativ verläßliche Daten vor (vgl. Tabelle 2).

Tabelle 2

Anzahl der terroristischen Anschläge in Westeuropa				
Land	Zeitraum	Anzahl der Vorfälle	Tote	Verletzte
Nordirland	1969–1988	43777	2672	11906
Türkei	1978–1981 1984–1989	40500	5241 1000–1500	
Italien	1968–1985	14589	419	in Tausend
Frankreich	1975–1984 1985–1987	5737 2426	130	746
Bundesrepublik Deutschland	1970er 1980er 1980er	1493 550 11660	99 26 (rechter Flügel) 7 (linker Flügel)	404
Spanien	1968–1988		672	
Niederlande	1980er	249	7	20
Insgesamt		120981	10273	

Quelle: A. J. Jongman: Trends in International and Domestic Terrorism in Western Europe, 1968–1988, in: Terrorism and Political Violence 4/4 (1992), S. 47.

Danach gab es in der erwähnten Zeitspanne insgesamt 120 000 terroristische *events*, die 10 000 Menschenleben kosteten. Das Gros der Opfer entfiel auf die Türkei (über 50%) und auf Nordirland. Die Aktionen wurden von etwa 15 Organisationen durchgeführt, die großenteils um 1975 entstanden waren. Überwiegend handelt es sich um kleine oder mittelgroße Verbände (bis zu 100 Mitgliedern), die teils sozialrevolutionäre, teils nationalistische Ziele verfolgen. Einige davon haben sich inzwischen aufgelöst oder wurden zerschlagen.

Die letzte Feststellung, daß manche im europäischen Kontext der 70er und 80er Jahre viel von sich reden machende terroristische Gruppen (wie die italienischen *Roten Brigaden* oder die deutsche *RAF*) heute nicht mehr existieren, mahnt zur Vorsicht, was die Prognose der künftigen Entwicklung betrifft. Manche Forscher, die sich des Themas angenommen haben, scheinen von einer immanent expansiven Tendenz des Terrorismus wie bei einem bösartigen Krebsgeschwür auszugehen; andere erwecken mit programmatischen Titeln wie *The Age of Terrorism* den Eindruck, als sei Terrorismus das prägende Signum unserer und der kommenden Epoche nach der Jahrtausendwende. Demgegenüber gilt es, mit besonnenen Experten vor einer Überdimensionierung des Problems zu warnen. Ob es, global gesehen, in der Zukunft zu einer signifikanten Steigerung terroristischer Aktivitäten kommen wird, ist schwer abzusehen, aber eher unwahrscheinlich. Was sich hingegen abzeichnet, sind gewisse räumliche und ideologische Verlagerungen terroristischer Aktivitäten: Von Europa nach Nordafrika und in den Nahen Orient; vom sozialrevolutionären, marxistischen hin zum religiös motivierten Terrorismus.

Literaturstand und Aufbau dieser Studie

Die Literatur zum Terrorismus ist schier uferlos. Sie befaßt sich nicht nur mit militärischen, politikwissenschaftlichen und soziologischen Fragen, sondern greift auch die psychologischen, medizinischen, technologischen, kriminologischen, völkerrechtlichen usw. Aspekte des Themas auf. Das vielfältige Interesse, das diesem entgegengebracht wird, mag damit zu erklären sein, daß es am Schnittpunkt von moralischer Empörung, konkreter Besorgnis, sensationsorientierter Effekthascherei und wissenschaftlicher Neugier angesiedelt ist. Einige Universitätsinstitute und politische Beratungsinstitutionen haben sich schwerpunktmäßig darauf konzentriert, zwei wissenschaftliche Zeitschriften führen den Ausdruck *terrorism* im Titel, es gibt Experten, die dem Phänomen bereits seit Jahrzehnten ihre gesammelte Aufmerksamkeit und Arbeitsenergie widmen.

Dennoch kann die Thematik keineswegs als ausgeleuchtet und erschöpfend analysiert gelten. Ein Großteil der Literatur, die überwiegend aus angelsächsischer Feder stammt, befaßt sich ausschließlich mit der Anschlagswelle seit den 70er Jahren, als sei Terrorismus erst zu diesem Zeitpunkt »erfunden« worden. Außerdem wird in der Literatur dem internationalen Terrorismus überproportionale Beachtung geschenkt. Etwas vereinfacht läßt sich der Eindruck, den die bis Mitte der 80er Jahre vorherrschende Betrachtungsweise vermittelte, folgendermaßen resümieren: Bei den terroristischen Gruppen und Individuen handle es sich um eine gefährliche, weltweit operierende politische Verschwörerbande, die es vor allem auf die demokratischen Staaten abgesehen habe und der deshalb mit allen verfügbaren Mitteln, vor allem durch eine verbesserte Zusammenarbeit dieser Staaten, das Handwerk gelegt werden müsse. Wenngleich diese Sichtweise nicht direkt falsch ist, so ist sie doch sehr einseitig. Ab 1985 erschien eine Reihe von Monographien, die dem Rechnung trug und sich eingehender mit den Wurzeln und Hintergründen des Terrorismus auseinandersetzte. Zum einen besann man sich auf dessen Vorläufer im 19. Jahrhundert und teilweise sogar davor. Zum anderen begann man, sich für die Terroristen selbst mehr zu interessieren, für die Motive ihres Handelns, ihre Ziele und die eigentümliche Dynamik der im Untergrund operierenden Gruppen.

Die vorliegende Studie folgt dieser Aufteilung der Terrorismusforschung in einen mehr auf den »externen« und einen auf den »internen« Standpunkt abstellenden Zweig. Einige Kapitel behandeln die äußerlichen Voraussetzungen und Entstehungsgründe des Terrorismus, dessen logistische Rahmenbedingungen, registrierbare Effekte usf. Dem stehen andere Kapitel gegenüber, die sich mehr mit den inneren Antriebskräften der Akteure, deren strategischem Kalkül und den ungewollten Konsequenzen der Vergemeinschaftung im Untergrund befassen. Für diese Innenperspektive waren dem Verfasser neben eigenen, in früheren Feldstudien gesammelten Erfahrungen einige neuere Monographien und Sammelbände zu dem Thema, insbesondere die Arbeiten von Martha Crenshaw, Donatella della Porta, Fernando Reinares, Peter M. Merkl, María José Moyano und David Rapoport besonders hilfreich. Im übrigen hat er aus der gewaltigen Sekundärliteratur herausgegriffen, was ihm jeweils brauchbar und nützlich erschien, ohne den Anspruch erheben zu können und zu wollen, sie systematisch verwertet und ausgeschöpft zu haben.

2.
Das terroristische Kalkül

Die terroristische Aktivität besteht darin, die schädlichsten Personen in der Regierung zu vernichten, die Partei gegen Spione zu schützen und die offizielle Gesetzlosigkeit und Gewalt in den wichtigsten Fällen und da, wo sie besonders deutlich zutage tritt, zu bestrafen. Das Ziel dieser Aktivität ist es, das Prestige der Regierung zu zerstören, den ständigen Beweis zu erbringen, daß es möglich ist, der Regierung den Kampf anzusagen, auf diese Weise den revolutionären Geist des Volkes zu stärken und schließlich, eine Einheit zu bilden, die für Kriegführung geeignet und daran gewöhnt ist.

(aus dem Programm der russischen
Terroristengruppe *Narodnaja Volja*, 1878)

Es gab eine Zeit, da wurde die Frage des Terrors heiß im Land der Revolutionen, in Rußland, debattiert ... Die Periode dieser Debatten gehört seit langem der Vergangenheit an ... Ein Streitpunkt kann nur aus der falschen Fragestellung entstehen. Wenn die Frage lautet: ist es möglich, eine Revolution auszulösen, indem man das Mittel des Terrors einsetzt?, dann ist die Antwort: Nein! Wenn die Frage lautet: Tragen diese Aktionen dazu bei, die Revolution und Befreiung näher zu bringen; dann ist die Antwort: Ja! ... Erstens ist Terror für uns ein Teil unserer gegenwärtigen politischen Kriegführung und spielt eine sehr große Rolle. In einer Sprache, die über die ganze Welt hinweg gehört werden wird, sogar von unseren elenden Brüdern jenseits dieser Landesgrenzen, ist er ein Beweis unseres Kampfes gegen den Besetzer ... Er zielt nicht auf Personen, sondern auf Vertreter und ist deshalb effektiv. Und wenn er zudem die Bevölkerung aus ihrer Selbstzufriedenheit aufrüttelt, umso besser. Nur so, und aus keinem anderen Grund wird die Befreiungsschlacht beginnen.

(aus der Zeitung der »Freiheitskämpfer
für Israel«, 1943)

das ist die dialektik der strategie des antiimperialistischen kampfes: daß durch die ... reaktion des systems, die eskalation der konterrevolution, die umwandlung des politischen ausnahmezustandes in den militärischen ausnahmezustand der feind sich kenntlich macht, ... und so, durch seinen eigenen terror, die massen gegen sich aufbringt, die widersprüche verschärft, den revolutionären kampf zwingend macht.

(Text der RAF, 1977)

Die drei Zitate stammen aus unterschiedlichen Epochen und spiegeln unterschiedliche gesellschaftliche und politische Situationen wider. Doch haben sie gemeinsam, daß sie etwas über die operationale Logik aussagen, die dem terroristischen Vorgehen zugrunde liegt. Sie zeigen, daß terroristische Anschläge nicht lediglich emotionale Reaktionen auf einen extrem unbefriedigenden Zustand darstellen, sondern durchaus einem rationalen Mittel-Zweck-Denken entsprechen, das nach Max Weber die Moderne generell charakterisiert. Allerdings handelt es sich im Falle der Terroristen, wie wir sehen werden, um ein indirektes und daher kompliziertes Kalkül.

Grundzüge terroristischer Strategie

Wenn im folgenden von terroristischer Strategie die Rede ist, dann ist damit ein Vorgehen regierungsfeindlicher Gruppen gemeint, das sich primär, wenn nicht ausschließlich auf terroristische Methoden und Mittel stützt. Das ist keineswegs selbstverständlich, da terroristische Aktivitäten in der Praxis häufig andere Formen des gewaltsamen Angriffs auf einen Staat oder eine Regierung flankieren. Beispielsweise können sie die Schwächephase einer Guerillabewegung überbrücken helfen, wie es in Lateinamerika oft geschieht. Terrorismus kann auch zur Begleiterscheinung eines im übrigen ebenso offen wie unversöhnlich geführten Bürgerkrieges werden, wie dies im nordamerikanischen Sezessionskrieg (1861–1865), im spanischen Bürgerkrieg (1936–1939) oder den jüngsten blutigen Auseinandersetzungen in Bosnien-Herzegowina der Fall war. Die Einbettung von Terrorismus in eine umfassendere politisch-militärische Strategie, beispielsweise in Form der Zusammenarbeit mit einer politischen Partei (etwa die enge Symbiose zwischen der *IRA* und *Sinn Fein* in Nordirland), ist im allgemeinen der erfolgreichere Weg. Auf diese Weise können die spezifischen Schwächen einer rein auf terroristischen Anschlägen basierenden Vorgehensweise teilweise ausgeglichen werden. Hier soll jedoch letztere analysiert werden, da sich von daher am besten die für Terroristen typische Denkweise erschließt.

Dabei greift man zweckmäßigerweise auf das Grundschema eines auf die systematische Erzeugung von Furcht und Schrecken ausgerichteten politischen Handlungsmodells zurück, wie es von Victor Walter in seinem bereits 1969 erschienenen Buch *Terror and Resistance* entwickelt wurde. Walter beschrieb und analysierte in diesem Standardwerk afrikanische Stammesgemeinschaften, deren Zusammenhalt auf der ständigen Androhung und Verhängung von Gewaltsanktionen beruht, doch können die von ihm herauspräparierten Merkmale für den Terror »von oben« und den Terrorismus »von unten« gleichermaßen Gültigkeit beanspruchen: *Regardless of its political orientation, the first element of the terror process, in a logical as well as chronological sense, is the specific act or threat of violence, which induces a general psychic act of fear, which in turn produces typical patterns of reactive behavior.* (Walter 1969, S. 7)

Terror wie auch Terrorismus beruhen demnach, darin sind sich seit Walter so gut wie alle Autoren einig, auf drei Elementen: 1. einem Gewaltakt oder dessen Androhung; 2. einer emotionalen Reaktion (im Zweifel starke Furcht; es kommen aber auch, wie noch zu zeigen sein wird, andere Emotionen in Frage); 3. als Konsequenz des emotionalen Zustandes auf bestimmte Verhaltensweisen (Lähmung und Passivität, bisweilen auch hektische Aktivität, um sich zu schützen).

Neben dieser logischen und chronologischen Dreiersequenz beim Vollzug und der Wirkung terroristischer Aktionen schält Walter drei Personengruppen heraus, die in jedem Fall in das Geschehen einbezogen sind. Das sind zum ersten die Gewaltakteure selbst, von denen der terroristische »Prozeß« seinen Ausgang nimmt, zweitens die Opfer der Gewalttaten, und drittens die eigentliche Zielgruppe, um deren emotionale Beeinflussung und entsprechende Verhaltensreaktionen es letztlich geht.

Innerhalb der Gruppe von Gewaltakteuren kommt es häufig zu einer Arbeitsteilung zwischen den Führern der Organisation, unter denen die theoretische und strategische Diskussion stattfindet und von denen die entscheidenden Anweisungen ausgehen, und den ausführenden Kräften, welche für das unmittelbare Gewaltgeschäft zuständig sind. Weitere funktionale

Differenzierungen, z. B. in eine technische Abteilung, einen Propagandaapparat, eine Finanzabteilung usf., sind nicht unüblich (vgl. hierzu Kap. 4).

Besonders wichtig ist die Unterscheidung zwischen den Opfern und der eigentlichen Zielgruppe bzw. den Zielgruppen der Schreckenstaten; sie bildet sozusagen das Kernstück der Gewaltfigur »Terror« bzw. »Terrorismus«. Denn wenn sämtliche Mitglieder einer Bevölkerungsgruppe, beispielsweise einer Ethnie, umgebracht werden sollen, wie dies Hitler von einem bestimmten Zeitpunkt ab mit den Juden vorhatte, dann kann man nicht mehr von Terrorismus sprechen. Hier ist vielmehr der Ausdruck Genozid, also Völkermord, angebracht. Terrorismus ist, auch wenn dies zynisch klingen mag, eine politische Strategie, der eine gewisse Gewaltökonomie zugrunde liegt. Terroristen, und das nämliche gilt für Terrorregime, wählen eine begrenzte Zahl von Opfern aus, um den Rest im Sinne ihrer Zielvorstellungen manipulieren zu können.

Auf die Frage, wo die jeweilige Grenzlinie zwischen den Opfern und der anvisierten Zielgruppe verläuft, läßt sich für den »Terror von oben« und den »Terrorismus von unten« keine einheitliche Antwort geben. Terrorregime können es sich im Extremfall leisten, die gesamte Gesellschaft, einschließlich des engeren politischen Führungsstabes, mit Furcht und Schrecken zu überziehen, um auf diese Weise alle und alles zu kontrollieren. Hier löst sich die Grenze zwischen beiden Gruppen weitgehend auf, bzw. wird bei jedem Anschlag neu definiert, da virtuell jeder Gefahr läuft, irgendwann, aus geringfügigem Anlaß, exekutiert zu werden. Demgegenüber ist das Kalkül terroristischer Gruppen, die aus einer Position der Schwäche heraus operieren, wie die anfänglichen Zitate belegen, etwas komplizierter. Einerseits haben sie ein Interesse daran, die Unfähigkeit des Staates bloßzustellen, dem Gesetz Geltung zu verschaffen und die öffentliche Sicherheit zu wahren. Vor allem sollen ihre Anschläge von den Träger- und Schlüsselgruppen eines Systems als Bedrohung empfunden werden und das Gefühl auslösen, des eigenen Lebens nicht mehr sicher zu sein. Doch daneben gibt es auch Schichten und Gruppen, die von den Terroristen umworben werden, die sie auf ihre Seite ziehen wollen. Die terroristische Botschaft soll bei ihnen nicht Angst und Schrecken, sondern Hoffnung, Sympathie und eine politische Aufbruchstimmung erzeugen.

Die Führer der baskischen ETA hätten es lange Zeit als einen schweren Fehler betrachtet, wenn eines ihrer Basiskommandos einen baskischen Patrioten umgebracht hätte, ebenso wie die deutsche RAF peinlich darauf achtete, daß bei ihren Anschlägen kein Arbeiter zu Schaden kam, also ein Angehöriger jener sozialen Klasse, die sie vom »Joch des Kapitalismus« befreien wollte. Natürlich kann man sich fragen, ob dieses Kalkül realistisch ist, ob man also tatsächlich annehmen kann, schockierende Gewalttaten könnten den Beifall bestimmter Bevölkerungskreise finden. Die Terroristen selbst gehen häufig davon aus, daß allein ihre deutliche Unterlegenheit, verbunden mit ihren edlen Zielen und dem hohen moralischen Anspruch, den sie an sich und ihr gewaltsames Vorgehen stellen, ausreicht, um dieses vielen Menschen als gerechtfertigt erscheinen zu lassen. Tatsächlich scheinen Schadenfreude und eine klammheimliche Genugtuung, wenn es den Mächtigen an den Kragen geht, durchaus verbreitete Gefühle zu sein. Inwieweit daraus, wie es von seiten der Terroristen bisweilen voreilig geschieht, auf eine Solidarisierungsbereitschaft mit der Gewaltgruppe oder gar auf eine generelle Rebellionsstimmung geschlossen werden kann, ist freilich eine andere, von der jeweiligen Gesamtsituation abhängige Frage.

Die unterschiedlichen Strategien, die von einem Terrorregime und terroristischen Rebellenorganisationen verfolgt werden, hängen letztlich mit deren unterschiedlichen Endzielen zusammen. Beim Terror von seiten der Herrschenden besteht dies im Regelfall darin, keine Veränderung am Status quo der politischen Machtverteilung zuzulassen. Was von den Regierten als Ergebnis einer solchen staatlichen Terrorkampagne erwartet wird, ist, daß sie politisch stillhalten und nicht aufbegehren, also Zurückhaltung und Passivität. Damit können sich aufständische Terroristen nicht zufrieden geben. Denn sie wollen eine politische Umwälzung in Gang bringen. Verfängt ihre Revolutionsbotschaft bei den Massen nicht, weil diese zu ängstlich oder apathisch sind, um sich zu erheben, dann muß

der Staatsapparat dazu veranlaßt werden, das Werk der Selbst-
zerstörung aus eigenen Stücken einzuleiten.

Dieser Gedanke wurde von David Fromkin besonders scharf
herausgearbeitet. Ihm zufolge haben terroristische Gruppen
aufgrund ihrer geringen Eigenmacht in den meisten Fällen nur
dann eine Chance, ihre Umsturzpläne zu realisieren, wenn sie
den Staat gegen sich selbst ausspielen. Sie müssen, wie die ein-
prägsame Metapher lautet, bewirken, daß er durch sein eigenes
Gewicht zu Fall kommt. Konkret soll dies so aussehen, daß die
Staatsführung durch terroristische Anschläge zu einer repressiven Überreaktion verleitet wird, die dann die angestrebte
Volkserhebung auslöst. Das klingt kompliziert, doch sollte man
nicht vergessen, daß die algerischen Freiheitskämpfer, die in
den 50er Jahren nach diesem Rezept verfuhren, schließlich die
Franzosen von ihrem Territorium vertreiben konnten. Auch
die baskische ETA, die die sogenannte »Aktions-Repressions-
Spirale« zu ihrem Leitprinzip erkor, konnte damit, zumindest
zeitweise, dem spanischen Zentralstaat beträchtliche Zugeständnisse abtrotzen.

Gibt es gewichtige Unterschiede im Machtkalkül staatlicher
Terrorinstanzen und terroristischer Rebellen, so dürfen diese
wiederum auch nicht überschätzt werden. In beiden Fällen besteht die Gefahr, daß Gewalt, die eigentlich als Mittel für einen
bestimmten Zweck dienen sollte, sich aus dieser dienenden
Rolle befreit und zum alle Handlungsfelder überflutenden
Selbstzweck wird. Nicht zu Unrecht ist immer wieder betont
worden, Terror wie auch Terrorismus seien politische Strategien, bei denen das angewandte Mittel (die Gewalt) die damit
verfolgten Ziele in den Schatten stelle.

Provokation als Machtstrategie

Aus einer allgemeineren theoretischen Warte kann Terrorismus
als Spezialfall des Handlungsprinzips »Provokation« verstanden
werden, das in den unterschiedlichsten Machtkonstellationen
anzutreffen ist. Dabei handelt es sich regelmäßig um die Herausforderung eines überlegenen Machtträgers durch einen

schwächeren Konkurrenten. Die Charakteristika dieser Herausforderung sind von dem Soziologen Rainer Paris überzeugend herausgeschält worden. Paris definiert Provokation als
einen *absichtlich herbeigeführten, überraschenden Normbruch, der den
anderen in einen offenen Konflikt hineinziehen und zu einer Reaktion
veranlassen soll, die ihn, zumal in den Augen Dritter, moralisch diskreditiert und entlarvt.* In den verschiedenen Elementen dieser
Definition lassen sich unschwer die wesentlichen Merkmale
des eben herausgearbeiteten terroristischen Kalküls wiederfinden, das freilich eine Extremform von Provokation darstellt. Es
sind dies:

- der offensive Normbruch, der als frecher Übergriff die Gegenseite verletzt, bloßstellt und damit die Situation für alle
  Beteiligten, einschließlich der Zuschauer, emotional auflädt.
  All dies läßt sich nahtlos auf das Vorgehen der Terroristen
  übertragen, die sich mit ihren Gewalttaten gezielt über die
  herrschenden Normen und Moralvorstellungen hinwegsetzen. Der Sinn ihres Normbruches besteht darin, auf eine
  höherrangige Moralordnung aufmerksam zu machen, nach
  der ihre Angriffe tugendhaft und gerecht sind, während die
  Gegenseite der Vorwurf von Bösartigkeit und Verblendung
  trifft.
- Der Angriff muß, soll er seinen Provokationseffekt nicht
  verfehlen, überraschend, sozusagen aus heiterem Himmel
  erfolgen. Dies entspricht genau den Momenten der Unberechenbarkeit, Unwägbarkeit und Willkür terroristischer Anschläge, durch die Verwirrung und Furcht gestiftet werden
  sollen.
- Wer provoziert, sucht den Konflikt. Er visiert den Feind an,
  jedoch in einer spezifischen Weise: Indem er die andere
  Seite reizt, bis diese zum Gegenschlag ausholt, so daß es so
  aussieht, als sei sie der aggressive Part. Eben darauf zielen
  auch die Anschläge der Terroristen ab: den Staat aus seiner
  Reserve herauszulocken, damit er Verfolgungsinitiativen ergreift.
- Ob diese Rechnung für den Provokateur aufgeht, hängt von
  dem provozierten Machtträger, sei es ein einzelner, eine

Gruppe oder Institution, ab. Paris spricht in diesem Zusammenhang von der Reaktionsangewiesenheit des Provokateurs. Auch hier liegen die Parallelen zum Terrorismus auf der Hand. Reagieren die gesellschaftlichen und politischen Führungseliten maßvoll, lassen sie sich nicht zu übertriebenen Verfolgungs- und Sicherheitsmaßnahmen hinreißen, dann haben die Gewaltaktivisten ihr Ziel, mindestens teilweise, verfehlt. Provokationen, die keine heftige, möglicherweise überhaupt keine Antwort hervorrufen, wirken peinlich. Allerdings, und dies gilt sowohl für die persönliche als auch für die institutionelle Ebene, ist es schwierig, sich dem Reaktionszwang zu entziehen, der von gewaltsamen Provokationen ausgeht.

– Der Zweck einer Provokation ist die Entlarvung des Feindes. Dieser soll sich in der Reaktion desavouieren, d. h. als maßlos, ungerecht, brutal, kurzum: als der eigentliche Angreifer erscheinen. Der tiefere Sinn der Provokation, und des Terrorismus als einer Spezialform desselben, liegt darin, in den Augen des Publikums einen Rollenwechsel zu inszenieren: Vom Angreifer zum Angegriffenen zu werden und den Angegriffenen als den Angreifer hinzustellen. Wenngleich diese Absicht durchsichtig erscheinen mag, ist sie doch nicht leicht zu durchkreuzen. Denn reagiert der Provozierte nicht, so riskiert er, sein Gesicht zu verlieren und der Schwäche geziehen zu werden; umgekehrt wird rasch der Vorwurf unverhältnismäßiger Härte gegen ihn erhoben, wenn er zu energischen Gegenmaßnahmen greift. Das aus diesem Verhaltensdilemma sich ergebende Problem des angemessenen Umgangs mit dem Terrorismus und den Terroristen wird in den Kapiteln 9 und 10 nochmals zur Sprache kommen.

Paris hat seinem Aufsatz den Titel »Der kurze Atem der Provokation« gegeben. Was den Terrorismus als Anwendungsfall seiner Thesen betrifft, so handelt es sich keineswegs immer um kurzatmige Bewegungen. Es gibt terroristische Kampagnen, die sich, mit Unterbrechungen, über Jahrzehnte hinziehen. Wie also steht es mit der praktischen Einlösbarkeit des terroristischen Kalküls, den Erfolgsaussichten der Terroristen?

Bei der Beantwortung dieser Frage soll im Augenblick von der inneren Dynamik terroristischer Gruppen abgesehen werden. Diese sind, wie alle zweckrationalen Organisationen, nicht nur ein Instrument zur Realisierung bestimmter Ziele, sondern bestehen aus Menschen mit unterschiedlichen Bedürfnissen, die aufgrund ihres engen Zusammenschlusses im Untergrund und der einseitigen Fixierung auf Gewalt Züge entwickeln können, die sich negativ auf die strategische Gesamtplanung auswirken. Doch nicht von diesen »inneren« Hindernissen und ihrer Überwindung soll hier die Rede sein, sondern von den externen Schwierigkeiten und Imponderabilien, denen das terroristische Kalkül begegnet.

Ausgangspunkt muß dabei die Feststellung sein, daß die terroristische Strategie eine indirekte Vorgehensweise ist, die über zahlreiche Zwischenglieder zum angestrebten Erfolg führt. Solche indirekten Strategien werden nach Lawrence Freedman nur in Ausnahmefällen gewählt, wenn aufständische Gruppen äußerst schwach sind. Denn im Zweifel seien direkte militärische Strategien, die den Besitz und die Verteidigung bzw. Erweiterung eines Stücks Territorium voraussetzten, weit praktikabler und effektiver. Im Falle einer indirekten Strategie stellt sich vor allem das Problem, wie die Gewaltakteure es bewerkstelligen wollen, die Kontrolle über die einzelnen Stufen und Phasen des von ihnen in Gang gesetzten revolutionären Prozesses zu behalten. Die Terroristen müssen, damit das »Provokations-Repressions-Schema« in ihrem Sinne funktioniert, dafür sorgen,

– daß ihre Gewaltbotschaften eindeutig sind;
– daß sie von den anvisierten Adressatengruppen verstanden, d.h. dechiffriert werden;
– schließlich, daß diese willens und in der Lage sind, darauf so zu reagieren, wie sich dies die Gewaltaktivisten vorstellen.

Schon mit der Eindeutigkeit der Gewaltsignale hat es seine Schwierigkeiten, sollen diese doch, wie wir sahen, oft mehrere Botschaften gleichzeitig vermitteln. Hinzu kommt, daß es keineswegs immer einfach ist, einen Gewaltanschlag so auszufüh-

ren, daß jedermann sofort klar ist, wer damit getroffen werden
sollte und warum. Schon die tägliche Zeitungslektüre lehrt,
daß über den Sinn und Hintergrund mancher terroristischer
»Ereignisse« längere Zeit gerätselt werden muß, bis eine Organisation die Urheberschaft für sich reklamiert. Im Falle von
terroristischen Attentaten aus sozialrevolutionären Motiven
liegt es beispielsweise nahe, als Zielscheibe anerkannte Persönlichkeiten des politischen, wirtschaftlichen und militärischen
Establishments auszusuchen, die das System öffentlich reprä-
sentieren und bis zu einem gewissen Grade auch für dessen
Funktionsweise und -mängel verantwortlich sind. Diese Personen sind aber oft gut geschützt und nicht ohne weiteres
angreifbar. Im Laufe der Jahrzehnte haben die Polizei und
die Geheimdienste alle erdenklichen Abwehrmaßnahmen er-
sonnen, um den Terroristen ihr blutiges Handwerk zu er-
schweren. Nur gut organisierten, über beträchtliche personelle
Kapazitäten und eine entsprechende technische Infrastruktur
verfügenden Gruppen kann es gelingen, diese Barrieren zu
überwinden.

Das Resultat ist, daß oft Abstriche von dem anspruchsvollen
ursprünglichen Zielkatalog gemacht und statt dessen Systemre-
präsentanten minderen Ranges angegriffen werden. In letzter
Konsequenz führt dieser Trend dahin, daß die Auswahl des
Opfers nicht mehr von seinem Symbolwert, sondern von seiner Verletzbarkeit und Erreichbarkeit abhängig gemacht wird.
Dadurch wird das Ausmaß der Willkür bei der Gewaltanwendung über den ursprünglich intendierten Streueffekt hinaus
noch zusätzlich gesteigert. Ohnedies läßt sich bei Anschlägen in
dicht besiedelten städtischen Großräumen nicht ausschließen,
daß davon auch zufällig am Tatort präsente Personen betroffen
werden. Daneben hat es stets »Irrtümer« gegeben, d.h. die
»falsche« Person wurde versehentlich erschossen oder als Geisel
genommen. All dies beeinträchtigt die Klarheit der von den
Terroristen intendierten Botschaft.

Doch angenommen, die Gewalttat enthält eine eindeutige
Botschaft, so bedeutet dies noch keineswegs, daß diese von den
anvisierten Empfängergruppen auch verstanden und angenommen wird. Dies gilt vor allem für jenen Teil der Bevölkerung,

für den der Anschlag ein Signal der Hoffnung auf Befreiung
von Unterdrückung und Not darstellen soll. Was die bedroh-
lichen Akzente anbelangt, so werden sie von den potentiell
Betroffenen meistens sehr rasch begriffen und lösen Unsicherheit, Entrüstung und Angst aus. Aber die vorgeblich Begünstigten – von Herfried Münkler mit einer glücklichen Formulierung als »angeblich interessierte Dritte« bezeichnet – nehmen
es entweder gar nicht wahr oder wissen es oft nicht zu schätzen, daß man ihr Los erleichtern will. Schon die russischen Terroristen des vergangenen Jahrhunderts mußten mit Enttäu-
schung und teilweiser Erbitterung feststellen, daß die Bauern
den in ihrem Namen geführten Kampf gegen das Zarenregime
nicht zur Kenntnis nahmen, geschweige denn darauf reagierten. Ähnlich erging es den deutschen RAF-Terroristen rund
hundert Jahre später, als sie sich zunächst mit den »ausgebeuteten Massen der Dritten Welt«, später mit der deutschen Arbeiterklasse und den sozialen Randgruppen solidarisierten. Die
Gefahr solcher Mißverständnisse ist besonders groß, wenn die
Terroristen mehrheitlich aus einem ganz anderen sozialen Milieu als die Schichten stammen, für die sie sich einsetzen.

Doch auch die durchaus auf Anhieb verstandenen Drohbot-
schaften lösen nicht automatisch die von den Terroristen er-
wünschten Reaktionen aus. Den Gewaltaktivisten fehlen, falls
die Massen sich auf ihr Gewaltsignal hin nicht spontan erheben,
immer noch zwei Verhaltenssequenzen, damit ihre Rechnung
aufgeht: Die Vertreter des Staatsapparates müssen zu übertriebenen Abwehrmaßnahmen greifen. Und diese repressive Überreaktion muß dazu führen, daß der bis dahin passiven Bevölkerung endlich klar wird, wie unerträglich ihre Lage ist. Nur dann
macht sie mit den Terroristen gemeinsame Sache und sagt dem
Regime den Kampf an. Für den ersten Schritt gibt es oft deutliche Ansätze. Die politische Führungselite neigt dazu, sich mit
dem Staat gleichzusetzen und folglich die eigene existentielle
Bedrohung mit einer ernsthaften Bedrohung des Staatsapparates
zu verwechseln. Allerdings scheitern entsprechende Versuche,
ein umfassendes, auch eine empfindliche Einschränkung der
Grundrechte einschließendes Programm zur Bekämpfung der
Terroristen auf den Weg zu bringen, in demokratisch verfaßten

Staaten meist am Widerstand der öffentlichen Meinung. Nur wo diese nicht existiert oder stark kontrolliert wird, unter Diktaturen etwa oder in Kolonien, wo man es mit der Rechtsstaatlichkeit ohnedies nicht ernst nimmt, kann es zu einer Verstärkung des repressiven Drucks kommen, der dann konsequenterweise den Terroristen den Rücken stärkt.

Deren insgesamt magere Erfolgsbilanz spiegelt vor allem eine entscheidende Schwäche ihrer Vorgehensweise wider, nämlich jenen Zug, den Paris ihre »Reaktionsabhängigkeit« nennt. Terroristen können – hier unterscheiden sie sich von fast sämtlichen anderen Gewaltstrategien – keinen entscheidenden eigenen Beitrag zur Erreichung des angestrebten Zieles leisten. Sie können darauf achten, daß eine für ihr Vorhaben günstige gesellschaftlich-politische Situation vorliegt, und Anstöße für den intendierten Umwälzungsprozeß in Form von Gewaltbotschaften geben – den Rest müssen die relevanten Kollektivakteure, insbesondere der Staat, bestimmte Bevölkerungsgruppen und die Öffentlichkeit, selbst besorgen. Darin liegt ihr immanent in die eigene Strategie eingebautes Haupthandicap. Durchschaut die Staatsführung ihre Absichten, reagieren die Massen nicht auf ihr Befreiungsangebot, dann gehen ihre Berechnungen ins Leere, hängt ihre Planung in der Luft.

Diese Erfahrung mußten vor allem unter marxistischem Vorzeichen angetretene terroristische Gruppen machen. Nicht nur Europa, sondern auch Lateinamerika ist, in Abwandlung eines bekannten Wortes des italienischen Ökonomen und Soziologen Vilfredo Pareto ein »Friedhof« gescheiterter Organisationen des Linksterrorismus. Deren Führer wollten nicht wahrhaben, daß die Situation keineswegs für die erträumte Revolution »reif« war. Nationalistische terroristische Organisationen, die antikolonialistische oder separatistische Ziele verfolgten, waren vergleichsweise erfolgreicher. Denn hier hielten die Gewaltaktivisten im allgemeinen engere Tuchfühlung mit bestimmten Bevölkerungsschichten, die sie deckten und unterstützten. Außerdem bekämpften sie Regierungen, die teils eine externe Besatzungsmacht vertraten (Fall der Kolonialherrschaft), teils mit plausiblen Argumenten als eine Art Fremdherrschaft hingestellt werden konnten (sogenannter interner Kolonialismus). Als Beispiel für diesen zweiten Fall ist die politische Bevormundung der Basken bis 1978 durch Madrid oder jene Korsikas durch die Zentralbehörden in Paris zu nennen. Allgemein gilt es als wesentlich leichter, eine breite Volkserhebung gegen ein von außen her oktroyiertes Regime in Gang zu bringen als gegen die eigene Regierung eines Landes, vor allem dann, wenn letztere aus freien Wahlen hervorgegangen ist.

Dabei legt unsere skeptische Gesamteinschätzung von Erfolgschancen terroristischer Gruppen die Meßlatte für »Erfolg« ziemlich hoch. Terroristische Organisationen durchlaufen, grob gesprochen, drei sukzessive Entwicklungsstadien: Sie werden erstens irgendwann gegründet; bringen es zweitens eventuell zuwege, sich über einen längeren Zeitraum hinweg als innenpolitischer Störfaktor zu behaupten; und sehen drittens unter Umständen ihre Zielvorstellungen Wirklichkeit werden. Erfolg im letztgenannten Sinne war terroristischen Bewegungen nur in seltenen Ausnahmefällen, wie etwa dem algerischen Freiheitskampf, beschieden. Dagegen gab und gibt es eine große Zahl terroristischer Verbände, die nicht zerschlagen wurden, sich auch nicht auflösten, sondern, teilweise unter erheblichen strukturellen Veränderungen, sich im Untergrund über Jahrzehnte hinweg halten und die jeweilige Regierung periodisch in Verlegenheit oder gar Bedrängnis bringen konnten. Betrachtet man die ihnen eigene Störkapazität als »Leistung«, dann waren und sind sie in der Tat nicht erfolglos. Allerdings, und damit bleiben sie ihrer Ausgangsdevise treu, definiert sich dieser Erfolg eher negativ als positiv. Positive Impulse, konstruktive Ideen etwa, erwartet man von terroristischen Gruppen vergeblich; fixiert auf das Zwangsmittel der Gewalt sind sie ausschließlich in der Lage, Bestehendes in Frage zu stellen, Spannungen zu vertiefen und gesellschaftlich-politische Konflikte auf die Spitze zu treiben.

3.
Geschichtliche Vorläufer
und Voraussetzungen

Es wäre verfehlt anzunehmen, Terrorismus sei eine Erfindung der Moderne. David Rapoport, der sich mit den geistesgeschichtlichen Wurzeln des Phänomens befaßt hat, kommt zu dem Schluß, der moderne Terrorismus habe bereits mehrere Vorläufer sowohl in Europa als auch im Orient gehabt. Als Beispiele nennt er einmal die jüdischen Zeloten und Sicarii, die sich im 1. Jahrhundert n. Chr. gegen die römische Vorherrschaft in Palästina auflehnten; zum anderen die Assassinen, eine islamische Sekte, deren Anhänger über zwei Jahrhunderte hinweg im Mittelalter im Vorderen Orient sowohl Angehörige rivalisierender islamischer Glaubensrichtungen als auch Christen mit dem Dolch umbrachten oder zu Tributzahlungen erpreßten; und schließlich die thugs, eine rund 1000 Jahre lang in Indien existierende Glaubensgemeinschaft, deren Mitglieder ein an sich durchaus normales Leben führten, jedoch verpflichtet waren, im Dienste ihrer blutrünstigen Göttin regelmäßig Menschen zu erdrosseln. Bezeichnenderweise waren alle drei geschichtlichen Vorläufer des Terrorismus religiöser Art. Denn nach Rapoport war es bis zur Französischen Revolution von 1789 undenkbar, daß jemand um anderer als religiöser Motive willen zum extremen Mittel eines terroristischen Anschlags griff.

Es gibt daneben noch einen zweiten Traditionsstrang, an den der moderne Terrorismus als Methode zur Beeinflussung der Politik anknüpfen kann. Das ist die Denkfigur und Praxis des Tyrannenmordes. Angefangen bei Aristoteles bis zu den Staatsphilosophen des 18. Jahrhunderts, wird ein prinzipielles Recht der Untertanen bejaht, politische Machtträger, die ihren elementaren Verpflichtungen nicht nachkommen, beispielsweise indem sie das Volk ausbeuten und unterdrücken, anstatt es zu beschützen, abzusetzen oder umzubringen. Die klassische Begebenheit, auf die dabei meist Bezug genommen wurde, war die Ermordung Caesars durch Brutus und seine Verschwörergenossen, weil dieser die republikanische Ordnung beseitigt und damit »verraten« habe. Aber auch im 16. und frühen 17. Jahrhundert, im Zeitalter der sogenannten Monarchomachen, gab es viele Königsmorde, die damit gerechtfertigt wurden, der König habe seine Rechte mißbraucht, indem er jeweils die »falsche« Konfession angenommen oder beibehalten habe.

Allerdings waren es weniger diese historischen Präzedenzfälle, durch die Terrorismus als eine Gewaltstrategie eigener Art bekannt wurde, als die systematische Benützung von *la terreur* als Herrschaftsinstrument in der Schlußphase der Französischen Revolution (1792–1794). Es war dies eine Zeit, in der die Revolutionäre in zweifacher Hinsicht in Bedrängnis geraten waren: von innen her durch Widerstände und Erhebungen traditioneller, der Monarchie treu gebliebener Bevölkerungsgruppen und Landesteile (hier ist vor allem die bäuerliche Widerstandsbewegung in der Vendée zu nennen); und von außen her, wo Frankreichs Grenzen durch eine militärische Allianz aller anderen Großmächte Europas bedroht waren. Angesichts dieser doppelten Herausforderung griff die Revolutionsregierung zum Mittel des Terrors, um ihre innenpolitischen Feinde auszuschalten und das von desintegrativen Tendenzen bedrohte Land mit eiserner Klammer zusammenzuhalten. Unter Robespierres Regie wurden durch das »Komitee des öffentlichen Wohles« zunächst Hunderte, dann in wenigen Monaten Tausende aufs Schafott geschickt, wo sie auf dem Höhepunkt der Mordserie in einer Schlange auf die eigene Hinrichtung warten mußten. Der Spuk fand erst ein Ende, als sich herausstellte, daß Robespierre mit seiner Säuberungspolitik, um eine Republik der Tugend zu errichten, weiter fortfahren wollte, nachdem keine akute Gefahr mehr für Frankreich bestand. Nun wehrten sich die verbliebenen Volksvertreter und stellten ihrerseits Robespierre und seine engsten Anhänger unter Anklage. Nach Robespierres eigener Hinrichtung brach das System staatlichen Terrors binnen kurzem zusammen bzw. löste sich auf.

Das 19. Jahrhundert

Daß der Staat selbst es war, der den Terror zu einem regelrechten Herrschaftsinstrument ausbaute, war für die weitere Entwicklung nicht unwichtig. Denn damit führten die Regierenden potentiellen Rebellen drastisch vor Augen, wozu diese Waffe, wenn man sie aus ihren traditionellen religiösen und sonstigen Bindungen herauslöste, zu gebrauchen war. Die Terroristen des 19. Jahrhunderts haben diese Lektion nur allzugut gelernt.

Das 19. Jahrhundert war ein Jahrhundert des Übergangs, geprägt vom Verfall traditioneller Prinzipien und Autoritäten, an deren Stelle sich neue Ideen wie der Nationalismus und die Lehre von der Volkssouveränität ausbreiteten. Diese Ablösungs- und Umschichtungsprozesse verliefen jedoch nicht kontinuierlich, sondern vollzogen sich in Sprüngen, wiesen Verwerfungen und restaurative Kehrtwendungen auf. Es sei nur an die größtenteils fehlgeschlagene 48er Revolution erinnert, an Frankreichs Rückkehr zum Kaisertum oder das Sozialistengesetz in Deutschland. Diese politischen Brüche, zusammen mit den tiefgreifenden wirtschaftlichen und sozialen Umwälzungen im Gefolge der Industrialisierung, erzeugten ein geistiges Klima allgemeiner Verunsicherung, in dem radikale politische Projekte und Strategien einen exzellenten Nährboden fanden.

Dies umso mehr, als der Staat mit dem unaufhaltsamen Niedergang der Erbmonarchie als Herrschaftsform jegliche höhere, religiös begründete Rechtfertigung seiner Existenz einbüßte. Einerseits nahm die staatliche Kapazität, den Bürger zu erfassen, zu formen und zu kontrollieren, aufgrund des Ausbaus der Verkehrswege, der Einführung der allgemeinen Schulpflicht und Wehrpflicht sowie der Reform des Polizeiwesens kontinuierlich zu. Auf der anderen Seite aber war der Staat im Zeichen der Volkssouveränität nur noch Menschenwerk: ein von Menschen für Menschen ersonnenes prinzipiell veränderbares Konstrukt. Wenn aber im Namen eines solchen irdischen Konstrukts Macht und Zwang über Menschen ausgeübt wurde, was lag dann näher, als dieselben Mittel, nämlich Macht und Zwangsgewalt, auch gegen die Regierenden zu richten, um eine »bessere« politische Ordnung herbeizuführen?

Juan Donoso Cortés, ein konservativer spanischer Denker der ersten Hälfte des Jahrhunderts, hatte schon recht: Um die »von unten«, im Namen des Volkes erhobenen Proteste und Forderungen einzudämmen, hätte es eines Staates bedurft, der eine höhere Weihe und Würde, d. h. eine letztlich transzendente Legitimität beanspruchen konnte. Als rein irdische Instanz konnte der zu Zwangsmitteln greifende Staat rasch als Unrechts- und »Henkerstaat« denunziert werden. Führte er Reformen durch, um diesen Vorwurf zu entkräften, indem er etwa die Todesstrafe abschaffte und den Strafvollzug liberalisierte, so würde dies nach Cortés im Zweifel nicht ein Nachlassen der Protestaktionen, sondern deren Verschärfung zur Folge haben.

Diese, teils in einer etwas dunklen, mystifizierenden Sprache abgefaßten Prophezeiungen sollten sich ab der zweiten Jahrhunderthälfte größtenteils bewahrheiten. Viele Herrschaftshäuser leiteten politische Reformen ein und gingen, ihrer eigenen Sache nicht mehr ganz sicher, schonender als früher mit politischen Rebellen um. So fällt auf, daß die bekannten Revolutionäre jener Zeit größtenteils ein hohes Lebensalter erreichten, d. h. zwar ins Exil gehen, aber nicht um ihr Leben bangen mußten. Doch diese Vorsicht und Zurückhaltung von seiten der Regierenden wurde nicht honoriert, sondern ihnen als Schwäche ausgelegt und mit immer wilderen Parolen und Umsturzplänen beantwortet. Wenn daraufhin in einigen Fällen, beispielsweise von seiten des russischen Zaren Alexander II., ein repressiverer Kurs eingeschlagen und die Verfolgung politischer Dissidenten erneut verschärft wurde, so pflegte dies noch wütendere und wagemutigere Reaktionen bei Umstürzlern und Revolutionären auszulösen. Deren Verhalten stand ganz im Einklang mit den Erkenntnissen der sogenannten Violenzforschung der 70er Jahre unseres Jahrhunderts, die betonte, nichts sei geeigneter, einer Widerstandsbewegung zusätzlich Nahrung zu geben, als eine widersprüchliche, zwischen Härte und Nachgiebigkeit hin und her schwankende Regierungspolitik.

Im Falle der Utopisten und Revolutionäre des 19. Jahrhunderts wurde die Aufstandsbereitschaft zusätzlich durch ein ganz bestimmtes geistiges Klima geschürt. Hier lag einer der Hauptunterschiede zu früheren Jahrhunderten: Es wimmelte nun förmlich von Denkmodellen und konkreten Handlungsanweisungen, die terroristische Aktivitäten in die Reichweite einer praktizierbaren politischen Strategie rückten. In ganz Europa entstanden Geheimgesellschaften, Zirkel und Gruppen, die unter anarchistischem, sozialistischem, in Rußland bis zum Nihilismus reichendem Vorzeichen darüber diskutierten, wie man den Staat durch bewaffnete Angriffe in die Knie zwingen und zerstören könne. Es gibt keine Variante aufständischer Gewalt und terroristischer Anschläge, die zu jener Zeit nicht bereits gedanklich durchgespielt und teilweise praktisch erprobt worden wäre. Die Hauptträgergruppe, die hinter diesen Gedanken- und Realexperimenten stand, waren die im 19. Jahrhundert deutlich an Einfluß gewinnenden Studenten und Intellektuellen.

Die russischen Anarchisten

Der zur Verfügung stehende begrenzte Rahmen verbietet es, sämtliche Anarchisten bzw. Sozialisten, die für die Geschichte des modernen Terrorismus von Bedeutung sind, an dieser Stelle zu erwähnen. Deshalb seien nur einige von ihnen herausgegriffen. Zu ihnen zählt etwa der utopische Sozialist Pierre Proudhon (1809–1865), den auch Karl Marx gut kannte. Proudhon, ein Autodidakt, lehnte den Staat und jeglichen zentralen Herrschaftsanspruch entschieden ab. Mit dem Kampfspruch »Eigentum ist Diebstahl«, der ihn bereits als jungen Menschen schlagartig berühmt machte, wollte er weniger gegen die Institution »Eigentum« als solche, denn gegen die für den Kapitalismus bezeichnende Konzentration des Eigentums in den Händen einiger weniger polemisieren. Was ihm als Modell vorschwebte, waren kleine, auf dem Prinzip gegenseitiger Hilfe (*mutualité*) beruhende Gemeinschaften, die freiwillig in Tauschbeziehung miteinander treten sollten.

Unter den Schülern Proudhons fiel diese Idee bei dem Russen Michail Bakunin (1814–1876) auf besonders fruchtbaren Boden. Bakunin zählt, nicht zuletzt aufgrund seines bewegten Lebens, zu den schillerndsten Figuren der sozialistischen Szene jener Zeit. Aus adliger Familie stammend, hatte er zunächst die Offizierslaufbahn eingeschlagen, schied aber dann plötzlich aus dem militärischen Dienst aus, um sich, zunächst in Rußland, dann in Berlin, dem Philosophiestudium zu widmen. Nach seiner frühen »Bekehrung« zum Anarchismus hatte er anhaltende Schwierigkeiten mit den Behörden. Aufgrund der Teilnahme an einem Aufstand in Dresden 1849 wurde er festgenommen und nach Österreich und von da weiter nach Rußland abgeschoben. Dort brachte er mehrere Jahre in Gefängnissen, teils in Petersburg, teils in Sibirien, zu, bis ihm die Flucht gelang und er über Japan und Amerika nach Europa zurückkehrte. Sogleich fuhr er fort, für seine Ideen zu werben, die, ähnlich wie bei Proudhon, auf die Zerstörung des Staatsapparats abzielten, an dessen Stelle kleine Selbstverwaltungsgemeinschaften (Ideal: das russische Dorf) treten sollten. Auf Verschwörungen und die Gründung von Geheimgesellschaften setzend, war er überall in Europa zur Stelle, wo sich Unruhen anbahnten und Aufstände angezettelt wurden, sei es in Paris oder Prag, Lyon oder Dresden.

Unter den Begegnungen Bakunins mit anderen sozialistischen bzw. anarchistischen Intellektuellen seiner Zeit verdienen zwei besondere Erwähnung: zum einen die Auseinandersetzung mit dem etwa gleichaltrigen Karl Marx, zum anderen die kurze Zeit der Zusammenarbeit mit dem wesentlich jüngeren russischen Nihilisten Sergej Netschajew. Marx war in mehrfacher Hinsicht ein Antipode zu Bakunin. Wortgewaltig und ein leidenschaftlicher Debattierer der eine, ein Mann der Agitation und Organisation der andere; beeindruckte Marx durch seinen brillanten analytischen Verstand, so riß Bakunin mehr durch sein Beispiel und seinen kämpferischen Elan mit. Beide hatten sich die sozialistische Revolution zum Ziel gesetzt. Doch während Marx auf die industrielle Arbeiterklasse als revolutionäre Kraft setzte, hoffte Bakunin, durch punktuelle Erhebungen den Funken zünden zu können, der sich dann zum revolutionären Flächenbrand ausweiten würde. Zwischen beiden Ansätzen gab es keinen Kompromiß. Auf Betreiben von Marx wurde Bakunin 1872 aus der Ersten Sozialistischen Internationale ausgeschlossen, so daß sich fortan die Wege der beiden äußerst einflußreichen Verfechter sozialistischer Ideen in jenem Jahrhundert trennten.

Sergej Netschajew (1847 – 1882) ist eine der zwielichtigsten Gestalten des russischen Anarchismus. Das wichtigste Produkt seines Zusammentreffens mit Bakunin, Ende der 60er Jahre in der Schweiz, war der sogenannte revolutionäre Katechismus, ein Dokument, das in seiner beispiellosen Radikalität und Kälte einen Eindruck von der Gedankenwelt des extremen Anarchismus jener Zeit vermittelt. Hier einige Passagen daraus:

Pflichten des Revolutionärs gegen sich selbst

Der Revolutionär ist ein geweihter Mensch. Er hat keine persönlichen Interessen, Angelegenheiten, Gefühle oder Neigungen, kein Eigentum, nicht einmal einen Namen. Alles in ihm wird verschlungen von einem einzigen ausschließlichen Interesse, einem einzigen Gedanken, einer einzigen Leidenschaft – der Revolution.

In der Tiefe seines Wesens, nicht nur in Worten, sondern auch in der Tat, hat er vollständig gebrochen mit der bürgerlichen Ordnung und mit der gesamten zivilisierten Welt, mit den in dieser Welt landläufig anerkannten Gesetzen, Herkommen, Moral und Gebräuchen. Er ist ihr unversöhnlicher Gegner, und wenn er in dieser Welt fortlebt, so geschieht es nur, um sie desto sicherer zu vernichten.

Und an späterer Stelle:

Ein Revolutionär verachtet jeden Doktrinarismus und verzichtet auf die Wissenschaft der heutigen Welt. Er kennt nur eine Wissenschaft: die Zerstörung. Hierzu und nur hierzu studiert er Mechanik, Physik, Chemie und vielleicht auch Medizin. Er verachtet und haßt die gegenwärtige gesellschaftliche Moral in allen ihren Antrieben und allen ihren Kundgebungen. Für ihn ist alles sittlich, was den Triumph der Revolution begünstigt, alles unsittlich und verbrecherisch, was ihn hemmt.

(Netschajew nach Marx/Engels,
Bd. 18, 1969, S. 427)

Der Katechismus umfaßt drei inhaltliche Schwerpunkte. Erstens geht es um den Revolutionär selbst, seine Stellung innerhalb, bzw. wie wir eben gesehen haben, »außerhalb« der Gesellschaft, in der er lebt. Zweitens werden die Pflichten des Revolutionärs gegenüber seinen Genossen behandelt, wobei umrißhaft die Struktur einer terroristischen Geheimorganisation sichtbar wird *(Jeder Genosse soll mehrere Revolutionäre zweiter oder dritter Ordnung zur Hand haben, d. h. diejenigen, welche noch nicht eingeweiht sind).* Drittens schließlich wird eine revolutionäre Strategie entworfen. Es werden Maximen ausgegeben, wie der Terrorist sich verstellen muß, um Zugang zu allen sozialen Schichten und Kreisen zu gewinnen. Die Oberschichten und Machteliten werden nach Maßgabe ihrer Wichtigkeit in verschiedene Opferkategorien eingeteilt *(... die erste besteht aus denjenigen, welche ohne Verzug zum Tode verurteilt werden).* Und es wird, ganz im Sinne millenaristischer Heilslehren, postuliert, es gelte, zunächst alle Mittel und Kräfte darauf zu verwenden, das Leiden und Unglück der breiten Bevölkerung noch zu vermehren, damit sie endlich zur Besinnung komme, die Geduld verliere und sich erhebe.

Der zuletzt erwähnte Gedanke, es müsse schlimmer werden, damit die entscheidende Wende zum Besseren eintreten könne, ein Kernstück vieler terroristischer Strategien, setzte einen neuen Akzent im revolutionären Diskurs jener Zeit. Bis dahin waren die intellektuellen Vorkämpfer des Sozialismus davon ausgegangen, es bestehe bereits eine latente Aufstandsbereitschaft beim städtischen und ländlichen Proletariat, die, durch spektakuläre Anschläge geweckt, rasch in eine offene und allgemeine Erhebung münden würde. Doch das weitgehende Scheitern der 48er Revolution, die Wahl Napoleons III. zum französischen Kaiser und andere restaurative Entwicklungen hatten sie eines Besseren belehrt. Außerdem sorgte die Mitte des Jahrhunderts allmählich in Fahrt kommende industrielle Revolution dafür, daß das Massenelend zurückging und auch für die ärmsten Schichten die Lebensverhältnisse erträglicher wurden. Führende europäische Politiker wie Gladstone, Alexander II. und Bismarck hatten die Gefahr, die von einer sich vertiefenden Klassenspaltung ausging, erkannt und versuchten, durch soziale Reformen die Arbeiterschichten mit dem Staat und dem kapitalistischen System zu versöhnen. All dies bedeutete, daß die Möglichkeit einer spontanen revolutionären Erhebung in unbestimmte Ferne rückte. Ein Teil der Sozialisten und Anarchisten zog daraus die Konsequenz, anstatt wie bisher auf Volksaufstand und Barrikadenkämpfe künftig auf Provokation und Selbstenthüllung des Staatsapparates, d.h. auf Terrorismus zu setzen.

Die entscheidende Initiative ging insoweit von einem anderen russischen Intellektuellen, Fürst Piotr Alexejewitsch Kropotkin (1842–1921), aus. Auch Kropotkin stammte aus altem russischem Adel, was ihn, ähnlich wie Bakunin, für die Offizierslaufbahn prädestinierte. Aber er hatte noch andere Neigungen und Talente. Während eines längeren Aufenthaltes in Sibirien machte er wichtige geographische Entdeckungen. Das darauf folgende Angebot zu einer wissenschaftlichen Laufbahn schlug er jedoch aus, da er inzwischen, anläßlich eines Besuches in der Schweiz, für die anarchistische Lehre gewonnen worden war. Konsequent verzichtete er auf sein Erbe und widmete sich fortan ganz dem Anliegen sozialer Gerechtigkeit. Wegen seiner anarchistischen Agitation auf der Petersburger Feste eingesperrt, glückte ihm eine sensationelle Flucht, die ihn über die Schweiz und Frankreich (wo er nochmals drei Jahre hinter Gittern verbrachte) schließlich nach London führte. Kropotkin hat ein ansehnliches Werk als Moralist und Wissenschaftler hinterlassen, in dem er die kooperative, soziale Natur des Menschen (wider Darwin) zu belegen suchte. Dies hinderte ihn jedoch nicht daran, in Fragen der Revolution einen äußerst harten Kurs zu verfechten. Von ihm stammt das Plädoyer für spektakuläre Anschläge als wirksamste Methode, die revolutionäre Botschaft unters Volk zu bringen:

... Durch Tatsachen, die sich der allgemeinen Aufmerksamkeit aufzwingen, dringt die neue Idee in die Köpfe ein und erobert Anhänger. Manche Tat macht in einigen Tagen mehr Propaganda als Tausende von Broschüren.

(Kropotkin nach Nettlau 1972, S. 24)

Hier ist bereits deutlich der Gedanke ausgesprochen, daß Attentate primär als eine Form der Kommunikation zu betrachten sind. Die Kurzformel »Propaganda der Tat«, durch welche die anarchistische Bewegung des 19. Jahrhunderts bekannt wurde und die im Grunde in drei Worten das strategische Kalkül sämtlicher terroristischen Gruppen zusammenfaßt, stammt von einem anarchistischen Journalisten, Paul Brousse, der es in den 70er Jahren in die Debatte einführte.

Terroristische Praxis

Und wie sah es mit der Praxis des Terrorismus in jenem Jahrhundert aus? Läßt man Feinheiten beiseite, so könnte man von einem Evolutionssprung gegenüber der politischen Gewalt traditionellen Stils, vor allem Attentaten, sprechen, der in der zunehmenden *Entpersönlichung* der Anschläge bestand. Diese betraf die Täter, die Opfer und auch die Form des Anschlags. Auf der Täterseite zeichnet sich der allmähliche Übergang vom Individualtäter zur anonymen Verschwörergruppe und -organisation ab. Was die Formen und Mittel des Anschlags anbelangt, so wurde der Dolch, die klassische Waffe des Tyrannenmordes, zunehmend durch die Bombe verdrängt. Entscheidend war insoweit die Erfindung des Dynamits durch Alfred Nobel Mitte des 19. Jahrhunderts. Das Spektrum der Opfer dehnte sich ebenfalls aus. Hatten sich politische Attentate vor 1800 fast ausschließlich gegen den jeweiligen Monarchen oder sonstige politische Schlüsselfiguren gerichtet, so erstreckten sie sich nun auf immer mehr Vertreter des staatlichen Machtapparates: auf Minister, Polizeipräsidenten, Generäle. In dieser Hinsicht bildete das 19. Jahrhundert eine Vor- bzw. Zwischenstufe zu unserem Jahrhundert, in dem der Kreis terroristischer Opfer nochmals erheblich ausgeweitet wurde: auf alle Menschen, die einer bestimmten Kategorie angehören, z. B. »Kapitalist« sind, »Tourist« oder »Nordamerikaner«.

Der erste Anschlag, in dem diese neue Qualität des Terrorismus zum Tragen kam und der deshalb allgemeines Aufsehen erregte, war der des Italieners Felice Orsini auf Napoleon III.

im Jahre 1858. Orsini, ein Patriot und Abenteurer, der sich an *Napoleon* wegen dessen früherer militärischer Intervention gegen den Vatikan rächen wollte, hatte für sein Vorhaben ein ausgedehntes Netzwerk von Helfern innerhalb und außerhalb Frankreichs mobilisiert. Die dreifache Bombenexplosion, die vor der Pariser Oper stattfand, forderte acht Todesopfer und 156 Verletzte, während Napoleon mit einigen Schürfwunden davonkam.

Allerdings blieb ein sorgfältig durchorganisierter Anschlag, wie der Orsinis, in Zentraleuropa zu jener Zeit die Ausnahme. Zwar wurden zahlreiche Geheimgesellschaften gegründet, die eigentümliche, religiöse und säkularisierte Ideenfragmente vermischende Rituale entwickelten und mehr oder minder radikale politische Umsturzpläne hatten (am bekanntesten waren die über ganz Europa verbreiteten *Carbonari*, die auf die Besetzung Neapels durch Napoleon I. zurückgingen). Doch die Mehrzahl der teils erfolgreichen, teils fehlgeschlagenen Mordanschläge waren nach wie vor das Werk von Einzeltätern.

Insbesondere ab der Mitte des Jahrhunderts kam es zu einer in ihrer Intensität sich kontinuierlich steigernden Attentatsserie gegen führende Vertreter europäischer Herrscherhäuser: 1861 ein fehlgeschlagener Anschlag auf den Preußenkönig; 1878 zwei weitere Attentate auf den deutschen Kaiser; im selben Jahr versuchte man, die Könige von Spanien und Italien umzubringen; 1881 die Ermordung Alexanders II. von Rußland; 1894 jene des französischen Staatspräsidenten Carnot; 1897 fiel der spanische Premierminister einem Anschlag zum Opfer, im Jahr darauf Kaiserin Elisabeth von Österreich, 1900 der König von Italien und 1901 der Präsident der USA.

Dabei bildeten die Angriffe auf wichtige und berühmte Persönlichkeiten nur die Spitze des Eisbergs. Daneben sind noch Anschläge wie jener des Franzosen Auguste Vaillant zu erwähnen, der 1894 eine Bombe in das Abgeordnetenhaus warf, oder der seines Landsmannes Emile Henry, der im gleichen Jahr eine Bombe in einem Pariser Café zur Explosion brachte. An den Rändern der terroristischen Szene wurden, auch dies eine Erfahrung, die sich in unserer Zeit wiederholt, die Grenzen zur nicht mehr politisch motivierten, gewöhnlichen Gewaltkriminalität undeutlich. Kein Wunder, daß sich breiter Teile der europäischen Öffentlichkeit ein Gefühl der Panik bemächtigte, die allgemeine Überzeugung um sich griff, man sei mit einer umfassenden Verschwörung konfrontiert, die darauf abziele, die bestehende Ordnung aus den Angeln zu heben. Dabei handelte es sich, jedenfalls in West- und Zentraleuropa, nur um die Aneinanderreihung unverbunden nebeneinander stehender Einzelattentate, deren zeitliche Häufung möglicherweise auch mit einem gewissen Nachahmungsreiz, begünstigt durch eine allgemeine »fin de siècle«-Stimmung, zusammenhing. Anders stellte sich die Situation hingegen in Spanien und in Rußland, d. h. an der europäischen Peripherie, dar. Betrachten wir den Terrorismus in Rußland etwas genauer, der in mehrfacher Hinsicht Methoden und Formen des Linksterrorismus ab den 60er Jahren dieses Jahrhunderts vorwegnahm.

Ab Mitte des 19. Jahrhunderts wurde das Zarenreich von sukzessiven terroristischen Wellen erschüttert. Wenngleich jede Welle mit der Verhaftung einer Reihe von Verschwörern und der Zerschlagung oder Auflösung ihrer Organisation endete, war doch nicht zu übersehen, daß die Terroristen von Mal zu Mal zahlreicher wurden und professioneller zu Werk gingen. Der letzte dieser Schübe, zu Beginn dieses Jahrhunderts, war bereits keine isolierte Gewaltkampagne mehr, sondern eingebettet in eine breite politische Umsturzinitiative, die das Vorspiel zur Revolution von 1917 bildete.

Besonders bekannt – und entsprechend gut erforscht – ist die Gruppe Narodnaja Volja (der Volkswille), die von Anfang 1878 bis März 1881 ihre Anschläge verübte.

Der Fall der Narodnaja Volja

Die Anschläge begannen mit einem Attentat auf den Polizeipräfekten von St. Petersburg und endeten mit der Ermordung des Zaren Alexander II. Im Unterschied zu den anarchistischen Gewalttaten im restlichen Europa stand hinter der Anschlagsserie in Rußland ein Kollektiv, eine soziale Bewegung. Diese Bewegung wiederum konnte sich bilden, weil ihre Mitglieder einen ähnlichen sozialen Hintergrund hatten und ähnliche Sozialisationsstufen durchlaufen hatten. Es handelte sich fast durchweg um junge Leute (92% waren unter 30 Jahre alt), die aus dem Adel, aus Beamten- und Offiziersfamilien oder dem gehobenen Bürgertum stammten. Die meisten von ihnen studierten an den Petersburger Hochschulen, die als Eliteuniversitäten galten, aber sich nunmehr in eine Kaderschmiede des Terrorismus verwandelt hatten. Ein Großteil von ihnen kam aus den südwestlichen Teilen des Zarenreiches, die vom Industrialisierungsprozeß erst vor kurzem erfaßt worden waren. Juden waren in der Bewegung überproportional vertreten, und auch Frauen spielten in ihr eine für damalige Zeiten ungewöhnlich wichtige Rolle. Außerdem fiel auf, daß viele Studenten, die zu den terroristischen Zirkeln stießen, bereits vorher politisch aktiv gewesen waren. Ihr Engagement in der Gewaltbewegung war meist kurzfristiger Natur; nach zwei bis drei Jahren schieden sie wieder aus ihr aus.

In der Gruppe Narodnaja Volja wurde intensiv über ethische Fragen diskutiert. Beispielsweise rechtfertigten viele ihr terroristisches Vorgehen mit der Tatsache, daß man ein autokratisches Regime zu Fall bringen müsse, während sie Gewaltanschläge im Rahmen einer Demokratie nicht für vertretbar hielten. Außerdem wurde argumentiert, der Terrorismus werde auf beiden Seiten relativ wenige Opfer kosten, während demgegenüber ein Massenaufstand vermutlich ein Blutbad nach sich ziehe. Die Terroristen demonstrierten im Rahmen von Schauprozessen eindrucksvoll, wie man das Regime mit seinen eigenen Waffen schlagen kann (ein Präzedenzfall, der Schule machen sollte). Des versuchten oder vollendeten Mordes an einer politischen Führungsfigur angeklagt, benutzten sie das öffentliche Gerichtsverfahren, um die herrschenden Mißstände anzuprangern und damit ihrerseits das Regime auf die Anklagebank zu versetzen. Noch in einem weiteren Punkt nahmen sie Erfahrungen vorweg, denen man hundert Jahre später wieder begegnen sollte: in der Aufmerksamkeit, die sie inhaftierten Genossen zuteil werden ließen. Entwürdigende und ungerechte Behandlung der Gefangenen wurde nicht nur von diesen selbst mit Protestreaktionen wie Hungerstreik oder Selbstmord beantwortet, sondern führte auch zu Racheakten der noch freien, um das Wohl der Inhaftierten besorgten Genossen. Die hohe Selbsteinschätzung und Betonung ethischer Prinzipien, welche die jungen Intellektuellen von Narodnaja Volja an den Tag legten, ließen die Öffentlichkeit nicht unbeeindruckt. Es bildete sich der Mythos vom tugendhaften Mörder heraus, der fremde Leben, aber auch das eigene nicht schont, um der Sache des Volkes zu dienen. Insgesamt reagierte die öffentliche Meinung, an ihrer Spitze die Bildungselite, keineswegs mit eindeutigem Abscheu auf die Anschlagsserien. Wenngleich Gewaltexzesse verurteilt wurden, zeigte man doch ein gewisses Verständnis, ja äußerte sogar Bewunderung für die jugendlichen Idealisten, die um hehrer Ziele willen die bestehende, in vielerlei Hinsicht als ungerecht empfundene Ordnung und deren politische Vertreter angriffen. Dabei sah man bis zur Entlarvung eines als Terrorist agierenden Geheimdienstspitzels zu Beginn dieses Jahrhunderts großzügig darüber hinweg, daß in der Praxis oft sehr handfeste Machtmotive für die Mitwirkung in einer Untergrundorganisation bestimmend waren.

Beiden Zügen, zum ersten der Ambivalenz der öffentlichen Meinung, die einen wichtigen Stimulus für die Fortführung terroristischer Aktivitäten darstellt, und zum zweiten der Degeneration dieser Aktivitäten zu rein machtpolitischen Zwecken, werden wir in späteren Kapiteln, die sich mit dem aktuellen Terrorismus befassen, nochmals begegnen.

Das 20. Jahrhundert

Das 19. Jahrhundert wirkt aus der Rückschau wie ein Laboratorium, in dem viele der in der zweiten Hälfte unseres Jahrhunderts auftauchenden terroristischen Strategien und Rechtfertigungen bereits vorweggenommen wurden. Die erste Hälfte des 20. Jahrhunderts, die wir weitgehend überspringen, war dagegen die Epoche der Massenmobilisierung: der Massenparteien, der Weltkriege, der gewaltsamen Konfrontation umfassender rivalisierender politischer Strömungen und Ideologien. Nicht daß es in ihr an terroristischen Organisationen und Kampagnen gemangelt hätte. Im Namen des nationalstaatlichen Prinzips, das durch den Versailler Vertrag eine offizielle Bestätigung erfahren hatte, begehrten vor allem jene kleinen europäischen und europanahen Völker gewaltsam auf, denen man die Eigenstaatlichkeit vorenthalten hatte: die Iren (ab 1921 nur noch die Katholiken Nordirlands) und Armenier, später auch die Makedonier und Kroaten. Tendenziell wurde der Linksterrorismus des 19. Jahrhunderts in der Zwischenkriegszeit vom entstehenden Rechtsradikalismus abgelöst. Doch blieben terroristische Aktivitäten im Schatten der beiden Weltkriege in Europa ein untergeordnetes Phänomen. Sie gewannen erst ab den 60er Jahren dieses Jahrhunderts erneut an Bedeutung.

Versuchen wir abschließend nochmals zusammenzufassen, welche Ereignisse und Entwicklungen den modernen Terrorismus »vorbereiteten«, d. h. seine Entstehung begünstigten, so wird man folgende Faktoren nennen können:

– Ein säkularisierter Staat, der als Menschenwerk jeglicher höheren Weihe entbehrt; der keinerlei Ehrfurcht einflößt und im Namen der Volkssouveränität jederzeit veränderbar und angreifbar erscheint.
– Die modernen Großstädte stellen ebenfalls eine wichtige Voraussetzung für den Terrorismus dar. Als Produkt der Industrialisierung und Massenwanderungen sind sie zum einen hochempfindliche, störanfällige Gebilde und bieten zum anderen aufgrund der in ihnen herrschenden Kommunikationsdichte dem mutwilligen Störer einen ausgezeichneten öffentlichen Resonanzraum.
– Strukturell sind offenbar jene Gesellschaften besonders anfällig für Terrorismus, in denen Probleme sozialer Integration und kollektiver Identität auftreten und deren Machthaber Mühe haben, ihre Herrschaft zu legitimieren. Für das europäische 19. Jahrhundert treffen alle drei Bedingungen zu, da es sich um eine Epoche der Umwälzungen handelte. Die alten Identitäts- und Legitimitätsangebote griffen nicht mehr, ohne daß bereits ein durchgehender Konsens über die

neu zu errichtende Ordnung bestand. Die daraus resultierenden Brüche machten sich an der Peripherie (Rußland,
Spanien, Süditalien) schärfer bemerkbar als in den west- und
zentraleuropäischen Kernländern.

– Eine weitere »katalytische« Bedingung ist die Existenz einer
  Schicht unzufriedener Intellektueller. Diese für utopische
  Verheißungen, Fortschrittsglauben und Absolutheitslehren
  besonders aufgeschlossene Gruppe präsentiert zum einen
  visionäre Gegenentwürfe zur bestehenden, als marode und
  defizitär betrachteten Ordnung; und sie entwickelt zum anderen Strategiemodelle bewaffneter Provokation und gewaltsamen Umsturzes, auf die tatendurstige Jugendliche und
  Jungerwachsene bei Bedarf zurückgreifen können.

– Schließlich ist das Fehlen größerer bewaffneter Konflikte, sei
  es von Bürgerkriegen oder von zwischenstaatlichen Kriegen,
  ebenfalls eine wesentliche Voraussetzung für die besondere
  Bedeutung von Terrorismus als »low intensity war«. Es dürfte
  kein Zufall sein, daß sowohl die zweite Hälfte des 19. Jahrhunderts als auch die Jahrzehnte zwischen 1950 und 1990
  eine insgesamt relativ friedliche Epoche, zumindest was
  Europa betrifft, bildeten. Wo große militärische Konflikte
  ausgetragen werden, verliert der Rekurs auf Terrorismus
  seine strategische Relevanz.

4.
Logistische Aspekte

Nachdem einiges zu den geistigen und entwicklungsge-
schichtlichen Entstehungsbedingungen des modernen
Terrorismus ausgeführt worden ist, sollen nun seine infrastruk-
turellen und logistischen Voraussetzungen näher beleuchtet
werden. Es handelt sich um jenen Bereich, der im Englischen
mit dem glücklichen Ausdruck *opportunity structure* umschrie-
ben wird. Auf eine günstige Struktur- und Resonanzlage ist der
moderne Terrorismus angewiesen, verfolgt er doch das ehrgei-
zige Ziel, mit einer kleinen Organisation und einem begrenzten Gewaltpotential einen maximalen gesellschaftlichen und
politischen Störeffekt zu erzeugen. Hierfür sind die Massenmedien eine unabdingbare Voraussetzung, wie sie sich seit der
Mitte des vorigen Jahrhunderts stufenweise – zuerst die Massenpresse, dann das Radio, schließlich das Fernsehen – herausgebildet haben. Ein zweiter Komplex von Bedingungen bezieht sich unmittelbar auf die terroristische Organisation. Wie
kann sie als Geheimorganisation im Untergrund überleben,
wie schützt sie sich gegen Entdeckung und Zerschlagung, wo-
her stammen ihre finanziellen und sonstigen Ressourcen?
Schließlich spielen für den Aufschwung des Terrorismus auch
die modernen Waffensysteme und andere technische Errungenschaften, wie die verbesserten Transport- und Kommunika-
tionsmöglichkeiten, eine Rolle.

Medien

Wenn es stimmt, daß terroristische Gewalt primär symbolische
Gewalt ist, man sie also als Zeichen, als Botschaft verstehen
muß, dann sind die Medien mehr als nur ein Mittel zum terro-

ristischen Zweck. Sie sind vielmehr integraler Bestandteil des terroristischen Kalküls. Dieser kann nicht ausgewechselt oder herausgelöst werden, ohne daß dieses Kalkül und die dahinterstehende Strategie zusammenbrechen. Erst die Massenmedien der Moderne sorgen dafür, daß ein einzelner Gewaltanschlag eine allgemeine Stimmung der Verunsicherung und Einschüchterung, eventuell auch der verhaltenen Zustimmung, erzeugen kann. Sie bilden den Übersetzungsmechanismus (Wördemann), oder, bildlich gesprochen, den Transmissionsriemen zwischen der isolierten Tat und deren sozialpsychologischen Folgewirkungen.

Diese enge Symbiose zeichnete sich bereits zu Beginn der Ära des modernen Terrorismus ab, und sie hat seither nichts von ihrer Bedeutung verloren. Von Anfang an trat der Terrorismus in Verbindung mit zwei weiteren Elementen auf den Plan: dem um die Mitte des 19. Jahrhunderts erfundenen Dynamit und der etwa in demselben Zeitraum entstandenen Massenpresse. Zu den ersten, welche die dieser Trias innewohnende potentielle Wirkkraft erkannten und für ihre Zwecke nutzten, zählten die russischen Anarchisten. Sie begriffen rasch, daß man mit Hilfe der städtischen Massenblätter, deren Auflagen in die Hunderttausende gehen, eine weit größere Menschenzahl erreichen konnte als durch traditionelle Agitationsmethoden wie eine öffentliche Ansprache oder eine Demonstration. Dabei kam ihnen das bis heute unvermindert hohe Interesse zugute, das sämtliche Medien der *negativen* Sensationsmeldung entgegenbringen: dem unmenschlichen Verbrechen, Skandal- und Korruptionsfällen, und eben auch terroristischen Attentaten. Außerdem glaubten sie, in der »Propaganda der Tat« ein probates Mittel entdeckt zu haben, um auch die des Lesens und Schreibens noch unkundigen ländlichen Unterschichten zu erreichen und für ihre revolutionären Umsturzpläne zu gewinnen.

Die meisten dieser aus dem 19. Jahrhundert stammenden Argumente haben für die Terroristen von heute nichts von ihrer Plausibilität eingebüßt, nur daß sie in einem um ein Vielfaches erweiterten Wirkungsrahmen zum Tragen kommen. Als Paradebeispiel in diesem Zusammenhang wird meistens der Über-

fall (mit anschließender Geiselnahme) der Palästinenserorganisation *Schwarzer September* auf die israelischen Sportler anläßlich
der Olympischen Spiele in München im Jahre 1972 angeführt.
Dank diesem Coup sei es Arafat und seinen PLO-Gefährten
gelungen, mit einem Schlag rund 800 Millionen Fernsehzu-
schauer auf das Palästinenserproblem aufmerksam zu machen.
Daß die Aktion als solche fehlschlug (sämtliche Geiseln und
die Mehrzahl der Geiselnehmer fanden den Tod), war dabei
zweitrangig. Was zählte, war, daß die »Botschaft« zündete, daß
man uns zur Kenntnis nimmt, wie es ein Palästinenser anläßlich
einer ähnlich spektakulären Flugzeugentführung formulierte.
Und in dieser Hinsicht war der Anschlag in der Tat ein Erfolg.
Als PLO-Führer Yassir Arafat rund zwei Jahre später vor der
Generalversammlung der Vereinten Nationen eine vielfach
übertragene Rede hielt, konnte er davon ausgehen, daß das
»Palästinenserproblem« mittlerweile einen festen Platz in der
internationalen öffentlichen Meinung erobert hatte.

Ein besonderes Geschick in der Verbreitung ihres Anliegens
und der Bloßstellung des Gegners durch die Medien entwickelten in den 60er Jahren die *Tupamaros*, eine Stadtguerilla-
gruppe in Uruguay. Uruguay ist ein kleines, verhältnismäßig
flaches Land, in dem mangels geeigneten Unterschlupfs ein
Guerillakampf auf dem Lande von vornherein aussichtslos gewesen wäre. Dies wie auch der Umstand, daß über ein Drittel
der Bevölkerung in der Hauptstadt Montevideo wohnt, ver-
wies die Rebellen auf die einzige Großstadt als Hauptschau-
platz ihrer Aktivitäten. Hier errichteten sie für einige Jahre
eine Gegenöffentlichkeit und im Grunde einen Gegenstaat
zum etablierten Staat, dem sie seine Legitimität auf vielfältige
Weise streitig machten. Nicht nur bewiesen sie durch ihre wie-
derholten, teilweise äußerst gewinnbringenden Überfälle auf
Bankhäuser und öffentliche Kassen, daß die Regierung außerstande war, die allgemeine Sicherheit zu gewährleisten, sondern sie verstanden es darüber hinaus, die öffentliche Meinung
für sich und gegen die Behörden einzunehmen. So benutzten
sie Geiselnahmeaktionen zu propagandistischen Zwecken, indem sie etwa Journalisten einluden, einen entführten Diplo-
maten zu interviewen oder die Freilassung eines Unternehmers

von einer großzügigen Spende für die Armen abhängig machten. Zugleich machten sie sich zum Ankläger des bestehenden Systems, indem sie z. B. einen gefangengenommenen Staatsanwalt zwangen, illegale justizielle Praktiken zuzugeben. Oder sie sorgten nach dem Überfall auf Finanzierungsinstitute dafür, daß Dokumente, aus denen auf Korruption und Steuerhinterziehung geschlossen werden konnte, publik gemacht wurden. Bei all ihren Überfällen und sonstigen Aktionen hielten sie enge Tuchfühlung mit den Massenmedien und achteten stark auf die öffentliche Meinung. So gelang es ihnen tatsächlich, ein gewisses Robin-Hood-Image in der Bevölkerung zu erlangen. Erst als die Regierung eine deutlich schärfere Gangart einschlug, zu der auch die Verhängung einer Pressezensur gehörte, griffen sie ebenfalls zu härteren Maßnahmen – z. B. zur Tötung von Geiseln, nachdem die Regierung sich nicht auf die geforderten Zugeständnisse eingelassen hatte –, worauf sie einen Gutteil ihrer Popularität einbüßten.

Generell ist festzuhalten, daß es ein breites Spektrum von Möglichkeiten gibt, wie Terroristen die Aufmerksamkeit der Massenmedien gewinnen können. Der naheliegendste Weg besteht darin, durch die Negativqualität des fraglichen Ereignisses dafür zu sorgen, daß die Medienresonanz gewährleistet ist. Das ist der bekannte Fall des Telefonanrufs bei einer Presseagentur oder Zeitung, mit dem eine Untergrundorganisation einen Anschlag für sich reklamiert. Es gibt aber auch andere Methoden, die öffentliche Aufmerksamkeit zu erregen. Dazu zählt beispielsweise die Gewährung von Interviews durch gefangengehaltene Geiseln oder die Terroristen selbst. Nicht selten haben Terroristen die ihnen vorenthaltene Publizität auch gleichsam erzwungen: Durch die Besetzung einer Rundfunkanstalt oder durch die Entführung eines Zeitungsverlegers, der, wollte er wieder freikommen, in den Abdruck eines Manifestes der Rebellen in seiner Zeitung einwilligen mußte. Schließlich ist es auch vorgekommen, daß sich Terroristen an Zeitungsverlegern oder Journalisten, die offen gegen sie Stellung bezogen, rächten: Durch Knieschüsse oder indem sie sie umbrachten.

Die enge Symbiose zwischen Terrorismus und Massenmedien hat sowohl manche terroristischen Gruppen als auch das

Bild, das man vom Terrorismus hat, stark geprägt. Franz Wördemann verglich die Mühe, die der Terrorist darauf verwendet,
die Aufmerksamkeit der Massenmedien zu erregen, mit der
strategischen Bedeutung, die für den Guerillero die Unterstützung durch das Volk hat. Der moderne Terrorist, so seine
These, habe sich zu einem Schausteller und Entertainer entwickelt, der das Fernsehen als Bühne benützt. Das mag übertrieben klingen, doch steht fest, und die Terroristen wissen es
auch, daß sie ohne die multiplikatorische Wirkung der Medien
ein unbekannter Niemand wären. Nicht wenige Züge des modernen Terrorismus lassen sich weniger aus dem Inhalt der jeweils beabsichtigten Botschaft als vielmehr aus dem anvisierten
Publizitätseffekt erklären. Dies gilt beispielsweise für die Be-
vorzugung der Großstädte als Aktionsraum – dort, nicht auf
dem flachen Lande, wohnen und arbeiten die meisten Journalisten; oder die Inszenierung von Auftritten durch das Tragen
von Masken, eindrucksvolle Gebärden etc., kurzum die Präsentation von Bildern, statt des Verlesens langatmiger Texte.
Von manchen wird sogar ein Zusammenhang zwischen der
willkürlichen Ermordung Unschuldiger und den Medien angenommen: Je unverhoffter und skandalöser die Bluttat sei, desto sicherer sei ihr ein Platz in der sensationslüsternen Berichterstattung der Massenmedien.

Die Fixierung auf den Resonanzraum der Medien birgt allerdings auch gewisse Gefahren für die Terroristen. Die größte
dürfte darin bestehen, daß sie selbst in die Falle tappen, die sie
der anderen Seite gestellt haben. So können sie fälschlicher-
weise aus der Tatsache, daß ihre Aktionen Aufsehen erregen
und bei manchen Bevölkerungsgruppen eine gewisse Sympathie oder zumindest Schadenfreude auslösen, auf eine verbreitete Unterstützung ihres Anliegens, eventuell sogar auf die
Bereitschaft zum bewaffneten Aufstand schließen. Dieser bei
isoliert im Untergrund lebenden Terroristengruppen nahe-
liegende Fehlschluß kann verhängnisvoll sein, wie einige lateinamerikanische Beispiele lehren. So stellten in Uruguay und
Argentinien die städtischen Guerillabewegungen samt ihrem
begrenzten Massenanhang lediglich Vorspiele zu den anschließenden Militärdiktaturen dar, die ohne nennenswerten Wider-

stand von seiten der breiten Bevölkerung die Macht übernahmen.

Aus einer mehr normativen Perspektive wäre die Frage aufzuwerfen, ob es nicht möglich sein sollte, die unheilvolle Allianz zwischen Terrorismus und Massenmedien aufzubrechen, etwa durch die Verhängung einer Zensur von seiten der Regierung oder indem sich die Medien eine gewisse Selbstbeschränkung im Umgang mit terroristischen Ereignissen und Organisationen auferlegen. Dies führt zu der weitergehenden Frage, inwieweit rechtsstaatliche Demokratien westlichen Zuschnitts, in denen die öffentliche Meinungsfreiheit grundsätzlich garantiert ist, einen besonders günstigen Nährboden für terroristische Gruppen abgeben. (vgl. Kap. 7)

Die terroristische Organisation

Wie können sich terroristische Gruppen längerfristig im Untergrund halten? Wie vermeiden sie ihre Entdeckung und Zerschlagung durch die staatlichen Sicherheitskräfte? Wovon leben ihre Mitglieder, sofern sie definitiv in die Illegalität abgetaucht sind und keiner regulären Beschäftigung nachgehen können? Auf diese Fragen, denen sich jede Organisation stellen muß, wurden und werden je nach Situation und politischer Konstellation unterschiedliche Antworten gegeben. Beispielsweise spielt es eine Rolle, ob diese Gruppen in einem relativ wohlhabenden Land operieren, in dem es vielerlei Finanzquellen gibt, oder in einem armen, ob sie mit der Sympathie breiter Bevölkerungsschichten rechnen oder nur auf die Unterstützung eines begrenzten Kreises von Anhängern zählen können, ob ein leicht erreichbares Nachbarland gegebenenfalls als Zufluchtsort zur Verfügung steht oder die dortigen Behörden eine abweisende Haltung einnehmen. Gleichwohl haben sich einige allgemeine Orientierungsregeln herausgebildet, denen die meisten dieser Gruppen folgen, vermutlich weil die entsprechenden Instruktionen als Handbücher und Informationsbroschüren für jedermann zugänglich und einzusehen sind.

Zu ihnen zählt beispielsweise, daß die Untergrundorganisationen vom Umfang her begrenzt bleiben müssen und sich nicht zu Massenverbänden auswachsen dürfen. Das ist notwendig, damit sie überschaubar bleiben und nicht von den Sicherheitskräften unterwandert werden. Durchschnittsangaben zur Größe terroristischer Organisationen zu machen, ergibt wenig Sinn, da ihr Umfang stark schwankt: Von einer Handvoll von Personen bis zu Tausenden von Mitgliedern, wie sie beispielsweise die IRA oder ETA auf dem Höhepunkt ihrer Macht, aber auch die *Montoneros* und der *ERP* in Argentinien Mitte der 70er Jahre aufwiesen. Außerdem ist es schwierig, zu diesem Punkt zuverlässige Auskünfte zu erhalten. Die Mitglieder dieser Organisationen haben von deren Stärke oft selbst kein genaues Bild und neigen im Zweifelsfall zu Übertreibungen, um sich in der Öffentlichkeit als gewichtiger Machtfaktor darzustellen. Das Gros der terroristischen Organisationen dürfte jedoch allenfalls 50 bis 100 Mitglieder, manchmal sogar weniger zählen. Dieser bescheidene Umfang ist indes, wie bereits angedeutet, oft weniger Ausdruck einer Verlegenheit als bewußte Selbstbeschränkung. Denn das Hauptproblem dieser Gruppen pflegt weniger in der Anwerbung einer hinreichenden Anzahl motivierter Mitglieder zu liegen, als vielmehr in deren richtiger Auswahl und Schulung, so daß sie effektiv einsetzbar sind. Vor allem erfahrene Organisationen haben deshalb vor die definitive Aufnahme nicht selten eine Probephase geschaltet, in der der Kandidat bzw. die Kandidatin anhand der Bewältigung kleinerer Aufgaben beweisen kann, daß er/sie die erforderlichen Eigenschaften wie Kühnheit, Entschlossenheit und Nervenstärke besitzt.

Was ihren organisatorischen Aufbau betrifft, so weisen die meisten Verbände eine Mischstruktur auf, die sich schlagwortartig als demokratischer Zentralismus kennzeichnen läßt. Es existiert zwar eine höchste Leitinstanz, sei es eine Person oder ein Führungsrat, doch wird den diversen Zweigen bzw. Abteilungen und vor allem den für die Ausführung der Anschläge verantwortlichen Basiseinheiten eine gewisse Selbständigkeit zugestanden. Dieser Aufbau wird allein schon durch den Zwang, im Untergrund zu operieren, nahegelegt, der eine ständige und strikte hierarchische Kontrolle aller Teileinheiten sehr erschwert. Die Basiseinheiten sind heute fast durchgehend nach dem Wabensystem organisiert. Jede Zelle ist eine im Prinzip von den übrigen Zellen unabhängige Operationseinheit, die nur über einen Verbindungsmann an die nächsthöhere Rangebene der Organisation gekoppelt ist. Das bedeutet, daß die Mitglieder außer den Genossen der eigenen Zelle, die im allgemeinen aus drei bis fünf Personen besteht, nur noch ein weiteres Organisationsmitglied kennen. Auf diese Weise ist gewährleistet, daß sie selbst unter schweren Androhungen oder der Anwendung von Foltermethoden keine Aussagen machen können, die den Gesamtverband gefährden.

Einen typischen Anwendungsfall des Zellen- oder Wabenprinzips stellen die islamisch-fundamentalistischen Vereinigungen im Orient dar, die von dem Ägypter Muhammad Heikal bezeichnenderweise *unqud*, d. h. Weintraube, getauft wurden. So besteht die radikale Palästinenserorganisation *Hamas* aus einer Vielzahl voneinander abgeschotteter Mord- und Selbstmordkommandos, die nur in einem sporadischen Kontakt zu ihrem unmittelbaren Führer, dem sogenannten *operator*, einerseits und dem ihnen zugeteilten technischen Hilfskommando andererseits stehen. Erst kurz vor seinem »Einsatz« lernt der Selbstmordattentäter seinen *operator*, der ihn ausgewählt, ihn von Ferne unter Umständen jahrelang sorgfältig beobachtet, seine Schulung gelenkt und ihn »geleitet« hat, persönlich kennen und bekommt auch die ihm zugeteilten logistischen Helfer zu Gesicht. In die technische Handhabung des Bombenmechanismus wird er ebenfalls aus Sicherheitsgründen – um spontane Kurzschlußreaktionen zu vermeiden – erst sehr spät eingeweiht. Damit wird erreicht, daß der bis zu diesem Zeitpunkt Unwissende, auch wenn er gefoltert wird – Israel hat bekanntlich zur Bekämpfung des Terrorismus die Folter legalisiert –, keinen Geheimnisverrat begehen kann.

Die organisatorische Gliederung eines terroristischen Verbandes hängt nicht zuletzt vom Umfang der terroristischen Gruppe bzw. Bewegung ab. So gaben die argentinischen Montoneros ab einer bestimmten numerischen Stärke das ursprüngliche Zellensystem auf und verwandelten sich in einen militärischen Großverband. Im allgemeinen wächst mit der Größe der

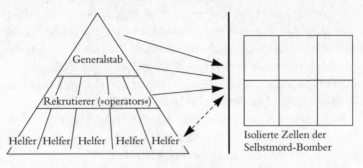

Abbildung 1
Schematische Darstellung des militärischen Flügels der Hamas

Organisation auch der Grad interner Arbeitsteilung. Doch auch kleinere Organisationen stellen nicht ihre gesamten Kräfte in den Dienst der Durchführung von »Gewaltanschlägen«. Daneben bedarf es einer Untereinheit, welche die Anschläge logistisch vorbereitet (»Helfer«) und einer weiteren Untereinheit, die sich um die materielle Subsistenz der Untergrundkämpfer kümmert; meist kommt auch eine für Propaganda und das Image der Organisation verantwortliche Abteilung hinzu.

So besteht die palästinensische Untergrundorganisation Hamas offenbar aus drei Abteilungen: dem militärischen Flügel, dem internen Geheimdienst und einer Abteilung, die für soziale Wohlfahrt und die friedliche Verbreitung von Ideen der Organisation zuständig ist. Die baskische ETA gliederte sich in den 60er und frühen 70er Jahren, unter der Franco-Diktatur, in vier Sektionen: eine militärische, eine kulturelle, eine wirtschaftliche und eine für Arbeiterfragen zuständige. Nach dem Übergang Spaniens zur Demokratie im Jahre 1975 fielen der kulturelle und der Arbeiterflügel weg, dafür erfuhr der militärische Apparat einen zusätzlichen Ausbau. Anfang der 80er Jahre, als die Organisation ihre maximale Schlagkraft erreicht hatte, wies sie, wie aus dem folgenden Schaubild hervorgeht, eine hochkomplexe Organisationsstruktur auf.

Angesichts der funktionalen Ausdifferenzierung können Meinungsverschiedenheiten oder auch tiefere Spannungen zwi-

Abbildung 2
Organisationsstruktur der baskischen ETA 1981

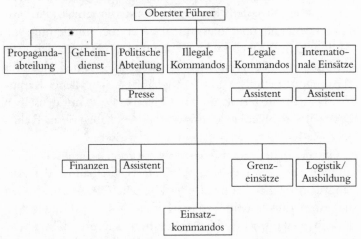

Quelle: Clark, Robert P.: *The Basque Insurgents. ETA 1952–1980*, Wisconsin 1984, S. 213.

schen den verschiedenen Organisationsabteilungen auftreten. Die politische oder soziale Sektion erkennt unter Umständen den Gewaltanschlägen nicht denselben zentralen Stellenwert zu wie die militärische Abteilung. Für den längerfristigen Kurs des Verbandes ist von entscheidender Bedeutung, wer sich bei diesen internen Richtungskämpfen durchsetzt. Falls es nicht eine eindeutige politische Führung gibt, pflegt dies der militärische Flügel zu sein, der in offenen Situationen durch weitere Anschläge das Gesetz des Handelns an sich reißt und damit die Position des Gesamtverbandes festlegt.

Gewaltapparate des beschriebenen Umfangs, mit einigen Dutzenden oder gar Hunderten von Mitgliedern, sind auf erhebliche Einkünfte angewiesen, um ihren Unterhalt zu bestreiten. Ihre Mitglieder sind überwiegend zu jung, um bereits auf eigene Ersparnisse zurückgreifen zu können. Soweit sie in die Illegalität »abgetaucht« sind, um sich dem Zugriff der Strafverfolgungsbehörden zu entziehen, kommt eine reguläre Berufstätigkeit als Einkommensquelle für sie nicht mehr in Betracht. Andererseits fallen im Untergrund erhebliche Kosten an, nicht zuletzt deshalb, weil trotz der eingeschränkten Lage rege Aktivitäten entwickelt, vor allem Anschläge geplant und durchgeführt werden sollen: Kosten für Reisen innerhalb der Landesgrenzen und über diese hinaus; für die Anmietung von Wohnungen; für technische Geräte und Waffen; für den ganz gewöhnlichen Unterhalt der Terroristen; eventuell auch für Versorgungsleistungen an die Angehörigen »gefallener Kämpfer«. Da sich alle terroristischen Organisationen mit denselben materiellen Problemen konfrontiert sehen, haben sie auch ähnliche Methoden entwickelt, um diese zu lösen.

Eine der naheliegendsten besteht darin, sich durch Überfälle auf Banken oder Geldtransporte, die Geiselnahme der Angehörigen reicher Familien oder ähnliche Gangstermethoden die erforderlichen Mittel zu beschaffen. Nahe liegt dieser Weg deshalb, weil terroristische Organisationen aufgrund ihrer Spezialisierung auf Gewalt bestens auch für diese Art krimineller Tätigkeit vorbereitet sind. Eine wahre Meisterschaft haben darin die südamerikanischen Stadtguerilleros während der 60er und 70er Jahre entwickelt. So soll es den argentinischen Montoneros gelungen sein, bei einer einzigen, sehr sorgfältig und aufwendig inszenierten Entführungsaktion, jener der Brüder Bunge y Born im Jahre 1974, ein Lösegeld von rund 60 Mio US $ zu erbeuten. Auch die baskische ETA machte in den 70er Jahren durch manchen spektakulären Banküberfall von sich reden. Allerdings setzen umfangreiche Aktionen der beschriebenen Art eine personelle und logistische Infrastruktur voraus, über die nicht jede Organisation verfügt. Außerdem geraten Terroristen durch solche Geldbeschaffungsmethoden in denjenigen Gesellschaften, in denen nicht jedes größere Vermögen eo ipso als zu unrecht erworben gilt, in ein gewisses Zwielicht. Die von ihnen ansonsten stets betonte Abgrenzung zum gewöhnlichen Kriminellen verwischt sich, ihre Glaubwürdigkeit kann Schaden leiden.

Ebenfalls etwas zwielichtig ist eine zweite Methode, wenn diese Gruppen nämlich selbst unternehmerische Initiativen entwickeln. Bezeichnenderweise geschieht dies nicht selten in anrüchigen Grenzbereichen, wie dem Waffen- und Drogenhandel, der Spielszene oder dem Alkoholgeschäft. So heißt es von den protestantischen terroristischen Organisationen in Nordirland, der *UVF* und der *UDA*, sie hätten zeitweise ihr Geld durch Waffenschmuggel und die Kontrolle des illegalen Glücksspiels verdient. In Lateinamerika hat sich in einigen Ländern wie Kolumbien und Peru eine feste Allianz zwischen linksextremen Guerilla- und Terroristengruppen einerseits, den mächtigen Drogenkartellen andererseits herausgebildet. Die Gewaltorganisationen stellen, für entsprechende finanzielle Entschädigung, den Bauern und Kokainfabrikanten den nötigen Schutz zur Verfügung, der es diesen erlaubt, ohne Behelligung von seiten des Militärs und der Polizei das umstrittene Produkt herzustellen.

Ein dritter Weg, die leeren Organisationskassen zu füllen, besteht darin, an die Solidarität jener zu appellieren, die auf der Seite der Terroristen stehen oder stehen »sollten«. Er bietet sich bei jenen Gruppen besonders an, die sich die Befreiung ethnischer oder religiöser Minderheiten von Fremdherrschaft zum Ziel gesetzt haben. Im Vorgriff auf den geplanten selbständigen Staat ist es nicht unüblich, daß die Terroristen von den wohlhabenden Angehörigen ihrer Volksgruppe regelmäßig die Entrichtung einer »Revolutionssteuer« zur Deckung ihrer Unkosten verlangen. In dieser Weise hat die baskische ETA die Unternehmer und Freiberuflichen der Region jahrelang zur Kasse gebeten. Von der IRA und den libanesischen Milizen zur Zeit des Bürgerkriegs wird Ähnliches berichtet. Wer sich nicht beugt, muß mit Knieschüssen rechnen. Nicht zu unterschätzen in diesem Zusammenhang sind auch die Hilfsgelder, die für den in Europa geführten »Befreiungskampf« der kleinen Völker von deren Diaspora in Nord- und Südamerika gestiftet werden. Armenische, irische, baskische, korsische oder libanesische Terroristen – sie alle haben von den teilweise beträchtlichen finanziellen Zuwendungen profitiert, die ihnen emigrierte Landsleute aus Übersee zukommen ließen.

Bleibt als vierte Möglichkeit, sich an einen externen Machtfaktor, sei es eine befreundete Gewaltorganisation oder ein Drittstaat, um Unterstützung zu wenden. Dabei handelt es sich jedoch unter Umständen um eine zweischneidige Angelegenheit, da nun zusätzliche Machtinteressen ins Spiel kommen.

Die terroristische Gruppe riskiert, daß ihre Handlungsautonomie beeinträchtigt wird und ihr ursprüngliches Zielprogramm eine Verfälschung erfährt.

Geographie

Neben den beschriebenen funktionalen Kriterien spielen auch geographische Gesichtspunkte für den Aufbau vieler terroristischer Organisationen eine Rolle, etwa wenn diese sich in Provinz- oder Regionalsektionen gliedern. Darin findet die Relevanz des räumlichen Moments im Denken dieser Gruppen ihren Niederschlag. Gerade weil sie über kein eigenes Stück Territorium verfügen, sondern sich verbergen und aus dem »Untergrund« heraus ihre Aktionen planen und durchführen müssen, stellt »Raum« für sie eine Schlüsselressource dar. Man kann davon ausgehen, daß es für die Mitglieder gewaltsamer Geheimorganisationen äußerst mühsam und aufwendig ist, sich ständig tarnen zu müssen, um keinen Argwohn zu erregen. Dies gilt insbesondere für die Führungsstäbe, die allein schon wegen ihrer Planungs- und Koordinationstätigkeit leichter auffallen als gewöhnliche Zellen. Um sich an diesem besonders verwundbaren Punkt besser zu schützen, sind viele terroristische Verbände dazu übergegangen, ihre Befehlszentrale in ein benachbartes Land auszulagern, das deren Präsenz duldet. So residierte die Organisationsspitze der ETA lange Zeit im französischen Baskenland, wurde die IRA von Dublin aus geleitet. Die Operationsbasis der Sandinisten von Nicaragua im benachbarten Costa Rica sowie später der sogenannten Contras in Honduras, jene der Palästinenser im Südlibanon und in Syrien sowie schließlich der Unterschlupf, den RAF-Mitglieder in der ehemaligen DDR gefunden haben, liefern weitere Beispiele für die Bedeutung einer durchlässigen Grenze zu einem Nachbarland.

Prinzipiell lassen sich interne und externe Schonräume für terroristische Gruppen unterscheiden. Unter erstere können Kirchen, Klöster, Universitäten und andere dem obrigkeitlichen Zugriff nur begrenzt ausgesetzte Institutionen fallen; desgleichen bestimmte Stadtviertel oder Landesteile, in denen die Aktivisten mit einem gewissen Verständnis der Bevölkerung für ihr gewaltsames Aufbegehren rechnen können. Auch das am geschicktesten getarnte interne Refugium läßt sich jedoch nicht mit den Vorteilen vergleichen, die eine jenseits der Landesgrenzen liegende Operationsbasis bietet, wo sich die Terroristen ungestört regenerieren und auf künftige Aktionen vorbereiten können. Die Schlüsselbedeutung extraterritorialer Zufluchtsmöglichkeiten läßt sich bis zu den russischen Anarchisten zurückverfolgen, die einen Großteil ihrer Pläne in Zürich, Paris oder London aushecken. Die Kehrseite der Ausweichmöglichkeit terroristischer Kader ins Ausland liegt freilich darin, daß es nicht selten zu Unstimmigkeiten oder gar Zerwürfnissen zwischen externen Führern und den operativen Kräften im Inland, vor Ort, kommt.

In der Literatur hat das Zusammenspiel zwischen Terroristengruppen über Landesgrenzen hinweg zu einer starken Fixierung auf den »internationalen Terrorismus« geführt. Wir haben bereits in der Einleitung darauf hingewiesen, daß sich hinter diesem schillernden Begriff ganz unterschiedliche Sachverhalte verbergen. Stellen wir hier die Frage, welche Vorteile sich für eine terroristische Gruppe aus dem Wohlwollen eines Drittstaates, also einer »Anlehnungsmacht«, ergeben können, so sind mehrere differenzierende Anmerkungen am Platze:

- Erstens wurde diese Problematik in der Zeit des Kalten Krieges besonders hochgespielt, als sich die beiden Supermächte unversöhnlich gegenüberstanden. Aufgrund der katastrophalen Folgen eines Atomkrieges waren sie jedoch unfähig, ihren Konflikt offen auszutragen. Das führte zu der automatischen Vermutung, daß bei jedem Aufruhr oder Anschlag in der damaligen Dritten Welt die USA oder die Sowjetunion ihre Hand mit im Spiel hätten. Seit dem Ende des Kalten Krieges weiß man, daß die meisten dieser Konflikte endogene Ursachen hatten.
- Zweitens liegt eine Hauptschwäche des Konzepts »internationaler Terrorismus« darin, daß dabei nicht hinreichend zwischen verschiedenen Intensitätsgraden der Abhängigkeit

einer terroristischen Gruppe von einer externen Macht differenziert wird. Es besteht jedoch ein Unterschied, ob ein Land den Terroristen ideologische Schützenhilfe leistet, ihnen in konkreter Bedrängnis Zuflucht und Schutz gewährt, darüber hinaus Terroristen ausbildet und ausrüstet, oder sie sogar für eigene politisch-militärische Zwecke anheuert.

– Was, drittens, die letztgenannte Alternative angeht, so wird sie häufig in ihrer Bedeutung überschätzt. Man darf nicht vergessen: Terrorist sein ist äußerst anstrengend und aufreibend. Diese Existenzform muten sich im allgemeinen nur junge Menschen zu, die hochgradig motiviert, ja geradezu besessen von einer bestimmten Idee sind. Das heißt zugleich: Terroristen kann man nicht ohne weiteres kaufen. Wenn es etwa Regierungen wie der iranischen gelingt, Gruppen ins Ausland zu entsenden, die dort den Gegnern des Mullah-Regimes nachstellen, so handelt es sich im Regelfall nicht um genuine Terroristen, sondern um bezahlte Mörder, d. h. gewöhnliche Kriminelle.

Aus alledem folgt, daß man die Bedeutung finanzieller Hilfe, die Terroristen von seiten externer Mächte zuteil wird, nicht überschätzen darf. Was für die »landlosen« Gewalttäter mehr zählen dürfte, ist der Zugang zu der für sie raren Ressource »geographischer Raum«. Dies zeigt sich übrigens auch daran, daß Terroristen die Vertreter des eigenen Staates oder irgendeines Staates – vorzugsweise der USA – mit Vorliebe auf fremdem Boden angreifen, wo sie sich vergleichsweise frei bewegen können.

Technik

Medien, Organisation, Finanzmittel, räumliche Bewegungsmöglichkeit – eine weitere logistische Voraussetzung der Entfaltung von Terrorismus ist die Technik. Während zwischen dem Organisationspotential einer terroristischen Gruppe und der Kompliziertheit eines Anschlages eine eindeutige Beziehung besteht (je komplizierter der Anschlag, desto besser muß er organisiert sein), sorgt die Technik für mancherlei Überraschungen. Auch relativ kleine Gruppen, sogar Einzelpersonen, können, falls sie technisch versiert sind, diesbezüglich erstaunliche innovatorische Fähigkeiten entwickeln.

Prinzipiell ist die moderne Technik für den Terrorismus in doppelter Hinsicht relevant: einerseits auf der Objektseite und andererseits als Hilfsmittel zur Durchführung von Anschlägen und zur Steigerung ihrer Effektivität. Hinsichtlich ihrer Bedeutsamkeit auf der Objektseite ist anzumerken, daß der Technik generell an den Schaltstellen der modernen Gesellschaft eine Schlüsselrolle zukommt. Dort, wo Verkehrssträngе, Produktions- und Verteilerströme zusammenfließen, die Entscheidungsfäden sich bündeln und Informationsprozesse sich konzentrieren, d. h. an Flughäfen und Eisenbahnstationen, in Telephon-, Rundfunk- und Fernsehanstalten, Banken, Regierungssitzen, Versicherungsgesellschaften, bei großen Sportereignissen, diplomatischen Konferenzen garantieren Störaktionen, die eines dieser Nervenzentren von Industriegesellschaften berühren, auf Anhieb eine breite Publizität. Dabei ist zweitrangig, ob sie letztlich erfolgreich verlaufen oder nicht. Ähnliches gilt für alle Angriffe, die sich gegen Einrichtungen richten, die mit der Produktion, Speicherung oder Verteilung von Energie befaßt sind, wie Gaswerke, Elektrizitätsmasten oder Atomkraftwerke. Eine der erfolgreichsten Aktionen des *Leuchtenden Pfades*, der lange Zeit stärksten Rebellenorganisation Perus, bestand darin, die Stromleitungen in Lima zu unterbrechen, so daß die Sechsmillionenstadt stundenlang im Dunkeln lag. Inzwischen sprechen Journalisten von »Cyberterrorismus«, der Zerstörung oder Entwendung geschützter computerisierter Daten.

Auf der anderen Seite, jener der »Täter«, stellt die Technik in Form moderner Transportsysteme und Kommunikationsmedien oder der Möglichkeit, Geldscheine, Papiere, Namensschilder und Kennzeichen jeder Art zu fälschen, eine wichtige Ressource dar. Besondere Bedeutung kommt der Frage zu, welcher Waffensysteme Terroristen sich bedienen können und wollen, um ihre Absicht, Aufsehen zu erregen und Panik zu säen, in die Tat umzusetzen. Mit einigem Entsetzen ist darüber spekuliert worden, was auf die Menschheit zukommt, wenn einige terroristische Gruppen nicht davor zurückscheuen, in Zukunft zur Durchsetzung ihrer Forderungen auch Massenvernichtungswaffen, also: atomare Sprengsätze, biologische und chemische Waffen (sog. ABC-Waffen), einzusetzen. Einen gewissen Vorgeschmack dessen, was uns erwarten könnte, haben Fundamentalisten, die 1984 das Wasser zweier nordamerikanischer Städte zu vergiften trachteten, sowie 1996 die Mitglieder der japanischen Sekte *Aum* gegeben, die tödliches Nervengas in der U-Bahn von Tokio versprühten. Gehen wir einem Zeitalter terroristischer Erpressung mit Massenvernichtungsmitteln entgegen?

Nach dem Urteil der Experten ist dies unwahrscheinlich. So betont Bruce Hoffman von der Rand Corporation in Schottland, die Waffentechnik von Terroristen sei über die vergangenen hundert Jahre hinweg im wesentlichen konstant geblieben. Nach wie vor seien »bomb and gun« ihre bevorzugten »Werkzeuge«, entfielen rund 50% der terroristischen Aktivitäten auf technisch wenig anspruchsvolle Bombenanschläge. Gewiß habe es technische Fortschritte gegeben: Die Dynamitbombe früherer Zeiten sei durch die Plastikbombe (insbesondere die aus der ehemaligen Tschechoslowakei stammende sogenannte Semtex-Bombe) ersetzt worden, an die Stelle schwerer Maschinengewehre seien leichter handhabbare Maschinenpistolen getreten. Generell seien die Bomben wie auch die Schußwaffen handlicher und leichter, damit zugleich besser versteckbar und transportierbar geworden (die Plastikbombe, die, in einem Kassettenrecorder versteckt, 1988 in einem Flugzeug über Lockerbie in Schottland explodierte und 278 Menschen in den Tod riß, wog knapp 300 gr.). Auch hätten die Gewaltaktivisten unter Zuhilfenahme von Elektronik und Photomechanik (Lichtschranke!) großes Geschick darin entwickelt, Bomben präzise zu plazieren und zu zünden. Immer häufiger kämen zudem tragbare, handgesteuerte Raketenwaffen zum Einsatz. Doch stelle dies alles keinen echten technologischen Sprung dar, sondern die Weiterentwicklung und Perfektionierung konventioneller Waffentechnik, wie sie schon seit vielen Jahrzehnten verbreitet sei. Die in politischer

Hinsicht auf radikale Veränderungen hinarbeitenden Terroristen seien, was ihre Technologie angehe, eher konservativ.

Fragt man nach den Gründen für diese auf Anhieb erstaunlich wirkende Zurückhaltung, so werden im wesentlichen drei Antworten gegeben:

– Erstens: die organisatorische Kapazität terroristischer Gruppen reiche nicht aus, um Massenvernichtungsmittel zu produzieren. Sie könnten aus der Tatsache, daß die erforderlichen Grundstoffe teils im regulären Handel, teils auf dem internationalen Schwarzmarkt erhältlich seien, keinen Nutzen ziehen, weil ihnen für die Herstellung anspruchsvollerer Waffen die erforderlichen Finanzmittel und die entsprechende Infrastruktur fehlten. Ihre Stärke liege mehr in der geschickten Improvisation.

– Zweitens wird geltend gemacht, daß diese Gruppen ständig von den staatlichen Sicherheitsdiensten beschattet werden. Dies habe zur Folge, daß auf jede technische Neuerung von ihrer Seite der Sicherheitsapparat alsbald mit einer Gegentechnologie aufwarte, die den Vorsprung wieder zunichte macht. Beispiele sind der Rückgang der in den 60er und frühen 70er Jahren verbreiteten Flugzeugentführungen aufgrund neuer Methoden der Personen- und Gepäckkontrolle; desgleichen die vom britischen Geheimdienst entwickelten Warntechniken, die eine Reaktion auf die immer raffinierter werdenden Fernzündungen von Bomben durch die IRA darstellten. Offen bleibt freilich, ob die Sicherheitsdienste beim technologischen Wettlauf auch noch mithalten könnten, wenn die Terroristen zu Massenvernichtungswaffen griffen.

– Das dritte und gewichtigste Argument lautet, in ihrem eigenen Interesse hätten terroristische Gruppen bisher vom Einsatz von Massenvernichtungswaffen Abstand genommen. Denn im Ergebnis würden sie damit ihrer Sache eher schaden als nützen. Als Drohmittel seien diese Waffen wenig erfolgversprechend, da eine entsprechende Ankündigung von der Gegenseite schwerlich ernstgenommen werde. Und ihr effektiver Einsatz würde im Zweifel eher zum Nachteil der Terroristen ausschlagen. Denn ABC-Waffen ließen sich in ihren Auswirkungen schwer begrenzen, wer auf sie zurückgreife, stehe am Ende als Massenmörder da und verscherze sich alle Sympathien. Dem Anliegen der Terroristen, zu schockieren, ohne gleich ein Massenblutbad anzurichten, sei besser mit den »traditionellen« Waffen, eben Bomben und Schußwaffen, gedient.

Das klingt einleuchtend, jedoch ist auf zwei Einschränkungen hinzuweisen. Die Argumentation bezieht sich auf *autonome* Organisationen, die auf eine Verbesserung der Zustände in *dieser Welt* abzielen. Wie aber steht es mit Terroristengruppen, die von einem Staat, etwa Libyen, dem Irak oder dem Iran, angeheuert und in Dienst genommen werden? Nach aller bisherigen Erfahrung schrecken staatliche Führungseliten, wenn es um die Erhaltung ihrer Machtposition geht, weniger vor Massentötungen zurück als aufständische Gruppen. Ein zweites Fragezeichen ergibt sich aus dem Erstarken des religiösen Terrorismus in jüngerer Zeit. Gelten die beschriebenen Hindernisse und Hemmungen auch für Fundamentalisten, die die Welt für verdorben halten und nichts mehr ersehnen, als mit einer Reinigungstat die ewige Seligkeit zu erlangen? Wie sich zeigt, sind es letztlich nicht die Waffen, welche die Formen und das Ausmaß von Terrorismus bestimmen, sondern die Motive der Täter. Ihnen gelten die nächsten Kapitel.

5.
Sozialrevolutionärer, nationalistischer und vigilantistischer Terrorismus

B isher war vom »Terrorismus« oder »den Terroristen« die Rede, als hätten wir es mit einem einheitlichen Phänomen zu tun. Tatsächlich gibt es jedoch beträchtliche Unterschiede zwischen verschiedenen Formen und Untertypen terroristischer Bewegungen. Manchmal werden diese danach eingeteilt, ob sie stärker auf eine *Veränderung* der soziopolitischen Verhältnisse oder auf deren *Bewahrung* und Verteidigung abzielen. Diese Unterscheidung ist für uns wenig sinnvoll, da Terrorismus von Anfang an als antistaatliche Strategie definiert wurde, die folglich stets die Absicht einer zumindest teilweisen Korrektur der bestehenden Machtordnung impliziert. Andererseits dürfte es kaum terroristische Gruppen geben, die sich ausschließlich radikalen Neuerungen verschrieben haben. Bezeichnend für diese Bewegungen ist vielmehr meist eine spezifische Kombination alter und moderner Elemente, sei es auch, daß letztere unter dem Deckmantel einer angeblichen Rückkehr zu einer nationalen oder religiösen Urgemeinschaft eingeführt werden, die einmal existiert haben soll. Ebensowenig befriedigend ist eine Einteilung, die an geographischen Merkmalen festgemacht ist, wenn etwa vom lateinamerikanischen oder nahöstlichen Terrorismus gesprochen wird. Bleibt dabei doch offen, ob die terroristischen Gruppen außer dem gemeinsamen geographischen Bezugsrahmen noch andere Eigenschaften teilen, und worin die strukturellen Unterschiede zwischen den terroristischen Gruppen verschiedener Großregionen bestehen.

Anstatt solcher externer Zuordnungen wird im folgenden an das Selbstverständnis und Selbstbild terroristischer Gruppen angeknüpft. Ausgehend von dem Befund, daß letztlich mit großer Inbrunst und Energie vertretene Überzeugungen und

Ziele für die Entstehung und teilweise auch die zähe Überlebenskraft dieser Organisationen verantwortlich sind, fragen wir, welche wesentlichen Leitideen sich im Vorgehen dieser Gruppen erkennen lassen. Grob gesprochen scheinen es vier zu sein: das Streben nach einer revolutionären Veränderung der gesellschaftlichen und politischen Strukturen im Sinne der Ideen von Marx; das Trachten ethnischer Minderheiten und unterdrückter Völker nach einem eigenen Staat, zumindest die Einräumung gewisser politischer Autonomierechte; einen dritten Teiltypus bilden die sogenannten *law and order*-Bewegungen, die am Staat vorbei, unter Verletzung der Gesetze, die bestehende Ordnung zu bewahren suchen – sie werden allgemein als vigilantistischer Terrorismus bezeichnet. Die vierte Teilkategorie bildet der religiös motivierte Terrorismus. Die ersten drei Teilformen sind Gegenstand dieses Kapitels; dem in den letzten zehn Jahren mächtig aufkommenden religiösen Terrorismus ist das folgende Kapitel gewidmet.

Unserer Einteilung liegt die Annahme zugrunde, daß die Ziele und ideologischen Rechtfertigungen einer terroristischen Gruppe nicht von ungefähr entstehen, sondern einen bestimmten gesellschaftlich-historischen Hintergrund widerspiegeln und ihrerseits das jeweilige terroristische Vorgehen prägen, ihm bestimmte Strukturen verleihen. Diese Strukturen sollen, ausgehend von zwei konkreten Fällen, herauspräpariert werden. Als Beispiel für den sozialrevolutionären Terrorismus wurde die deutsche RAF, als Beispiel für den ethnisch-nationalistisch motivierten Terrorismus wurde die ETA des Baskenlandes ausgewählt.

Der Fall der RAF

Bis weit in die 60er Jahre blieb die Bundesrepublik Deutschland von terroristischen Gewalttaten verschont. Die Jahre des Wiederaufbaus hatten einen Großteil der Kräfte für die Sicherung der privaten Existenz gebunden. Der kraftvolle wirtschaftliche Aufschwung, die Integration des Millionenheers der Flüchtlinge und Vertriebenen sowie der Wiedergewinn nationalen Ansehens schufen der parlamentarischen Demokratie eine breite Konsensgrundlage. Nach dem Ende der Ära Adenauer veränderten sich die politischen Rahmenbedingungen. Mitte der 60er Jahre zeichnete sich ein erster wirtschaftlicher Einbruch ab. Die regierenden Unionsparteien verloren an ihrem Rand an Integrationskraft und eine deutsch-nationalistische Sammlungsbewegung (die NPD) zog seit 1966 in die meisten Landesparlamente ein. Die Sozialdemokraten hatten sich mit dem Godesberger Programm von marxistischem Ballast getrennt und schwenkten in wesentlichen Punkten auf die Regierungslinie ein (Westintegration, Bundeswehr, soziale Marktwirtschaft). Dadurch kappten sie aber unweigerlich die traditionelle Verbindung zur institutionell nicht eingebundenen Linken. Die Bildung der großen Koalition von SPD und CDU/CSU ließ nur eine schwache parlamentarische Opposition (die FDP) zurück und trug zur Stärkung außerparlamentarischer Kräfte bei.

Eine studentische Protestbewegung bildete sich heraus. Sie begann mit hochschulpolitischen Forderungen, weitete sich jedoch thematisch mehr und mehr aus und mündete in den Ruf nach einer radikalen Umgestaltung der bestehenden Verhältnisse. Vertreter der in den Nachkriegsjahren groß gewordenen jungen Generation übten aus einer neomarxistischen Sicht Fundamentalkritik an der »bürgerlichen Demokratie« und ihrer »kapitalistischen Warenwelt«. Diskussionen über die Legitimität des »Widerstandes« und der »Gewalt« schlossen sich an. Damit wurde der Idee des gewaltsamen Aufbegehrens gegen die bestehende Ordnung ihr Tabucharakter genommen, zumal ähnliche Diskussionen auch in anderen westlichen Industriegesellschaften geführt wurden. Sie gewann an allgemeiner Akzeptanz, einige fühlten sich geradezu zum bewaffneten Widerstand gegen den »Unrechtsstaat« verpflichtet.

In den 70er Jahren wurde die Bundesrepublik Deutschland zum Schauplatz einer Serie terroristischer Anschläge: von Angriffen auf öffentliche Gebäude und Einrichtungen, Überfällen auf Sparkassen und Banken und von Mordanschlägen, meist mit tödlichem Ausgang. Ihr Urheber waren drei Gruppierungen, die Rote Armee Fraktion (RAF), die *Bewegung 2. Juni* und

die *Revolutionären Zellen (RZ)*. Aus der inzwischen abgeklunge-
nen Studenten- und Protestbewegung der 60er Jahre entstanden, teilten alle drei die strikte Ablehnung der Bundesrepublik
als ein angeblich faschistisches, imperialistisches Staatsgebilde,
das es im Namen sozialrevolutionärer Zukunftsvorstellungen
zu zerstören galt. Ihre terroristischen Aktionen zielten vor allem auf die Befreiung der bundesdeutschen Arbeiterklasse vom
kapitalistischen Joch, eine Befreiung, die dem Kapitalismus auf
Weltebene einen entscheidenden Schlag versetzen und in einer
Kettenreaktion zur Abschüttelung der imperialistischen Herrschaft durch die notleidenden und ausgebeuteten Massen in der
Dritten Welt führen sollte. Unmittelbar ging es darum, den
Staat durch provokative Gewaltakte dazu zu zwingen, seine
heuchlerische rechtsstaatlich-demokratische Fassade abzustrei-
fen und sein wahres faschistisch-repressives Gesicht zu zeigen.
Der zunehmende Widerstand der Arbeiterschaft gegen diesen
Unterdrückerstaat würde, so die Annahme, mit einer allgemeinen Volkserhebung enden, welche das Ende der kapita-
listisch-faschistischen Machtordnung besiegeln und die Schaffung eines sozialistischen Gesellschaftssystems ermöglichen
sollte.

Als einflußreichste der drei Gewaltgruppen erwies sich die
RAF. Sowohl hinsichtlich der Intensität und Öffentlichkeits-
wirksamkeit der Anschläge als auch, was die Produktion von
ideologischen Texten und Rechtfertigungsschreiben angeht,
übertraf sie die anderen deutlich. Es handelte sich dabei um
eine Organisation mit einer zentralistischen Struktur und
einer strengen Disziplin, deren Mitglieder der revolutionären
Sache fanatisch ergeben und zudem durch starke affektive
Bindungen aneinander geschweißt waren. Die von ihrer Un-
beugsamkeit ausgehende Ausstrahlung und Suggestivkraft
konnten auch durch die baldige Inhaftierung der ersten Generation von Organisationskadern nicht gebrochen werden.
Vielmehr gelang es den RAF-Aktivisten, aus dem Gefängnis
heraus eine Nachfolgeorganisation aufzubauen, dafür neue
Mitglieder zu gewinnen und diese zur Fortsetzung der Gewaltanschläge zu stimulieren. Insgesamt bewies die Gruppie-
rung über ein gutes Jahrzehnt hinweg eine bemerkenswerte

Kohäsion und Schlagkraft, erst in den 80er Jahren zeigten sich Schwächesymptome.

Dabei war der Kreis der Anhänger und Sympathisanten, aus dem sie ihren Nachwuchs rekrutierte, keineswegs groß; er dürfte zu keinem Zeitpunkt mehr als einige hundert Personen betragen haben. Diese gehörten, wie die Mitglieder der RAF selbst, vorwiegend der mittleren oder sogar gehobenen Mittelschicht an, waren Studenten, Akademiker oder sonstige Vertreter intellektueller Berufe. Bei den Linksparteien, Gewerkschaften und anderen linksorientierten Gruppen in der Bundesrepublik stießen die Gewaltaktivisten auf einhellige Ablehnung; dasselbe gilt für die Arbeiterschaft, ihre Hauptzielgruppe. Dies lag nicht nur daran, daß ihre These vom repressiv-faschistischen Charakter der Bundesrepublik Deutschland schwer nachvollziehbar und jedenfalls mit den Alltagserfahrungen des Durchschnittsbürgers unvereinbar war. Dazu trugen daneben auch die Überheblichkeit und der Absolutheitsanspruch bei, mit dem die RAF-Intellektuellen ihre »Wahrheiten« verkündeten. Diese Arroganz verprellte auch jene, die für ihr Anliegen prinzipiell aufgeschlossen waren.

Der Fall der baskischen ETA

Lange Zeit stand der baskische Nationalismus im Schatten des viel kraftvoller agierenden und für die spanische Zentralregierung relevanteren katalanischen Nationalismus. Erst in jüngerer Zeit hat die immer wieder für Schlagzeilen sorgende baskische Autonomiebewegung die katalanische Parallelbewegung an Bedeutung und Brisanz überflügelt. Die Entwicklung beider nationalistischer Strömungen vollzog sich in zwei zeitlichen Schüben.

Der erste dieser Schübe setzte in der zweiten Hälfte des 19. Jahrhunderts ein. Er stand in engem Zusammenhang mit einem beschleunigten Wachstum des industriellen Sektors, durch das beide Regionen zu dynamischen Zentren wirtschaftlicher Modernisierung wurden und zahlreiche Zuwanderer aus ärmeren Gebieten der iberischen Halbinsel anzogen. Die zweite nationalistische Welle fiel in die 60er Jahre dieses Jahrhunderts. Sie bildete u. a. eine Reaktion auf das autoritäre Franco-Regime, das, aus einem blutigen Bürgerkrieg (1936–1939) siegreich hervorgegangen, alles daran setzte, Spanien zu einem zentralistischen Einheitsstaat umzuformen.

Dies schien zunächst auch zu gelingen. Ab den späten 50er und frühen 60er Jahren zeigte sich jedoch, daß das nationalistische Bewußtsein in den beiden nordspanischen Regionen keineswegs ausgelöscht war, sondern unter der Oberfläche einer rein äußerlichen Anpassung an die Symbole und Normen des Zentralstaates weiterlebte. Wie im 19. Jahrhundert ging der Renaissance des Nationalismus ein wirtschaftlicher Aufschwung voraus, der den industriellen Vorsprung der beiden Regionen vertiefte und erneut Einwanderungsströme, vor allem aus dem spanischen Süden, auslöste. War jedoch der Katalanismus, einem traditionellen Muster folgend, vom Besitz- und Bildungsbürgertum geprägt, das einen gemäßigten Kurs vertrat, so wurde die weitere Entwicklung im Baskenland entscheidend von einem neuen politischen Akteur beeinflußt, der separatistischen Gewaltorganisation ETA.

Die ETA war ursprünglich aus der Initiative einer Gruppe von Studenten entstanden, die sich das gemeinsame Studium der baskischen Sprache und Literatur zum Ziel gesetzt hatten. Wenn diese anfänglich friedfertigen Studenten mehr und mehr radikalisiert wurden, so lag dies vor allem an zwei Umständen: zum ersten der Verfolgung und unnachsichtigen Unterdrückung sämtlicher kulturellen Äußerungen der Basken (wie z. B. das Singen baskischer Lieder) durch die spanischen Sicherheitsorgane. Der seiner ethnischen Besonderheit bewußte junge Baske stand vor der Alternative, diese entweder zu verleugnen oder zu kämpfen. Der zweite Umstand war das Fehlen einer mäßigenden politischen Kraft, welche die Belange der Region glaubwürdig gegenüber der Zentralregierung vertreten und dadurch dämpfend auf den jugendlichen Aktivismus eingewirkt hätte. Die wichtigste regionale Partei, die bürgerliche Baskische Nationalpartei (PNV) war nach der Niederlage der Nationalisten im Bürgerkrieg nach Paris ins Exil ausgewichen und kaum mehr innerhalb der Region präsent.

Nachdem die ETA in den 60er Jahren einmal auf den Gewaltkurs eingeschwenkt war, hielt sie an ihm fest. Zwar gab es in den Führungsgremien wiederholt Diskussionen darüber, ob im Interesse einer politischen Öffnung nicht ein Verzicht auf Gewaltaktionen geboten sei. Diese Auseinandersetzungen führten auch mehrmals zu organisatorischen Absplitterungen und Teilungen. Doch verstanden es die Vertreter des »harten« Flügels stets, sich die Hegemonie innerhalb der Bewegung zu sichern. Nicht selten schufen sie durch Entführungen, Morde etc. vollendete Tatsachen, welche die Regierung und den Sicherheitsapparat zu harten Reaktionen zwangen, die für gegenseitige Annäherung keinen Spielraum ließen. Gruppen und Kräfte, die nicht diese harte Linie billigten, wurden entweder aus dem Gewaltverband ausgestoßen oder verließen ihn freiwillig.

Was die baskische Öffentlichkeit besonders beeindruckte, waren der Mut und die Entschlossenheit, mit denen die *Etarras* sich einem scheinbar aussichtslosen Kampf stellten. Als bezeichnend in diesem Sinn kann ihr Verhalten im Burgos-Prozeß von 1970 gelten, der internationale Aufmerksamkeit erregte. Vom Franco-Regime als Schautribunal gegen aufsässige Landesverräter inszeniert, wurde das Verfahren von den beschuldigten ETA-Mitgliedern zu einem Anklageforum gegen die Diktatur umfunktioniert. Rückblickend ist die Hauptbedeutung der ETA während der Franco-Zeit darin zu sehen, daß sie dem kulturellen Überlebenswillen des kleinen Volkes öffentlich Ausdruck verlieh. Ihre Anschläge demonstrierten die Verwundbarkeit des diktatorischen Regimes und retteten gleichzeitig die Ehre und das Selbstwertgefühl der diskriminierten Minderheit. Deren kollektiver Unmut kam ab 1970 in zahlreichen Demonstrationen und Streiks zum Ausdruck.

Insbesondere die Generalstreiks zeugten von einer politischen Sensibilisierung und Mobilisierung der baskischen Bevölkerung, die auch nach Francos Tod nicht abflauten. Die Empörung der Ethnie über das ihr zugefügte Unrecht war so groß, die daraus entspringende Ablehnung des Madrider Zentralismus so intensiv, daß sie sich auch auf die parlamentarische Monarchie erstreckten, welche die Nachfolge der Franco-Diktatur antrat. Nur ein klarer Bruch der neuen demokratischen Führungseliten mit dem franquistischen Herrschaftssystem hätte dies verhindern können. Ein solcher Bruch wurde nicht vollzogen – generell nicht und ebensowenig hinsichtlich der eingespielten Verhaltensmuster der Zentralbehörden gegenüber der kleinen Region: Die unter Franco eingesperrten Basken wurden nur zögernd freigelassen; die spanischen Sicherheitskräfte griffen bei Demonstrationen in der kantabrischen Region weiterhin sehr hart durch; eine verfassungsrechtliche Anerkennung der Autonomierechte des kleinen Volkes ließ mehrere Jahre (bis 1979) auf sich warten. Dieses Zögern Madrids einerseits, das ungeduldige Drängen der radikalnationalistischen Kräfte im Baskenland nach mehr Eigenständigkeit andererseits erklären, warum in der zweiten Hälfte der 70er Jahre die Zahl der ETA-Attentate nicht zurückging, sondern sich noch erheblich steigerte.

Erst im Laufe der 80er Jahre setzte die zunehmende Distanzierung breiter baskischer Bevölkerungsgruppen von der Gewaltorganisation ein. Die Gründe hierfür lagen zum einen in der ins Auge springenden Brutalität und Unmenschlichkeit der ETA-Aktionen, die im Unterschied zu den Anschlägen während der Franco-Zeit ohne jegliches persönliche Risiko für die Terroristen – oft sogar in geradezu feiger Weise – ausgeführt wurden. Zum anderen mußten selbst die fanatischsten Nationalisten einsehen, daß angesichts der von der neuen Verfassung zugestandenen politischen Freiheits- und Partizipationsrechte ein Festhalten am Gewaltkurs nicht mehr zu rechtfertigen war. Aus dieser an Boden gewinnenden Einsicht heraus erscheint die ETA heute mehr und mehr als ein anachronistisches Überbleibsel aus einer anderen Ära, das der nationalen Sache mehr schadet als nützt.

Die beiden »Fallgeschichten« klingen recht unterschiedlich, und in der Tat spiegeln sie unterschiedliche historische Ausgangslagen und strukturelle Rahmenbedingungen wider. Diese sollen nach drei thematischen Komplexen aufgeschlüsselt werden: 1. nach geschichtlichem Hintergrund, »Ursachen« und Auslösern der terroristischen Bewegung sowie der jeweiligen politischen Kultur; 2. nach Zielen der terroristischen Gruppen, ideologischen Rechtfertigungen, besonderen Zügen der Organisation und Anschläge; 3. nach sozialer Herkunft der Terroristen und deren Beziehung zum engeren und weiteren gesellschaftlichen Umfeld.

Der geschichtliche Hintergrund

Der Terrorismus der deutschen RAF hatte, ähnlich wie jener der französischen *Action directe*, einen modernen Industriestaat auf dem Höhepunkt seiner Entwicklung zum Schauplatz. Er fand zu einem Zeitpunkt statt, in dem größere soziale und politische Probleme, etwa in Form einer Zuspitzung sozialer Verteilungskämpfe, nicht erkennbar waren. Zwar fällt bei näherem Hinsehen auf, daß Deutschland und Italien, in denen sich sozialrevolutionäre terroristische Bewegungen am stärksten und nachhaltigsten entfalteten, aufgrund ihrer faschistischen Vergangenheit ein verschlepptes nationales Identitätsproblem hatten. Doch kann dieses allein nicht ausschlaggebend gewesen sein, da auch andere westliche Staaten, wie etwa die USA, zur gleichen Zeit von ähnlichen Bewegungen heimgesucht wurden.

Holzschnittartig verkürzt könnte man sagen, daß nicht »objektive« Bedingungen, etwa politische Unterdrückung und täglich erfahrenes Unrecht, zur Entstehung zunächst einer militanten studentischen Protestbewegung und später terroristischer Gruppen führten, sondern ein politischer Bewußtseinswandel: Im Licht neomarxistischer und anarchistischer Lehren, die in den 60er Jahren an den Universitäten eine starke Verbreitung fanden, bekamen Errungenschaften wie der demokratische Rechtsstaat und die soziale Marktwirtschaft einen schalen Beigeschmack. Sie wurden als künstliche Fassade abgetan, hinter der massive Manipulation waltete und sich strukturelle Gewalt anhäufte. Zu den Merkmalen politischer Kultur zählte, daß der Staat ein unangefochtenes Gewaltmonopol errungen hatte. Da Zwang und Gewalt im Alltagsleben nicht mehr präsent waren, verlagerte sich die Kritik der Linken auf die »unsichtbaren Zwänge«, die von der modernen Konsumgesellschaft und ihren

Machteliten ausgingen. Die paradoxe Argumentation lautete, die Freiheit des einzelnen werde desto bedrohlicher und effektiver eingeschränkt, je weniger greifbar die Kontrollmechanismen seien, die auf ihn einwirkten. Das Bewußtsein, mit diesen Behauptungen nicht alleine zu stehen, sondern eingebunden zu sein in eine transnationale Widerstandsfront gegen den Spätkapitalismus, verstärkte die kollektive Protestbereitschaft zusätzlich.

Wenden wir nunmehr den Blick auf das Baskenland, das als weitgehend repräsentativ für weitere Minderheitenregionen wie Korsika, Nordirland oder Südtirol gelten kann, so fallen auf Anhieb gewichtige strukturelle Unterschiede hinsichtlich der Ausgangslage für den Protest ins Auge:

– Zwar profitierten auch diese Randregionen vom europaweiten wirtschaftlichen Aufschwung, doch teilweise in geringerem Maße als die jeweiligen nationalen Kernregionen. Außerdem vertiefte sich im Zuge der wirtschaftlichen Modernisierung die Abhängigkeit der »Peripherien« von den Entscheidungsträgern und -instanzen des jeweiligen Zentrums.

– Modernisierungstheoretiker hatten vorhergesagt, die wirtschaftliche und gesellschaftliche Entwicklung werde zu einer gegenseitigen Angleichung der verschiedenen Regionen eines Landes und der Herausbildung eines einheitlichen staatsbürgerlichen Bewußtseins beitragen. Genau das Gegenteil war der Fall: Aufgrund des zunehmenden Nivellierungsdrucks entdeckten die ethnischen und regionalen Minderheiten ihr Anderssein neu und wehrten sich gegen die Einschmelzung in eine Einheitskultur.

– Einschmelzung drohte nicht nur aufgrund übergreifender gesellschaftlicher Modernisierungsprozesse, sondern auch von seiten der Zentralregierungen. Diese übergingen zunehmend die Belange der Minderheiten und setzten in der Sprach-, Kultur-, aber auch Wirtschafts- und Verwaltungspolitik einseitig die Interessen des »Zentrums« durch. Dies geschah in besonders handgreiflicher Weise von seiten des Franco-Regimes in Spanien. Doch auch demokratisch legitimierte Zentralbehörden, wie jene Frankreichs und Italiens, scheuten sich nicht, die eigenen Machtbefugnisse gezielt auf Kosten der jeweiligen regionalen Minderheiten auszudehnen. Hier gab es keine Konflikte »zu erfinden«, sondern diese waren im politischen Alltag dauernd präsent und sorgten für Gesprächsstoff.

– Dies war keine prinzipiell neue Erfahrung. An der europäischen Peripherie, sei es in Nordirland, auf Korsika, in Sizilien oder im Baskenland, hatte der Zentralstaat das von ihm beanspruchte Gewaltmonopol stets nur bedingt realisieren können. Das bewaffnete Selbsthilferecht war daneben nie gänzlich in Vergessenheit geraten. An diese Selbsthilfetradition konnten die in terroristischen Anschlägen gipfelnden Protestaktionen anknüpfen.

– Schließlich waren die ethnischen Protestbewegungen international nicht durch ein ähnliches ideologisches Solidaritätsband miteinander verknüpft wie die sozialrevolutionären Protestgruppen. Streng genommen kämpfte jede für sich um ihre eigenen Autonomierechte; allerdings gab es sporadische Kontakte zwischen ihnen.

Ziele der terroristischen Gruppen

Die unterschiedlichen strukturellen Ausgangsbedingungen von sozialrevolutionärem und ethnisch-nationalistischem Terrorismus finden ihren Niederschlag in differierenden Zielprogrammen, teils auch Strategien. Die marxistisch inspirierten Terroristen zielten auf eine umfassende revolutionäre Umgestaltung von Staat und Gesellschaft ab. Wirtschaft, Verwaltung, Politik und Kultur, alles sollte radikal verändert, die sozialen Machtchancen sollten so neu verteilt werden, daß jeder im Prinzip gleich sein würde und ein Leben gemäß seinen Bedürfnissen führen könnte. Besonders interessant ist die Frage nach dem revolutionären Subjekt, jener sozialen Gruppe oder Schicht, die der Hauptträger des revolutionären Prozesses sein sollte. Bezeichnenderweise suchten die Mittelschichtintellektuellen der RAF das revolutionäre Subjekt überall, nur nicht in der eigenen sozialen Klasse: Einmal wurde, ganz im klassisch marxistischen Sinn, die deutsche Arbeiterklasse für diese Rolle ausersehen, dann die »elenden und unterdrückten Massen« in den ehemaligen Kolonien der Dritten Welt, schließlich Asoziale, Marginalgruppen oder die Terroristen selbst. Es gibt bei protestierenden Studenten und RAF-Terroristen eine ungebrochene Kontinuität der konsequenten Distanzierung von der eigenen Großgruppe, sei es die eigene Gesellschaftsklasse, die eigene Nation oder der eigene Staat, und statt dessen eine Hinwendung, ja Identifikation mit einer »als interessiert unterstellten« Drittgruppe.

Weitere charakteristische Züge des bundesdeutschen Terrorismus lagen in der komplizierten theoretischen und strategischen Begründung der Gewaltanschläge und in der sorgfältigen Auswahl der Opfer. Nicht nur für den deutschen Durchschnittsbürger, auch für Sympathisanten in der damaligen Linksszene war es schwierig, den Deduktionen der Terroristen zu folgen. Das galt sowohl für ihre Analysen vom repressiv-faschistischen Charakter des deutschen Nachkriegsstaates als auch für ihr Mehrstufenkalkül, wie dieser zu Fall zu bringen sei. Nie ist es ihnen durch ihre Schriften und Anschläge gelungen, den Eindruck einer gewissen Plausibilität ihres Vorgehens zu vermitteln und die allgemeine Vorstellung auszuräumen, hier seien ein paar fanatische, übersensible Intellektuelle am Werk, die den Bezug zur Realität verloren hätten. Allerdings kann man der RAF im Rückblick bescheinigen, daß sie von der Gewalt, deren symbolischer Funktion entsprechend, einen äußerst selektiven Gebrauch machte – insbesondere wenn man sie mit anderen terroristischen Organisationen vergleicht.

In fast all den genannten Punkten lassen sich klare Unterschiede zur baskischen ETA bzw. anderen ethnisch motivierten Gewaltorganisationen erkennen. Wir begnügen uns auch hier mit einigen Stichworten:

– Wenngleich auch die ethnisch bzw. nationalistisch inspirierten Gewaltorganisationen der damaligen Zeit von dem vorherrschenden ideologischen Linkstrend nicht unberührt blieben, stand doch ein anderes Anliegen im Mittelpunkt ihres Aufbegehrens: die Einforderung vermehrter Autonomierechte oder gar die Gründung eines separaten Nationalstaates. Dieser Plan wurde mit der angeblichen Existenz einer heilen Volksgemeinschaft in ferner Vergangenheit gerechtfertigt, die anschließend durch das Einwirken des Zentralstaates zerstört worden und nun nach Möglichkeit erneut herzustellen sei. In ihn gingen demzufolge sowohl reaktive als auch »proaktive«, also zukunftsorientierte Elemente ein, die sich in spezifischer Weise miteinander verbanden.

– Ethnische Terroristen identifizierten sich nicht mit Drittgruppen, sondern mit ihrer eigenen Volksgruppe. Durch den Zentralstaat oder eine rücksichtslose Mehrheit in Bedrängnis gebracht, mußte diese sich wehren und im Extremfall um ihr Überleben als Kulturgemeinschaft kämpfen. Ethnische Gewalt ist, im Unterschied zu den auf radikale Verbesserungen abzielenden sozialrevolutionären Terroristen, ihrem Ursprung nach primär Verteidigungsgewalt.

– Teilweise sind die theoretischen Ausführungen separatistischer Wortführer der 60er und 70er Jahre ebenfalls nicht ohne weiteres verständlich. Doch ließen sich ihre Zielvorstellungen und Gewaltaktivitäten insgesamt viel leichter einem breiten Publikum vermitteln, als dies beim sozialrevolutionären Terrorismus der Fall war und ist. Basierten sie doch auf eindeutigen, jedermann vertrauten Kategorien und Interessenlagen: Zentralstaat versus Peripherieregion, ethnische Mehrheit versus Minderheit(en). Die klare Definition und Ausgrenzung des Feindes schloß ein massiveres Vorgehen gegen denselben als im Falle des sozialrevolutionären Terrorismus ein. Die Opferzahlen, die auf das Konto ethnisch oder nationalistisch motivierter terroristischer Anschläge gehen, übersteigen jene marxistischer terroristischer Gruppen (zumindest in Europa und in den USA) erheblich.

Soziale Herkunft der Terroristen

Die bislang aufgezählten strukturellen Differenzen setzen sich bis zur sozialen Schichtherkunft der Terroristen und deren Einbettung in ein breiteres soziales Umfeld fort. Die RAF bildete insoweit einen Extremfall. Die weitaus überwiegende Mehrheit ihrer Mitglieder stammte aus der gehobenen Mittelschicht. In anderen sozialrevolutionären Terroristenverbänden ist die Schichtherkunft der Kombattanten stärker gestreut. Beispielsweise begegnen wir in den italienischen Roten Brigaden oder bei den argentinischen Montoneros auch jungen Leuten aus niedrigeren Sozialschichten. Doch insgesamt sind diese Bewegungen schwerpunktmäßig dem akademischen Mittelschichtmilieu zuzuordnen. In ihren Organisationskadern spielen Frauen, auch in führenden Positionen, eine wichtige Rolle, wie wir bereits am Präzedenzfall der russischen Anarchisten des 19. Jahrhunderts gesehen haben. Nicht selten haben die Mitglieder bereits einen über mehrere Stufen gehenden politischen Sozialisations- und Radikalisierungsprozeß durchlaufen, bevor sie schließlich zu der Gewaltorganisation stoßen. Denn eine künftige politische Gewaltkarriere wurde ihnen nicht »in die Wiege« gelegt. Mehrheitlich wurden sie in einem Elternhaus großgezogen, das zwar tendenziell nach links hin orientiert war, jedoch Gewalt als Mittel für politische Veränderungen ablehnte. Entsprechend reißen nach dem Anschluß an die gewalttätige Untergrundorganisation die Kontakte zu Verwandten sowie früheren Freunden und Bekannten, die einem gemäßigteren politischen Milieu angehören, in der Regel ab. Was für den einzelnen Terroristen zutrifft, gilt gleicherweise auch für die Organisation als Ganze. Mit dem Übergang zu Gewaltanschlägen entfremdet sich diese und isoliert sich von anderen Linksgruppierungen, auch außerinstitutionellen, systemkritischen. Dieser Schritt vollzog sich besonders kraß in Deutschland, wo das allgemeine Gewaltverbot sehr ernst genommen wird, während beispielsweise in Italien noch über längere Zeit Kontakte zwischen den Terroristen und linksrevolutionären Arbeitergruppen aufrecht erhalten wurden. In Deutschland verblieb den Terroristen nur eine begrenzte Zahl von Sympathisanten (vermutlich einige hundert) als logistische Hilfstruppe, die sie aus den unterschiedlichsten Gründen unterstützte.

Auch insoweit bietet der ethnische Terrorismus ein grundverschiedenes Bild:

– Ethnisch bzw. nationalistisch motivierte Terroristen stammen mehrheitlich nicht aus der akademischen Mittelschicht, sondern gehören eher einem »populistischen«, von der Unterschicht bis zur unteren Mittelschicht reichenden Sozialmilieu an. Für ihre Entscheidung, sich den Gewaltaktivisten anzuschließen, ist weniger eine intellektuell vermittelte Einsicht ausschlaggebend. Statt dessen wird sie getragen von dem allmählich heranreifenden Gefühl bzw. der Überzeugung, das der eigenen Bevölkerungsgruppe zugefügte Unrecht nicht länger passiv hinnehmen zu dürfen, sondern sich dagegen wehren zu müssen.

– Mit diesem Schritt isoliert sich der ethnische bzw. nationalistische Terrorist nicht von seiner Herkunftsgruppe. Vielmehr darf er davon ausgehen, daß seine Entscheidung von einem beträchtlichen Teil seines engeren sozialen Umfeldes gebilligt wird, er deshalb sogar Respekt und Bewunderung ernten wird. Zählt beim sozialrevolutionären Terrorismus ein mehr oder weniger deutlicher Generationenkonflikt zu dessen Hauptursachen, so ist für den ethnischen Radikalismus demgegenüber eher Generationenkontinuität kennzeichnend. Der junge Terrorist tritt mit seinem Entschluß, für die nationalistische Sache zu streiten, in die Fußstapfen seines Vaters/Großvaters oder anderer naher Verwandter (besonders ausgeprägt in Nordirland).

– So wenig der einzelne mit seinem Eintritt in die terroristische Organisation die inneren und äußeren Bande zum sozialen und familialen Umfeld kappt, so wenig tut dies der Verband insgesamt. Selbst wenn nur etwa 15% der jeweiligen Minderheit uneingeschränkt hinter ihm stehen, wie dies über Jahrzehnte hinweg in Nordirland und im Baskenland der Fall war, so ist diese Prozentzahl für das Überleben der Gewaltorganisation ausreichend. Denn diese

15% machen bei einer Minderheitsbevölkerung von zwei bis drei Millionen mehrere hunderttausend aktive Anhänger aus.

In Abbildung 3 sind die wesentlichen Unterschiede zwischen sozial-revolutionärem und ethnisch-nationalistischem Terrorismus nochmals stichwortartig zusammengefaßt. Diese schematische Gegenüberstellung gibt Anlaß zu vier ergänzenden Bemerkungen. Erstens wird aus ihr plausibel, warum der ethnisch-nationalistische Terrorismus, aufs Ganze gesehen, wesentlich zählebiger und »erfolgreicher« ist als sein sozialrevolutionärer Counterpart. Er ruht auf einem breiteren und solideren Fundament, ist weniger gekünstelt und leichter nachvollziehbar, wohl auch, was seine Ziele betrifft, leichter in Etappen realisierbar als der sozialrevolutionäre Terrorismus.

Zweitens muß betont werden, daß es sich bei dem Schema um reine Typen, d. h. Idealtypen im Sinne Max Webers handelt. Nicht von ungefähr sind die beiden Beispiele dem europäischen Kontext entnommen, wo solch idealtypische Ausprägungen relativ häufig anzutreffen sind. In den weniger entwickelten Ländern, z. B. in Lateinamerika, begegnet man überwiegend Mischtypen, d. h. einer Kombination und gegenseitigen Überschneidung linksrevolutionärer und nationalistischer (in diesem Fall antiimperialistischer) Zielsetzungen und Ideologien. Entsprechend vermischen sich dort auch die Strukturmerkmale der beiden Grundtypen.

Drittens kann es durchaus passieren, daß ein terroristischer Verband im Verlaufe seiner fünfzehn- oder zwanzigjährigen »Karriere« allmählich seine ideologische Orientierung ändert. So wanderten die argentinischen Montoneros, die zunächst als rechtskatholische Vereinigung auf den Plan getreten waren, im Laufe der Zeit immer weiter nach »links«, während die ursprünglich einen links-nationalistischen politischen Kurs vertretende baskische ETA mittlerweile den sozialistischen Teil ihres politischen Programms zunehmend unter den Tisch fallen läßt. Solche ideologischen Schwenkungen sind weniger Ausdruck eines ernsthaften und wohlüberlegten Richtungswechsels als der Anpassung an den gewandelten Zeitgeist, d. h. eines

Abbildung 3
Sozialrevolutionärer und ethnisch-nationalistischer Terrorismus
im Vergleich

Kriterium	sozialrevolutionärer Terrorismus	ethnisch-nationalistischer Terrorismus
Gesellschaftliche Rahmenbedingungen	hochentwickelte Industriegesellschaften	Peripherieregionen, von Metropolen abhängig, teils relativ entwickelt, teils zurückgeblieben
sozio-ökonomische, institutionelle und mentale Ursachen	Bewußtseinswandel unter Einfluß des Neomarxismus	effektive Gefährdung der Regional-bzw. Minderheitenkultur durch Modernisierung, Zu- oder Abwanderung und Machtausdehnung des Zentralstaates
politische Kultur	Gewaltmonopol des Staates, das jedoch durch studentische Protestbewegungen in Frage gestellt wird	eingeschränktes staatliches Gewaltmonopol; Tradition der Konfliktivität und der gewaltsamen Selbsthilfe
Ziele, ideologische Begründung	radikale Veränderung von Staat und Gesellschaft im Sinne marxistischer Ideologie	vermehrte Autonomie oder Gründung eines eigenen Staates unter Berufung auf historisch gewachsene Besonderheit
Identifikation mit Eigen- oder Fremdgruppe	Identifikation mit als interessiert unterstellter Drittgruppe, Distanzierung von Eigengruppe	Identifikation mit bedrohter Eigengruppe
Vermittelbarkeit der Ziele und Aktionen	Ideologische Botschaft schwer vermittelbar, desgleichen Sinn terroristischer Anschläge	Ziele und gewaltsames Engagement sind für breitere Minderheitsschichten einsichtig
sozialstatistische Merkmale der Terroristen	überwiegend aus akademischer Mittelschicht, Frauen stark vertreten	aus populistischem Sozialmilieu, d.h. unterer Mittelschicht oder Unterschicht; schwache Repräsentanz von Frauen
soziale Einbindung der Terroristen	gesellschaftlich isoliert; Generationenkonflikt; numerisch begrenzte Sympathisantenszene	abgestützt durch breites Bevölkerungssegment innerhalb der Minderheit; soziale Einbettung in Primärgruppen bleibt erhalten; Generationenkontinuität

gewissen Opportunismus. Dieser tritt desto deutlicher hervor, je länger diese Organisationen existieren.

So ist denn unsere vierte und letzte Anmerkung in diesem Zusammenhang, daß die aufgezeigten Strukturunterschiede vor allem in der Entstehungsphase dieser Gruppen und in der Anfangsphase ihres Wirkens von Bedeutung sind. Je länger diese existieren, desto mehr gewinnen reine Selbsterhaltungstendenzen die Oberhand, die zu ihrer allmählichen strukturellen Annäherung führen, unabhängig von dem ideologischen Vorzeichen, unter dem sie ihre terroristischen Aktivitäten begonnen haben.

Vigilantistischer Terrorismus

Eine dritte Variante terroristischer Bewegungen, der vigilantistische Terrorismus, soll hier etwas kürzer abgehandelt werden, da es sich um keine genuine Form des Terrorismus, sondern eine Mischform zwischen »Terror« (von oben) und »Terrorismus« (von unten) handelt. Unter diese Kategorie fallen die sogenannten *law and order*-Bewegungen, die versuchen, die bestehende Ordnung am Staat vorbei und gegebenenfalls auch gegen den Staat zu schützen. Der Terminus vigilant, vor allem im angelsächsischen Sprachgebrauch gebräuchlich, bedeutet wachsam, auf der Hut; *vigilantes* sind Mitglieder von Wachkomitees.

Typische Beispiele für vigilantistischen Terrorismus sind die Ku-Klux-Klan-Bewegungen in den Vereinigten Staaten oder die Todesschwadronen, denen man in vielen Staaten Lateinamerikas, beispielsweise in Brasilien, begegnet. Die in periodischen Schüben auftretende Ku-Klux-Klan-Bewegung geht auf den nordamerikanischen Sezessionskrieg, genauer gesagt: die dadurch bewirkte rechtliche Gleichstellung der Schwarzen mit der weißen Bevölkerung zurück. Vor allem Angehörige der sich in ihrem privilegierten Status bedroht fühlenden weißen Unterschicht der ehemaligen Südstaaten schlossen sich zu teils geheim, teils ganz offen operierenden Gruppen zusammen, deren Ziel es war, Schwarze zu maßregeln und sozial in Schach zu halten, d.h. an einem effektiven sozialen Aufstieg zu hindern.

Die Wurzeln des Phänomens sind freilich, wie Richard Maxwell Brown aufgezeigt hat, wesentlich älter. Seit jeher war es in den Vereinigten Staaten üblich, daß die Gemeinschaft »rechtschaffener« Männer, soweit ihr dies notwendig erschien, selbst die Initiative ergriff, um die angeblich oder wirklich gefährdete Ordnung, etwa gegen Kriminelle oder sonstige soziale »Abweichler«, wiederherzustellen.

Eine vergleichbare Tradition gibt es in Lateinamerika nicht. Getreu dem iberischen Erbe galten hier stets die staatlichen Instanzen als primär verantwortlich für die Aufrechterhaltung der öffentlichen Sicherheit und Ordnung. Allerdings war der lateinamerikanische Staat, ungeachtet der von ihm beanspruchten Befugnisse, stets ein eher schwacher Staat, der beispielsweise nie ein effektives Gewaltmonopol durchsetzen konnte. Diese Schwäche trat vor allem in jüngerer Zeit zutage, als, bedingt durch die Verelendung breiter Teile der Unterschicht, die Eigentumskriminalität in den lateinamerikanischen Großstädten steil anstieg. Da der staatliche Sicherheitsapparat sich als außerstande erwies, die Kriminalität einzudämmen, bildeten sich als Reaktion darauf vielerorts vigilantistische Gruppen, die durch spektakuläre »Säuberungsaktionen«, etwa die serienweise Ermordung von Straßenkindern, einen allgemeinen Abschreckungseffekt zu erzielen versuchten. Bezeichnenderweise rekrutierten sich jedoch die Angehörigen dieser Todeskommandos größtenteils nicht aus der städtischen Bürgerschaft, sondern aus den staatlichen Sicherheitsdiensten, das Gros von ihnen setzt sich aus ehemaligen oder noch aktiven Polizisten zusammen, die in ihrer freien Zeit auf Verbrecherjagd gehen.

Etwas zugespitzt läßt sich der vigilantistische Terrorismus als eine Bewegung charakterisieren, die eine Ordnung verteidigt, indem sie die Gesetze bricht, auf denen ebendiese Ordnung beruht. Dies gilt insbesondere für das staatliche Gewaltverbot. Vigilantistische Gruppen nehmen das Gesetz sozusagen in die eigene Hand. Sie usurpieren staatliche Gewaltbefugnisse, da sie die staatlichen Behörden entweder für zu schwach oder aus politischen Gründen nicht für willens halten, der Ordnung zu ihrem Recht zu verhelfen. Ihr Vorgehen richtet sich allerdings eigentlich nicht gegen den Staat, sondern sie halten sich bei

ihrem gewaltsamen Treiben für insgeheim mit den Staatsbe-
hörden und der Bevölkerungsmehrheit im Bunde. Wir treffen
hier auf eine dritte Variante des Verhältnisses zwischen Terroristen und »begünstigter Gruppe«. Während sozialrevolutionäre
Terroristen ihre Anschläge für die Befreiung eines »angeblich
interessierten Dritten« durchführen und ethnische Terroristen
dabei die »effektiv bedrohte eigene Volksgruppe« im Auge haben, verteidigen vigilantistische Terroristen die »angeblich gefährdete Integrität der eigenen Großgruppe«.

Abbildung 4
Identifikationsobjekt der Terroristen

Sozialrevolutionärer Terrorismus	ethnisch-nationalistischer Terrorismus	vigilantistischer Terrorismus
»angeblich interes-sierter Dritter« (Münkler)	effektiv bedrohte eigene Volksgruppe	angeblich gefährdete eigene Schicht bzw. Großgruppe

Diese Absicht rückt vigilantistische Terroristengruppen in die
unmittelbare Nähe der staatlichen Sicherheitsorgane, die ja
auch, gestützt auf ihre Machtbefugnisse und die Legalitätsver-
mutung ihres Vorgehens, ihre Kompetenzen überschreiten und
sogar massiv mißbrauchen können (»Terror«). Noch ein weiterer Gesichtspunkt unterstreicht eine gewisse Parallelität zwischen der Gewalt staatlicher Amtsträger und vigilantischer Gewalt. In beiden Fällen gehen die Akteure im allgemeinen kein
großes Risiko ein. Der Sozialrevolutionär, der die bestehende
politische und gesellschaftliche Struktur angreift, wie auch der
militante Minderheitenaktivist, der einen unabhängigen Staat
erstreiten will, sie stellen beide das bestehende Machtgefüge
prinzipiell in Frage und können deshalb von seiten der Herrschenden weder mit Nachsicht noch mit Schonung rechnen.
Dagegen hofft der vigilantistische Terrorist insgeheim auf ein
gewisses Verständnis der Staatsvertreter sowie der breiten Öffentlichkeit für seine gewaltsamen Übergriffe. Betreibt er da-

mit doch aus seiner Sicht deren Geschäft, die bestehende Ordnung zu verteidigen. In der Tat haben sich Vigilantisten bei dieser Art Kalkül bisher nur selten geirrt: In ganz Lateinamerika ist bislang kaum ein Fall bekannt geworden, in dem Mitglieder einer Todesschwadron ernsthaft gerichtlich zur Rechenschaft gezogen worden wären. Auch aus den USA weiß man, daß die Behörden regelmäßig weit laxer gegen selbsternannte Ordnungshüter vorgehen, die mit dem Gesetz in Konflikt geraten, als gegen gewöhnliche Kriminelle. Dasselbe gilt, um ein Beispiel aus einem anderen Kulturkreis anzuführen, für rechtsradikale Siedler in Israel, die auf eigene Faust Land in Besitz nehmen und damit die Araber verdrängen.

Der Glaube an bzw. das Wissen um die stillschweigende Komplizenschaft der Behörden und von Teilen der Gesellschaft mit ihrem Vorgehen prägt den Aufbau und das Auftreten dieser Gruppen. Verglichen mit den anderen beiden Varianten des Terrorismus sind vigilantistische Verbände viel weniger straff organisiert. Oft bestehen sie nur aus einem losen Zusammenschluß Gleichgesinnter, die sich sporadisch zusammenfinden, um Exempel zu statuieren. Man nimmt sich weder die Mühe, den Anschlag insgeheim sorgfältig vorzubereiten, noch geht man nach einem präzisen Plan vor, sondern die Aktionen kommen »spontan« zustande. Man erinnere sich etwa an die Überfälle von Skinhead-Banden auf Heime mit Asylbewerbern in Ostdeutschland zu Beginn der 90er Jahre: Oft entsprangen sie einem mehr oder weniger spontanen Entschluß am Ende einer gemeinsam durchzechten Nacht. Ähnliches wird aus Nordirland berichtet, wo ebenfalls protestantische Mitglieder von Trink-Clubs nach gehörigem Alkoholgenuß aufbrachen, um es »den Katholiken zu zeigen«, d.h. irgendeinen x-beliebigen Katholiken umzubringen. In beiden Beispielen sticht die Unbekümmertheit im Hinblick auf die Reaktion Dritter ins Auge, mit der eine offenkundig gesetzwidrige Handlung durchgeführt wird. Sie deutet auf die stillschweigende Überzeugung hin, mit keinerlei Intervention, sei es von seiten der Bevölkerung oder der Sicherheitsbehörden, rechnen zu müssen.

Vigilantistischer Terrorismus hat zwei erkennbare Ursprünge und zielt in zwei Richtungen. Was seine unmittelbaren Wurzeln betrifft, so geht er entweder aus dem *Staatsapparat* oder aus der *Gesellschaft* hervor. So setzen sich die Todesschwadronen in Lateinamerika, wie bereits erwähnt, großenteils aus ehemaligen oder noch aktiven Angehörigen der staatlichen Sicherheitsdienste (Polizei, Militär, Geheimdienste) zusammen, die außerhalb des regulären Dienstes ihrem tödlichen Geschäft nachgehen. Zuweilen tun sie dies für Geld (z. B. lassen sie sich von Geschäftsleuten anheuern, um deren Viertel oder Straße zu »säubern«). In jedem Fall benutzen sie dafür die Dienstwaffen und Dienstfahrzeuge, auch wenn sie in ziviler Kleidung auftreten. Die vigilantistischen Initiativen in den Vereinigten Staaten, in Nordirland oder in Israel gehen dagegen von gesellschaftlichen Gruppen aus, die glauben, die Wahrung dessen, was rechtens ist, selbst in die Hand nehmen zu müssen.

Die beiden Zielrichtungen, die der vigilantistische Terrorismus einschlägt, lassen sich als *Kriminalitätskontrolle (crime-control vigilantism)* und *Kontrolle sozialer Machtverschiebungen (social-control vigilantism)* kennzeichnen. Bei ersterem geht es um die Eindämmung der Kriminalität sowie das generelle Bestreben, den angeblichen Verfall der öffentlichen Moral aufzuhalten. *Social-control*-Vigilantismus wendet sich vor allem gegen eine Veränderung der sozialen Schichtungs- und Privilegienordnung, wie sie beispielsweise aufgrund von sozialen Aufstiegsbewegungen erfolgen kann. Der bekannteste Fall ist die anhaltende Diskriminierung der Schwarzen in den Südstaaten der USA. Die primär von der protestantischen Unterschicht in Nordirland getragene Dauerkampagne gegen die völlige soziale Gleichstellung der Katholiken stellt ebenfalls einen Fall von *social-control*-Vigilantismus im weitesten Sinn dar.

Zwischen den beiden Varianten der Entstehung von Vigilantismus (staatlich bzw. gesellschaftlich) und dessen Funktionen (Kriminalitätskontrolle bzw. soziale Machtkontrolle) läßt sich kein fester Zusammenhang entdecken. Zwar verfolgen parastaatliche vigilantistische Gruppen häufiger das Ziel, der ausufernden Kriminalität zu begegnen, während gesellschaftliche vigilantistische Initiativen öfter auf das Bestreben hinauslaufen, den Status quo der sozialen Machtverteilung zu bewahren, doch eine diesbezügliche Regel läßt sich nicht aufstellen. Ebensowenig kann man, worauf der erste Anschein hindeutet, sagen, daß der parastaatliche Vigilantismus ein ausschließlich katholischen Staaten vorbehaltenes Phänomen, der gesellschaftliche Vigilantismus hingegen eine typische Erscheinung des Protestantismus ist. Hier gibt es zahlreiche Sonderfälle und Abweichungen. Was sämtliche Teilformen und Untertypen des Vigilantismus letztlich eint, ist das mangelnde Vertrauen in den Staat und seine Sicherheitsorgane, die man für unfähig oder nicht willens hält, die öffentliche Sicherheit und Ordnung in ausreichendem Maße zu schützen.

6.
Religiöser Terrorismus

Die Verbindung von Religion und Gewalt mag manchen erstaunen. Predigt nicht das Christentum Nächstenliebe, und zählt es nicht zu den Hauptfunktionen aller Religionen, Ordnung und Frieden zu stiften, nicht Chaos und Gewalt? Gegenüber einer solchen, eher beim normativen Selbstverständnis vieler Religionen ansetzenden Auffassung ist die enge Beziehung zu betonen, die seit jeher zwischen dem Sakralen und Gewaltausübung in jedweder Form besteht. Selbst wenn man nicht wie der französische Anthropologe und Religionswissenschaftler René Girard so weit geht, in der Domestizierung der ansonsten allgegenwärtigen Gewalt durch einen repräsentativen Gewaltakt, das »Opfer«, den Ursprung aller Religionen zu sehen, selbst dann läßt sich nicht leugnen, daß Gewalt ein ständiger Begleiter der meisten Religionen war und ist: Von deren Ursprung über ihre Ausdehnung bis hin zu periodischen religiösen Erneuerungsbewegungen.

Dies gilt für die großen Religionsgemeinschaften ohne Ausnahme. Es erscheint nicht sinnvoll, zwischen mehr oder weniger friedfertigen Religionen unterscheiden zu wollen, weisen sie doch allesamt ein hohes Gewaltpotential auf. Allerdings kommt dieses Potential nicht immer mit gleicher Stärke zum Ausdruck. Beispielsweise galten die Schiiten lange Zeit als eine auf passives Leiden eingestellte islamische Religionsgemeinschaft, in jüngerer Zeit haben sich unter ihnen jedoch Gruppen gebildet, die diesen selbstquälerischen Zug abgelegt und sich zu einem der aggressivsten Zweige der islamischen Glaubensgemeinschaft entwickelt haben. Beim Christentum scheint es dagegen eher umgekehrt zu sein. Folglich wird man gewaltsame und weniger gewaltsame Epochen in der langen Geschichte aller großen Religionsgemeinschaften voneinander abheben können.

Der religiöse Terrorismus, der seit etwa fünfzehn Jahren für Schlagzeilen sorgt, wird allgemein mit Strömungen eines seit einiger Zeit virulent gewordenen religiösen Fundamentalismus in Zusammenhang gebracht. Solche Strömungen gibt es in allen drei monotheistischen Weltreligionen, bei den Christen, im Judentum und im Islam; im Islam haben sie jedoch in besonders auffälliger Weise eine gewaltsame Form angenommen. Wir führen einleitend ein rund 2000 Jahre zurückliegendes Beispiel von religiösem Terrorismus bei den Juden an. Anschließend wenden wir uns den zeitgenössischen Manifestationen dieser Art von Terrorismus zu, wobei die islamischen terroristischen Bewegungen im Mittelpunkt der Betrachtung stehen. Gemäß dem bereits verwendeten Dreierschema werden der Reihe nach Ziele, Rechtfertigungen und organisatorische Besonderheiten des islamischen Terrorismus, dessen geschichtliche Hintergründe und Ursachen sowie die soziale Herkunft der Terroristen und ihre Einbettung in das gesellschaftliche Umfeld behandelt. Abschließend wird die Gefährlichkeit dieser besonders bedrohlich wirkenden Form des Terrorismus einzuschätzen sein.

Zeloten und Sicarii

Wer in Israel war und dort entlang des Toten Meeres gefahren ist, wird sich an die westlich angrenzende Bergfeste Masada, auf einem massiven Gebirgsstock gelegen, erinnern. Dort begingen 71 n. Chr., kurz vor der Eroberung der Bergstadt durch die Römer, etwa 1000 Juden, darunter viele Frauen und Kinder, freiwillig Selbstmord. Dies war der letzte Akt eines kollektiven Dramas, in dem religiöser Terrorismus eine maßgebliche Rolle spielte.

Die von den Römern beherrschte Provinz Judäa mit der Hauptstadt Jerusalem wurde in jener Zeit von Juden und Griechen bewohnt. Die Römer übten die Macht gegenüber den Juden, die insgesamt etwa ein Fünftel der Bevölkerung sämtlicher oströmischen Provinzen stellten, relativ mild und großzügig aus: Juden wurden nicht zum Militärdienst herangezogen, sie

mußten aus Rücksicht auf ihren Sabbat-Kult samstags nicht vor
Gericht erscheinen, sie genossen gewisse Steuerprivilegien und
waren von den religiösen Kulten des Kaiserreiches ausgenom-
men. Zu ihren Privilegien zählte auch, daß die Juden ihren
eigenen König wählen durften, die Römer sich also mit einer
indirekten Herrschaft begnügten. Eben dieses Sonderrecht bildete jedoch den Ausgangspunkt des Konflikts. Der jüdische
König wollte seine Machtsphäre ausweiten, indem er Anleihen
bei den Herrschaftsbefugnissen und -symbolen der römischen
Kaiser machte, was ihm von seiten der gläubigen Juden ver-
wehrt und verübelt wurde. Diese griffen den König und das
ganze Königshaus aufs schärfste an und ruhten nicht, bis die
Römer sich gezwungen sahen, selbst die politische und militärische Oberherrschaft auszuüben. Der Machtwechsel führte
aber nicht zu einer Befriedung der Situation, sondern goß gewissermaßen zusätzliches Öl ins Feuer der Auseinandersetzung.
Die Eiferer unter den Juden lehnten sich nicht nur gegen die
römischen Amtsträger auf, sondern wendeten sich auch aufs
Aggressivste gegen die aus ihrer Sicht wankelmütigen, gemäßigten Glaubensbrüder, die zur Zurückhaltung mahnten. Das
Plädoyer der Glaubenspuristen lautete, man dürfe sich keiner
Autorität, nur Gott allein, beugen und fügen.

Der Konflikt im engeren Sinn begann mit dem passiven Widerstand breiter Teile der jüdischen Bevölkerung gegen bestimmte römische Hoheitsakte wie die Abhaltung eines Zen-
sus. Und er eskalierte über mehrere, auch Friedensperioden
einschließende Zwischenstufen bis hin zum offenen inneren
Krieg, in dem sich die Juden als eindeutig unterlegen erwiesen.
Jerusalem, wo sie sich zunächst verschanzt hatten, wurde ein-
genommen, der Tempel zerstört. Zum Schluß fiel, wie bereits
erwähnt, auch die Rückzugsfeste Masada nach einem gemein-
schaftlichen Selbstmord, der sich bis heute als traumatisch bela-
stetes Ereignis ins kollektive Gedächtnis eingeprägt hat. Die
Niederlage bedeutete eine Katastrophe für das anschließend in
alle Winde zerstreute jüdische Volk, von der es sich bis nach
dem 2. Weltkrieg nicht mehr erholte.

Terroristische Provokationen und entsprechende repressive
Gegenmaßnahmen von seiten der Römer spielten in der Zwi-

schenphase des Konflikts eine große Rolle. David Rapoport sieht hier den ersten gut dokumentierten historischen Fall eines primär religiös inspirierten aufständischen Terrorismus gegen Fremdherrschaft. Zum Verständnis dieser religiösen Komponente muß man sich vergegenwärtigen, daß es zu jener Zeit in Palästina eine verbreitete millenaristische Stimmung und Strömung gab. Vieler Juden hatte sich eine anhaltende religiöse Erregung bemächtigt. Sie gingen von der unmittelbar bevorstehenden Ankunft des Erlösers und einem sich daran anschließenden Tausendjährigen Reich, in dem Frieden und Eintracht herrschen würden, aus. Die Zeitenwende kündigte sich nach einschlägigen Prophezeiungen durch kollektive Katastrophen, massives Unglück und Unrecht an. Für gläubige Juden waren die Unterjochung des jüdischen Volkes durch die Römer und die Mißachtung der heiligen Gebote nicht nur ein Beweis dafür, daß sich das Ende aller Tage nähere. Sie fühlten sich darüber hinaus dazu legitimiert, das herannahende Ende zu beschleunigen, indem sie die Stimmung weiter aufheizten und die Konfrontation mit den Römern, aber auch mit lauen Glaubensgenossen, geradezu suchten.

Das Vorbild lieferte ihnen insoweit ein Hoherpriester aus der Zeit des Moses. Dieser hatte in Empörung über den Sittenverfall in der damaligen Zeit einen Stammesfürsten und seine Konkubine, die er in flagranti an einer heiligen Stätte ertappte, erdolcht und anschließend zum heiligen Krieg gegen die Kanaaniter aufgerufen. Auch die religiösen Fanatiker im ersten Jahrhundert n. Chr., die Zeloten oder Sicarii, wie sie genannt wurden, benutzten den Dolch als Waffe. Sie näherten sich ihrem Opfer auf offener Straße oder Plätzen, stachen es plötzlich nieder und stimmten anschließend unmittelbar in das allgemeine Wehgeschrei ein, so daß niemand in ihnen den Täter vermutete und sie meist unerkannt entkamen. Geiselnahme und Gefangenenmord zählten ebenfalls zu ihren Praktiken. Dabei scheuten sie weder die heiligen Stätten noch die heiligen Tage; ihre Mordtaten legten sie mit Vorliebe auf einen Sabbat oder Feiertag. Die Opfer waren vor allem angesehene Juden der gemäßigten Richtung, darunter viele Priester.

Die Umstände, unter denen die Anschläge begangen wurden, sorgten für einen maximalen Publizitätseffekt und erzeugten Schock und Panik: Wenn bekannte und angesehene Männer, am hellichten Tag, unter ihren Freunden und Angehörigen weilend, plötzlich umgebracht wurden, dann gab es in der Tat keinen effektiven Schutz mehr und jeder mußte allezeit mit dem Schlimmsten rechnen. Die Attentäter erzielten genau den von ihnen intendierten Zersplitterungseffekt: Das gemäßigte Lager spaltete sich, manche zogen sich zurück und versuchten, kein weiteres Aufsehen zu erregen. Andere schlossen sich aus Opportunismus den religiösen Eiferern an. Teilweise kam es auch zu Rachefeldzügen zwischen den Juden und den ebenfalls von den Gewaltausschreitungen betroffenen Griechen. Die Römer verhielten sich anfänglich abwartend; die Wut und Kühnheit (*rage and audacity*) der fanatischen Juden verfehlten nicht, auf sie Eindruck zu machen. Erst allmählich entschlossen sie sich zu einem energischeren Vorgehen gegen die Sektierer.

Doch was sie auch unternahmen, die Konflikteskalation war nicht mehr aufzuhalten. Nachgiebigkeit wurde ihnen als Schwäche ausgelegt, harsche Maßnahmen forderten den erbitterten Widerstand der Terroristen heraus. Ein Ereignis charakterisiert treffend deren Stil und Vorgehensweise: Im Rahmen der kriegerischen Auseinandersetzungen kam es einmal zu einem Abkommen zwischen Juden und Römern, in dem erstere den Soldaten einer Garnison nach Niederlegung der Waffen freien Abzug zusicherten. Kaum hatten die Römer sich der Rüstung und Waffen entledigt, da fiel eine Gruppe fanatischer Zeloten über sie her und machte sie allesamt nieder. Dies geschah ebenfalls an einem Sabbat, um jedermann zu demonstrieren, daß sie sich über alle Tabus und Restriktionen hinwegsetzten.

Angesichts dieses eklatanten Vertragsbruches blieb den Römern nichts anderes übrig, als mit aller Entschiedenheit gegen die Erhebung einzuschreiten. Die sich über einen längeren Zeitraum hinziehende Auseinandersetzung entwickelte die geschilderte Dynamik, die in die definitive Niederlage der Zeloten und die Vertreibung der Juden aus Palästina mündete.

Das historische Beispiel enthält eine Fülle von lehrreichen

Hinweisen auf die Funktionsweise und Dynamik terroristischer Kampagnen im allgemeinen. Wir begnügen uns an dieser Stelle damit, jene Punkte stichwortartig aufzuzählen, die für den religiösen Terrorismus in besonderem Maße relevant sind. Es sind dies:

- die außerordentliche Motivations- und Sprengkraft des religiös motivierten Terrorismus, der im Extremfall im kollektiven Selbstmord enden kann;
- die millenaristische Vision, die oft hinter religiös inspirierten terroristischen Akten steht, verbunden mit der Beschwörung historischer Präzedenzfälle;
- die enge Verbindung, die zwischen religiösem und politischem Anliegen besteht, vor allem im Falle einer quasi kolonialen Situation;
- die besondere Wut, die sich gegen die Lauen und Gemäßigten im eigenen Konfessionslager richtet, denen Verrat und Ketzerei vorgeworfen wird;
- die gezielte Verletzung heiliger Regeln und Tabus, um auf die religiöse Krisensituation aufmerksam zu machen, sowie, eng damit zusammenhängend,
- die Konzentration terroristischer Akte auf bestimmte Orte und Zeiten, das Benutzen bestimmter ritueller Waffen (Dolch) usf.

Für den letzten Gesichtspunkt ist bezeichnend, daß das ehemalige Palästina – heilige Stätte dreier Religionen – bis heute einer der bevorzugten Schauplätze terroristischer Attentate geblieben ist.

Zeitgenössische Manifestationen, insbesondere islamischer Fundamentalismus

Machen wir einen Sprung in die Gegenwart, so läßt sich zunächst feststellen, daß der religiöse Fundamentalismus, der den Hauptnährboden für den zeitgenössischen religiösen Terrorismus bildet, durchweg von einem Hauptmotiv geprägt ist: Ab-

wehr des globalen Modernisierungs- und Säkularisierungs-
trends, Schutz bzw. Rückkehr zu einer ausschließlich auf religiösen Grundlagen beruhenden Gemeinschaftsform.

Im einzelnen gibt es zwei Zielsetzungen, in denen dieses generelle Bestreben seinen Niederschlag findet, und zwei konkrete Haltungen, wie es in die Praxis umgesetzt wird. Etwas
verkürzt könnte man sagen, daß das Ideal einer religiös verklär-
ten Gemeinschaft entweder in die Vergangenheit oder in die
Zukunft projiziert wird. So wird etwa von bestimmten Schulen des Islam die Regierungszeit des Religionsstifters Mohammed selbst und die der ersten vier Kalifen als vorbildlich und
musterhaft hingestellt. Später, vor allem jedoch in neuerer Zeit,
sei man von diesem Modell zunehmend abgewichen. Alle
Bemühungen, so die Annahme, müßten deshalb darauf zielen,
erneut die göttliche Ordnung zu realisieren, die in der Grün-
dungsepoche des Islam ihren unübertrefflichen, ewig gültigen
Ausdruck gefunden habe. Das Gegenstück dazu, eine zukunftsorientierte Heilsutopie, liefern die millenaristischen Lehren,
die im Christen- und Judentum stark verbreitet sind. Sie zeichnen das Bild eines bevorstehenden Tausendjährigen Reiches,
in dem eitel Harmonie herrschen wird. Freilich wird einem
der Zutritt zu diesem Paradies nicht geschenkt, vielmehr ist
zuvor mit einer Epoche verstärkten Leidens und harter Prüfun-
gen zu rechnen. Es kommt zu einer dramatischen Auseinandersetzung zwischen den Kräften des Guten und des Bösen, bei
denen das Gute in Gestalt eines Erlösers den definitiven Sieg
davonträgt. Manchmal werden auch Elemente beider Visio-
nen miteinander vermischt, wie dies in unserem Beispiel der
Fall war.

Der herbeigesehnte Zustand kann passiv abgewartet oder aktiv herbeigeführt werden. In unserem Zusammenhang ist vor
allem die letztgenannte Alternative von Bedeutung, da aus
ihr unmittelbar ein Gewalthandeln entspringen kann. Gleich-
viel wie die Reaktion im einzelnen ausfallen mag, gibt es zwei
inhärente Züge religiöser Überzeugungen, die diesen in jedem Fall gesellschaftliche Relevanz, unter Umständen auch Brisanz, verleihen. Der eine ist ihr umfassender, ganzheitlicher
Charakter. Religiöse Glaubenshaltungen rühren an grundle-

gende Wertorientierungen, sie stehen im Zentrum individuellen und kollektiven Weltverständnisses, beeinflussen die Sinnhaftigkeit einer Existenz. Aus diesem Grunde bilden sie wie kaum ein anderer Bereich die Quelle eines tiefgehenden Engagements und starker Gefühlswallungen. Ihre handlungsmotivierende Bedeutung läßt sich, mit anderen Worten, kaum überschätzen.

Der zweite Zug ist die auffällige Affinität der religiösen zur politischen Sphäre. Auch die Politik greift ja, zumindest in der Moderne (aber auch in der antiken Polis) in sämtliche Lebensbereiche hinein. So ist es denn auch nicht erstaunlich, daß sich Politiker oft religiöser Formeln und Symbole bedienen, um ihrem Diskurs mehr Glaubwürdigkeit zu verleihen. Der Verfasser erinnert sich an den Bericht eines marxistischen Guerillaführers aus der in den 80er Jahren von Bürgerkriegswirren geschüttelten zentralamerikanischen Republik El Salvador, der diesen Zusammenhang deutlich macht. Lange Zeit hatten sich die linksradikalen Rebellen vergeblich bemüht, die Unterstützung der konservativen bäuerlichen Bevölkerung zu gewinnen. Erst als sie an deren Prozessionen teilnahmen, marxistische und kirchliche Embleme und Sprüche miteinander vermengten, gelang es ihnen, die Bauern auf ihre Seite zu ziehen. Religionen teilen weiterhin mit politischen Systemen die Eigenschaft, daß beider Strukturen mit der Zeit brüchig werden können, so daß sie periodischer Erneuerungsschübe und einer Legitimitätsauffrischung bedürfen. Schließlich haben beide, womit sich der argumentative Kreis schließt, eine ähnlich enge Beziehung zur Gewalt.

Versucht man nun, diese allgemeinen Überlegungen auf den Islam, insbesondere dessen jüngste fundamentalistische Spielart, zu übertragen, um einen Zugang zu den von Islamisten verübten extremistischen Gewalttaten zu finden, so fällt zunächst auf, daß hier die angestrebte Einheit von Politik und Religion perfekt ist. Durch die islamische Gesetzesordnung, die »Sharia«, wird der weltliche und sakrale Bereich gleichermaßen abgedeckt. Es gibt insoweit keine getrennten Sphären, der islamische Staat hat stets auch eine die Transzendenz verkörpernde Heilskomponente, der islamische Herrscher trägt gleichzeitig die Verantwortung für die Durchsetzung religiöser Postulate. Das bedeutet, daß aller religiös motivierte Widerstand automatisch zur politischen Auflehnung wird und politischer Protest stets auch eine religiöse Komponente hat.

Es ist in jüngerer Zeit viel über die dem Islam immanente manichäische Tendenz und über den »Dschihad«, den heiligen Krieg, geschrieben worden. Jeder Gläubige sei ihn zu führen verpflichtet, bis der Islam sich als alleinige Weltreligion durchgesetzt habe. Für den religionswissenschaftlichen Laien ist es äußerst schwierig, sich ein zutreffendes Urteil darüber zu bilden, ob der heute teilweise zu beobachtende Radikalismus einen festen Kernbestandteil der islamischen Lehren darstellt oder nur eine einseitige, krisenbedingte Auslegung derselben. Unschwer erkennbar ist indes der Umstand, daß das immer wieder vorgetragene Postulat von der erforderlichen Rückkehr zur mit den Gesetzen des Koran in Einklang lebenden Urgemeinschaft, der »Umma«, keineswegs wörtlich genommen werden darf. Der illusionäre Charakter einer derartigen Forderung ist auch den unnachgiebigsten islamischen Rechtsgelehrten und religiösen Weisen nicht entgangen. Wogegen sie mit Vehemenz zu Felde ziehen, das sind die Werte der westlichen Moderne, wie sie sich seit der Aufklärung herausgebildet haben: der Individualismus und Pluralismus, die religiöse Indifferenz und der Materialismus. Dagegen haben sie keinerlei Einwände gegen die modernen Organisationsmethoden, die Technik oder sogar gewisse Mitspracherechte des Volkes. Wie so oft in vergleichbaren Fällen, stellt ihre Mahnung, zu den Quellen der Tradition zurückzukehren, mehr als alles andere den Versuch dar, das Lehrgebäude des Islam den Anforderungen der Moderne anzupassen.

Vergleicht man den fundamentalistischen Terrorismus der Palästinenserorganisation Hamas oder der derzeit in Algerien miteinander rivalisierenden Untergrundorganisationen *GIA* und *FIS* mit dem, was wir bisher über den sozialrevolutionären und ethnisch-nationalistischen Terrorismus erfahren haben, so fällt eine Reihe von Zügen auf, die ersterem ein unverwechselbares eigenes Profil verleihen. Teils decken sie sich mit den Punkten, die am Ende des historischen Eingangsbeispiels notiert wurden, teils setzen sie zusätzliche, darüber hinausgehende Akzente:

- Zunächst ist die Vielzahl terroristischer Gruppierungen und deren Zersplitterung hervorzuheben, durch die ein Überblick über die terroristische Szene erschwert wird. Neben den obengenannten größeren Organisationen gibt es zahlreiche kleinere und kleinste Verbände, die auf eigene Faust operieren. Zwischen den verschiedenen Organisationen entbrennt teilweise ein regelrechter Wettbewerb hinsichtlich ihrer Kampf-, Einsatz- und Opferbereitschaft.
- Ein weiterer auffälliger Zug ist die Bedeutung, die den geistlichen Führern für die Anordnung oder Billigung terroristischer Anschläge, zumindest bei den Schiiten, zukommt. Fehlt ihre Zustimmung, ist die Gewaltaktion nicht legitim und gerät in den Augen der Öffentlichkeit, die diese Dinge aufmerksam verfolgt, leicht in ein schiefes Licht. Dies gilt jedenfalls, solange Religiosität und religiöse Kontrolle noch ernst genommen werden (was in Algerien offenbar nur noch bedingt der Fall ist).
- Weiterhin ist die außerordentliche Härte erwähnenswert, mit der »Verräter« und Abtrünnige aus den eigenen Reihen bestraft werden. Nun muß man sagen, daß die Bitterkeit und Gnadenlosigkeit, mit der interne Richtungskämpfe ausgetragen werden, ein genereller Zug radikaler Bewegungen und Organisationen ist. Im Fall des militanten Islam wird die Polarisierung aber noch weiter getrieben. Man gewinnt den Eindruck, daß die Sympathiewerbung bei bestimmten Bevölkerungsgruppen, die für andere Formen von Terrorismus bezeichnend ist, dort zum Teil entfällt bzw. durch ein reines Freund-Feind-Denken ersetzt ist. Dies hängt mit der von dem Sadat-Mörder (1981) Faraj geäußerten Überzeugung zusammen, es gelte, zuerst die eigene Glaubensgemeinschaft zu säubern und zu stärken, bevor man sich auf einen Kampf mit externen Gegnern einlasse.
- Wie bereits im Eingangsbeispiel deutlich wurde, kommt im Rahmen des religiösen Terrorismus mancherorts der Verletzung heiliger Zeiten und geweihter Stätten eine besondere

Bedeutung zu. Als Beispiel sei die regelmäßige Steigerung der Mordzahlen in Algerien just während des Fastenmonats Ramadan erwähnt.

– Schließlich ist noch auf die »Selbstmord«-Terroristen im Rahmen der islamistischen Widerstandsbewegungen hinzuweisen, deren Rolle allerdings teilweise (z. B. in Ägypten) nicht unumstritten ist. Wenngleich es sich insoweit keineswegs um ein ausschließliches Spezifikum des religiös inspirierten Terrorismus handelt, ist doch festzustellen, daß religiös motivierte Attentäter vergleichsweise häufiger zur Preisgabe des eigenen Lebens bereit sind als andere Terroristen. Unter einem doppelten Aspekt verdient der Selbstmord-Terrorismus besondere Beachtung. Zum einen ist er an Präzision und Durchschlagskraft das Optimum, was Terroristen erzielen können. Da der Täter keine Gedanken auf das eigene Überleben verschwendet, kann er sich ausschließlich auf das Gelingen des Anschlags konzentrieren. Ihn in seinem Vorgehen hemmen, den angestrebten Vernichtungserfolg verhindern wollen, ist fast aussichtslos. Außerdem erzielt der Mörder, der beim Mord das eigene Leben hingibt, einen unüberbietbaren Publizitätseffekt. Der andere Aspekt ist mehr symbolischer Natur. Bekanntlich winkt dem gläubigen Muslim, der beim Kampf für seinen Glauben umkommt, als Belohnung der unmittelbare Zugang zum Paradies. Damit eröffnet sich eine vierte und letzte Identifikationsvariante, die in der Gewalttat zum Ausdruck kommen kann. Diese wird nicht um einer angeblich ausgebeuteten, an ihrer Befreiung interessierten Drittgruppe willen begangen (sozialrevolutionärer Terrorismus), auch nicht primär wegen der Eigengruppe der Terroristen, deren Fortbestand angeblich (vigilantistischer Terrorismus) oder tatsächlich (ethnischer Minderheitenterrorismus) bedroht ist, sondern im Hinblick auf das höchstpersönliche ewige Heil der Terroristen selbst.

Geschichtliche Hintergründe

Wie erklärt sich die plötzliche Renaissance des islamischen Extremismus, wo liegen seine Wurzeln? Islamische Gruppen, die vor dem Westen warnten und die Rückkehr zur traditionellen moralischen Ordnung, wie sie im Koran vorgezeichnet ist, anmahnten, hatte es schon früher gegeben. Beispiel ist die schon vor dem 2. Weltkrieg gegründete ägyptische Muslim-Bruderschaft mit ihrem Führer Hassan al-Banna (1906–1949), die bereits 1948 eine rund eine Million zählende Anhängerschaft hatte. Warum fand ihre Botschaft erst ab den 80er Jahren einen gewaltsamen Ausdruck? Schlüssige Antworten lassen sich auf diese Fragen wie generell auf die Frage, warum eine terroristische Vereinigung gerade da und dann und ausgerechnet in jener Form entstanden ist, nicht geben. Es lassen sich aber doch einige wirtschaftliche, gesellschaftliche und politische Entwicklungstendenzen nennen, die das Aufkommen einer fundamentalistischen Reaktion im Nahen Osten und dem Ländergürtel südlich des Mittelmeeres deutlich begünstigt haben. Stichwortartig umrissen heißen sie: fehlgeleitete Modernisierung, Staatskrise, neokoloniale Situation.

Solange der wirtschaftliche und gesellschaftliche Modernisierungsprozeß der islamisch regierten Länder noch die Hoffnung auf allgemeinen Wohlstand und den Abbau der sozialen Schranken zwischen den Schichten barg, stieß die Kritik islamischer Gruppen am westlichen Entwicklungsmodell auf geringe Resonanz. Erst Ende der 70er Jahre, Anfang der 80er Jahre brach der Fortschrittsmythos zusammen, wozu die revolutionäre Machtübernahme im Iran durch Ayatollah Khomeini das Ihre beitrug. Sowohl der damit verbundene Prestigegewinn für die Fundamentalisten als auch die alsbald einsetzende Förderung und Entsendung terroristischer Kommandos durch das Regime gaben der Bewegung zusätzlichen Auftrieb. Andere Faktoren wirkten in dieselbe Richtung. Es wurde zusehends deutlich, daß der beschleunigte gesellschaftliche Wandel eine Reihe von Problemen geschaffen hatte, ohne die dafür erforderlichen Lösungen bereitzustellen. Die Bevölkerung war explosionsartig gewachsen und bestand inzwischen zu mehr als

der Hälfte aus Jugendlichen. Die Infrastruktur war jedoch nicht
entsprechend ausgebaut worden und reichte nicht mehr hin,
um eine so große Menschenmasse zu versorgen. Der Verstädte-
rungsprozeß hatte zugenommen, die Menschen drängten aus
dem Hinterland in die Metropolen, sie fanden dort aber nur in
rasch wachsenden Elendsvierteln ein Unterkommen, weil der
verfügbare Wohnraum nicht ausreichte. Immer mehr junge
Leute besuchten die höheren Schulen, dann teilweise die Universität, um anschließend arbeitslos zu sein, weil sie keine angemessene Beschäftigung fanden. Die Industrialisierung kam nur
zögerlich voran, die Wirtschaft blieb eng mit dem Staatsapparat
verknüpft, der zugleich der wichtigste Arbeitgeber war. Wer
nicht das Glück oder die Beziehungen hatte, dort eine Position
zu ergattern, mußte entweder zur temporären Job-Suche in
eines der reichen Erdöl-Förderländer aufbrechen oder im ex-
pandierenden informellen Sektor ein dürftiges Auskommen
suchen.

Die sozialen Mißstände wurden in den an eine paternalistische politische Führung gewöhnten islamischen Ländern vor
allem dem Staat angelastet. In der Tat: Von den beiden zentralen Postulaten der islamischen Staatslehre, autoritär und fürsorglich zugleich gegenüber der Bevölkerung zu sein, hatten
sich die politischen Eliten angewöhnt, nur das Erstgenannte
zu beherzigen. Der von ihnen eingeschlagene Modernisierungskurs war eine Modernisierung unter repressivem Vorzeichen. Eifersüchtig wachten sie über ihre Machtprivilegien und
verstanden es, spontan entstandene gesellschaftliche Basisbewe-
gungen, vor allem wenn sie religiös begründete Forderungen
erhoben, bereits im Keim zu ersticken. Formal bekannten sie
sich zwar zum Islam; doch hinderte sie dies nicht daran, dessen
Regeln ständig zu mißachten. Die Staatsbürokratie dieser Länder ist bekannt für ihre notorische Neigung zu Vetternwirt-
schaft und Korruption. Wenngleich sie laut gegen den westlichen Lebensstil polemisiert, verzichtet sie doch privat auf
nichts, was der Westen an interessanten Konsumgütern zu bieten hat, vom neuesten BMW bis zur Videoanlage.

Diese uneingestandene oder auch offene Abhängigkeit vom
Westen, oben als neokoloniale Situation bezeichnet, ist ein

dritter, das Aufkommen einer fundamentalistischen Gegenströmung begünstigender Faktor. Wir haben bereits darauf aufmerksam gemacht, daß unter allen Bedingungen, die aufständischem Terrorismus den Boden bereiten, die glaubwürdige
Anklage, fremder Herrschaft oder fremden Einflüssen ausgesetzt zu sein, die gewichtigste ist. Glaubwürdig ist sie natürlich
vor allem dann, wenn ein Gebiet effektiv von einem anderen
Volk oder einer externen Macht besetzt ist, wie dies beim israelischen Staat aus der Sicht der palästinensischen Minderheit der
Fall ist. Ähnliches gilt für den Libanon zur Zeit der israelischen
Invasion. Es ist kein Zufall, daß die auf libanesischem Territorium operierende, vom Iran unterstützte schiitische Terroristenorganisation *Hizbullah* gerade in jenem Zeitraum einen außerordentlichen Aufschwung nahm. Doch der Vorwurf einseitiger
Abhängigkeit von einem anderen Staat, vor allem von den aus islamistischer Sicht schlechterdings das Böse verkörpernden USA,
läßt sich in subtiler Form auch gegenüber formal souveränen
Staaten erheben. Beispielsweise wurde der Schah-Regierung
im Iran neben den durch einen forcierten Modernisierungskurs
hervorgerufenen sozialen Verwerfungen zum Verhängnis, daß
man sie als einen Satelliten der US-Regierung hinstellen
konnte. Ähnlich erweist es sich für die FLN-Regierung in
Algerien zunehmend als Hypothek, daß sie ungeachtet des
erfolgreichen Befreiungskampfes gegen Frankreich lange Zeit
gewisse Struktur- und Stilmuster der französischen Kolonialverwaltung (z. B. die Sprache) beibehalten hatte.

Algerien liefert ein gutes Fallbeispiel für die bisher sehr allgemein beschriebenen Entwicklungen, die bei der Entstehung
und Ausbreitung des islamischen Fundamentalismus Pate standen. Das algerische FLN-Regime, nach dem Muster der ehemaligen Ostblockländer als Einparteienregime konzipiert,
konnte lange Zeit von dem Widerstands- und Erfolgsmythos
zehren, den ihm der in den 50er Jahren siegreich gegen Frankreich geführte nationale Unabhängigkeitskrieg verschafft hatte.
Die aus Parteikadern und Militärs bestehende politische Führungsspitze nutzte ihre unangefochtene Legitimation, um unter
Mißachtung regionaler und ethnischer Partikularismen einen
zentralistischen Einheitsstaat zu errichten. Die in der Verfas-

sung verankerte Anerkennung des Islam als Staatsreligion blieb weitgehend Lippenbekenntnis. Tatsächlich trieb die FLN-Führung den ohnedies sich bereits abzeichnenden Säkularisierungsprozeß weiter zielstrebig voran. Auch Algerien war Schauplatz intensiver Land-Stadt-Wanderungen, auch dort wurden tribale und regionale Bindungen zerstört, ohne daß neue soziale Netzwerke an deren Stelle traten. Der einzige Wirtschaftszweig, der einen nennenswerten Aufschwung nahm, war der exportorientierte Erdölsektor. Die herrschende Machtelite schöpfte die daraus sich ergebenden Einnahmen ab, ohne die breitere Bevölkerung zu berücksichtigen. Wer unzufrieden war und genug Initiative besaß, wanderte nach Frankreich ab, wo im Laufe der Jahrzehnte ganze Großstadtviertel mit überwiegend algerischer Bevölkerung entstanden.

Widerstand gegen seine Politik duldete der FLN-Staat nicht. Wer politisch opponierte, wurde unterdrückt oder stillschweigend beseitigt. Es gab bereits ein »von oben« geschaffenes, letztlich noch aus den Unabhängigkeitskämpfen herrührendes Klima der Gewalt, bevor sich erster Widerstand »von unten« regte. Dieser äußerte sich anfangs in friedlicher Form. Hauptkristallisationspunkt waren die Moscheen, die sich, ähnlich wie die katholischen Kultstätten während der sozialistischen Diktatur in Polen, zu Nischen der Geistesfreiheit, auch zu Zufluchtsorten für die sozial Schwachen entwickelten. Allmählich formierte sich dann die islamistische Widerstandsbewegung. Ihr Motto war, daß man die Unabhängigkeit vollenden, d. h. der formellen politischen Souveränität die kulturell-religiöse Emanzipation vom französischen Einfluß folgen lassen müsse. Sie trat durch Streiks hervor, durch Großdemonstrationen, und nahm schließlich auch an Wahlen teil. Doch welche Artikulations- und Aktionsform sie auch wählte, die Regierung verweigerte jeden Dialog und jegliche Öffnung. Das letzte Stadium dieses Prozesses war ein militärischer Staatsstreich, der zur Annullierung der Wahlen von 1992 führte, aus denen der islamistische FIS wahrscheinlich als Sieger hervorgegangen wäre. Anschließend gingen die Islamisten in den Untergrund.

Dort wird ein Kampf geführt, der nach Schätzungen in rund

fünf Jahren 60 000–100 000 Opfer gefordert hat. Zunächst als religiös begründeter Terrorismus begonnen, hat der Konflikt inzwischen Dimensionen eines latenten, von Regierungsseite nicht weniger als durch die Aufständischen geschürten Bürgerkrieges angenommen. Er weist starke anomische Züge auf und ist offenbar kaum mehr kontrollierbar: Niemand kann seines Lebens mehr sicher sein, politischer Mord und bloße Bereicherungskriminalität gehen fließend ineinander über, Frauen werden geschändet und gedemütigt, die Berufung auf den Islam ist zur bloßen Wortformel geworden, statt geistlicher Führer haben Warlords das Sagen. Der Fall Algerien macht auf erschreckende Weise die immanente Gefahr eines unter religiösen Vorzeichen begonnenen Konfliktes deutlich, zum anomischen Massenmord ohne Restriktionen zu entarten.

Die Terroristen und ihr sozialer Rückhalt

Wer sind die Terroristen, wie stießen sie zu der Gewaltorganisation, wie stehen sie zur breiten Bevölkerung bzw. die Bevölkerung zu ihnen? Auf diese Fragen lassen sich schwer allgemein gültige Antworten geben, zu breit ist der Kranz von Ländern mit fundamentalistischen islamischen Bewegungen, zu unterschiedlich ihre Situation. Jedenfalls wäre es ein Irrtum zu glauben, daß sich nur Angehörige ärmerer Schichten den terroristischen Organisationen anschließen. Eine der schockierendsten Meldungen im Zusammenhang mit dem terroristischen Anschlag auf Touristen in Luxor (Ägypten) im November 1997, bei dem 21 Menschen umkamen und 75 verletzt wurden, war, daß die Täter fast durchweg Abitur hatten. Auch von der palästinensischen Hamas weiß man, daß ihre Führungskader großenteils wohlsituierte Akademiker sind: Ärzte, Lehrer, Ingenieure, Chemiker. Angesichts der schwierigen Arbeitsmarktlage in diesen Ländern kann es für junge Leute mit Hochschulabschluß lohnender sein, sich einer Rebellenorganisation anzuschließen, die ja auch gewisse Karrierechancen eröffnet, als sich um eine reguläre Stelle zu bemühen.

Der andere große Sektor, aus dem die Terroristen ihre Mitglieder rekrutieren, sind die städtischen Slums. In einem Bericht über Algerien heißt es, die GIA, die wichtigste bewaffnete Gruppe, gewinne ihre Aktivisten vor allem aus den Reihen der Arbeitslosen, der Straßenhändler und Gelegenheitsarbeiter. Da die Terroristen in Algerien mittlerweile allgemein gefürchtet sind, müssen die Rekrutierer der GIA »Tricks« anwenden, um jemanden in die Organisation hineinzuschleusen, etwa indem sie ihn zunächst mit sozialer Unterstützung ködern oder zur Kleinkriminalität verführen und dann erpressen. Doch dürfte diese Art der Korrumpierung als Anwerbemethode insgesamt eher die Ausnahme darstellen. Nach allem, was man weiß, schließen sich im Nahen Osten, vor allem in den Palästinenserzonen in Israel, junge Leute überwiegend freiwillig, aus politischen oder religiösen Motiven, den Gewaltverbänden an.

Der Rekrutierungsprozeß erfolgt im Regelfall nicht in Form eines einmaligen Entschlusses, sondern erstreckt sich über mehrere Etappen hin. In einigen Fällen geben künftige Terroristen schon als Kind ihrem Unmut über das Besatzerregime Ausdruck, indem sie israelische Sicherheitsfahrzeuge mit Steinen bewerfen. Weitere wichtige Stadien können sein: die Teilnahme an Auseinandersetzungen mit israelischen Siedlern oder Soldaten; militantes Vorgehen gegen Palästinenser, die der Kollaboration mit israelischen Behörden verdächtig sind, bis hin zu deren Ermordung; Auslandsaufenthalte zwecks Schulung und Knüpfung von Kontakten im Sudan, in Syrien, in Jordanien und im Libanon; die Bildung einer Zelle von Selbstmord-Attentätern und deren Anleitung. Zwischen diesen Aktivitäten liegen häufig Inhaftierungen durch die israelischen oder palästinensischen Behörden, die den angehenden Terroristen aber nicht abschrecken, sondern eher noch darin bestärken, auf dem eingeschlagenen Gewaltweg fortzufahren.

Die Selbstmord-Attentäter haben wiederum ein eigenes Sozialprofil, wie wir aus den wenigen Studien, die es über sie gibt, wissen. Offiziell sind es keine Selbstmörder, da Suizid nach dem Koran verboten ist, sondern zur Hingabe ihres Lebens bereite »Kämpfer«. Meist handelt es sich um sehr junge Leute; sie können unter Umständen erst 15 bis 17 Jahre alt sein, die meisten sind um die 20. Das ist kein Zufall, sondern damit soll gewährleistet sein, daß ihr Tod keine unausfüllbare soziale Lücke hinterläßt: In dieser Altersstufe ist der Jugendliche überwiegend alleinstehend; er hat sich von seiner Herkunftsfamilie gelöst, ohne bereits eine eigene Familie gegründet zu haben. Auch Selbstmordattentäter haben in der Regel bereits andere Formen von Engagement für die Sache des Islamismus hinter sich. Besonders fällt jedoch auf, daß sie großenteils ein religiöses Studium absolviert haben. Offensichtlich zählen Religionsschüler und -studenten, denen häufig Stipendien oder sonstige Unterstützung von seiten der terroristischen Organisation zuteil wurden, zu den bevorzugten Zielgruppen islamischer Werber. Meistens findet sich auch in der engeren Verwandtschaft oder unter den Bekannten des Attentäters jemand, der durch die israelischen Sicherheitskräfte zu Schaden kam, verletzt oder getötet wurde. Vor dem Selbstmordanschlag pflegt der Attentäter die Familie oder das engere soziale Umfeld, in dem er üblicherweise lebte, zu verlassen und unterzutauchen, so als gelte es, alle sozialen Bindungen zu kappen, bevor er aus dem Leben scheidet.

Zur Reaktion der Bevölkerung auf die terroristischen Anschläge läßt sich schwer etwas Allgemeines sagen. Nach Schätzungen genießen die fundamentalistischen Strömungen in islamischen Ländern die Unterstützung und Sympathie von rund 10–15 % der Bevölkerung. Hinter dieser Durchschnittszahl verbergen sich aber durchaus unterschiedliche Situationen. Die Lage der diskriminierten Palästinenser in Israel läßt sich nicht ohne weiteres mit jener in Ägypten oder Algerien vergleichen, wo der Islam Staatsreligion ist. So wurden die Terroristen, die in Luxor ahnungslose Touristen überfielen und ein Blutbad unter ihnen anrichteten, nicht von der ägyptischen Polizei, sondern von Teilen der lokalen Bevölkerung verfolgt und gefangengenommen bzw. umgebracht. Auch in Algerien dürften die fundamentalistischen Gewaltgruppen aufgrund ihrer brutalen Massaker inzwischen viel von der Sympathie, die ihnen ursprünglich entgegengebracht wurde, eingebüßt haben. Andererseits ist aus der Zeit des Bürgerkriegs im Libanon bekannt, daß die schiitische Bevölkerung die Aktivitäten ihrer Milizen,

vor allem die Selbstmord-Attentate, mit großem Interesse und
Anteilnahme verfolgte. Ähnliches gilt gegenwärtig für den Un-
tergrundkampf der Hamas in Israel. Selbstmordattentäter genießen bei den Palästinensern höchstes Ansehen, und das Streben nach Imitation der verehrten Idole ist bei jungen Leuten
ein starkes Motiv für den eigenen Märtyrertod geworden. Eine
jugendliche Palästinenser-Rockgruppe besingt die jeweils jüngsten heroischen Selbstopferungen, und bereits die kleinen Kinder sammeln Bilder der Selbstmordattentäter. Diese sind die
Helden der unterdrückten Nation, sie gleichen Popstars oder
Fußballspielern in anderen Ländern. Offenbar hängt die Haltung der breiten Bevölkerung gegenüber den Terroristen stark
von der jeweiligen konkreten politischen und gesellschaftlichen
Konstellation ab, die sich relativ rasch verändern kann.

Zukünftige Entwicklungen

Versuchen wir abschließend, mit aller gebotenen Vorsicht, eine
Prognose für die künftig zu erwartende Entwicklung des religiösen Terrorismus abzugeben, so sehen wir uns mit unterschiedlichen Einschätzungen konfrontiert. Manche Experten,
an ihrer Spitze Bruce Hoffman von der schottischen Rand
Corporation, sehen die Zukunft in einem düsteren Licht. Unter Verweis auf den überproportionalen Blutzoll, den religiös
motivierte Anschläge bereits in den vergangenen 15 Jahren gefordert hätten, halten sie eine weitere Steigerung der auf das
Konto religiöser Fundamentalisten gehenden Mordzahlen bis
hin zum Genozid nicht für ausgeschlossen. Die wesentlichen
Argumente, die sie für das alle anderen Terrorismusformen in
den Schatten stellende Zerstörungspotential des religiösen Terrorismus ins Feld führen, sind:

- Töten, auch im großen Maßstab, ist für den von seiner religiösen Mission überzeugten Fundamentalisten eine heilige
  Pflicht, der er sich nicht entziehen und bei deren Erfüllung
  er sich an keinerlei Restriktionen binden darf.
- Es gibt keine Bezugsgruppe, keine formelle oder informelle

Öffentlichkeit für den religiösen Attentäter, die ihn zur Zurückhaltung zwingen würde. Im Unterschied zum sozial-revolutionären, zum ethnisch-nationalistischen, sogar zum vigilantistischen Terroristen, die darauf bedacht sein müssen, es sich nicht mit ihren anvisierten Unterstützern und Sympathisanten zu verscherzen, muß, ja darf der religiöse Terrorist keinerlei Rücksichtnahme walten lassen.

– Dies hängt wiederum damit zusammen, daß er im Grunde bereits außerhalb dieser Welt steht. Sein Bezugspunkt ist das Jenseits, nicht das Diesseits. Deshalb kann er mit aller Radikalität gegen die aus seiner Sicht untragbaren irdischen Mißstände vorgehen.

Letztlich läuft das Argument darauf hinaus, daß Gewalt im Falle der religiösen Terroristen nicht Mittel für einen irdischen Zweck, sondern Selbstzweck sei und auf ein Leben nach dem Tod ziele. Deshalb sei nicht auszuschließen, daß religiöse Fundamentalisten künftig auch zu Massenvernichtungsmitteln greifen würden, wenn sie für sie erreichbar sind. Die herannahende Jahrtausendwende könnte, so auch Walter Laqueur, millenaristischen Heilsvisionen zusätzliche Nahrung geben, die die beschleunigte Ankunft eines Messias und den Anbruch des Tausendjährigen Reiches von der gezielten Herbeiführung von Katastrophen abhängig machen.

Nun dürfte es prinzipiell äußerst schwierig sein, sich als Sozialwissenschaftler in die Ideenwelt, die Hoffnungs- und Verzweiflungsgefühle überzeugter religiöser Fundamentalisten hineinzuversetzen, zumal wenn sie einem anderen konfessionellen Milieu als dem eigenen angehören. Gleichwohl sollen abschließend noch einige Einwände gegen diesen Argumentationsstrang vorgebracht werden, welche die Problematik zwar nicht prinzipiell entschärfen, aber doch geeignet sein könnten, sie in einem realistischeren Licht zu sehen.

Zunächst ist es nicht richtig, daß religiöse Attentäter sozusagen unabhängig von jeder öffentlichen Resonanz operieren. *Al Jihad*, die ägyptische Gruppe, die 1981 den Präsidenten Sadat ermordete, wollte dies als Warnung an alle politischen Mandatsträger verstanden wissen, ihrer Verantwortung künftig gerecht zu werden. Auch die Selbstmordattentäter, die ja nicht nur den eigenen Willen ausführen, sondern von einer bestimmten Organisation angeleitet und eingesetzt werden, sind u. a. auch als ein Fanal gedacht, das andere Gruppen zu dem gleichen Opferritual anstacheln soll. Gewiß stimmt es, daß die Zielvorstellungen religiöser Terroristen das bei weltlichen Terroristen übliche Mittel-Zweck-Schema sprengen. Doch bedeutet das nicht automatisch, daß religiöser Terrorismus damit jeder Berechenbarkeit entzogen wäre. In einem gewissen Sinn ist er sogar berechenbarer als der weltliche, da der Ablauf von Anschlägen an bestimmte Regeln gebunden ist; er kann nicht, in Abhängigkeit vom jeweiligen Zweck, beliebig variieren. Es wurde bereits auf die Schlüsselrolle der geistlichen Führer beim schiitischen Fundamentalismus hingewiesen. Solange deren Autorität noch etwas gilt, kann daraus nicht nur eine Ermunterung zu terroristischen Anschlägen, sondern auch deren Einschränkung erwachsen. Beispielsweise ist von den Geiselnahmen im Libanon der 80er Jahre bekannt, daß sie nicht die Billigung der religiösen Autoritäten fanden, weil sie Unschuldige trafen; daraufhin ging ihre Zahl deutlich zurück. Nach dem erfolgreichen Anschlag auf Sadat zeigten die Täter ebenfalls große Reue darüber, daß dabei Unschuldige mit in den Tod gerissen worden waren. Schließlich ist in diesem Zusammenhang noch einmal die innere Zerrissenheit und Zersplitterung der fundamentalistischen Gruppen, insbesondere des Islam, zu erwähnen. Mag deren religiöser Eifer auch nicht zu unterschätzen sein, so richtet er sich doch vor allem gegen die eigene Glaubensgemeinschaft, die von Abtrünnigen und Verrätern gesäubert werden und eine Renaissance erfahren soll. Die restliche Welt, selbst wenn sie für verdorben gehalten wird, kommt nicht in gleichem Maße ins Blickfeld und ist folglich auch seltener Angriffsobjekt terroristischer Reinigungsaktionen.

Insgesamt kann man keineswegs von einer Zweckfreiheit fundamentalistischer terroristischer Bewegungen ausgehen. Diese erfüllen vielmehr eine bestimmte Funktion, die ihnen zugleich ihre spezifische Aggressivität verleiht: Rückgriff auf und Schutz der religiösen Tradition angesichts eines fehlgeleiteten und in die Krise geratenen Modernisierungsprozesses.

Ob sie diese Aggressivität beibehalten, falls es den Fundamentalisten gelingen sollte, sich aus ihrer politischen Defensivposition zu befreien und die Macht zu übernehmen, ist eine offene, im Hinblick auf die Entwicklung des Ayatollah-Regimes im Iran mit einer gewissen Skepsis zu beantwortende Frage.

7.
Protestbewegung und Terrorismus

Eine oft zitierte Behauptung des Terrorismusforschers Walter Laqueur lautet, terroristische Kleingruppen könnten überall auftreten, sie sagten nichts über die jeweilige Sozialstruktur aus. Deshalb sei es sinnlos, sie mit den Methoden der Massenpsychologie oder Soziologie untersuchen zu wollen. Diese Ansicht scheint uns in doppelter Hinsicht angreifbar zu sein. Zum einen sagen numerische Minderheiten, mögen sie auch prozentual einen noch so geringen Anteil an der Gesamtbevölkerung ausmachen, sehr wohl etwas über diese aus: Ob in einem Land die eine oder andere Form der Kriminalität überwiegt (z. B. Raub gegenüber bloßem Diebstahl), ob die Menschen zum Selbstmord neigen oder eher andere umbringen, welche Drogen sie vorziehen, welche Sekten verbreitet sind und eben auch: ob es im Untergrund operierende Gewaltorganisationen gibt und welche politischen oder religiösen Ziele sie verfolgen, all diese Variationen »abweichenden« Verhaltens weisen durchaus einen gewissen, freilich nicht immer leicht entschlüsselbaren Bezug zur jeweiligen Gesamtgesellschaft auf.

Laqueur hat mit seiner These aber auch in einem zweiten, noch deutlicher auf der Hand liegenden Sinn Unrecht: Terroristische Gruppen treten in aller Regel nicht isoliert auf, sondern im Kontext breiterer Protestbewegungen, von denen sich nicht mehr behaupten läßt, sie seien isolierte, gewissermaßen zufallsbedingte sozio-politische Phänomene. Um diesen Zusammenhang zwischen Massenprotest und Terrorismus geht es in diesem Kapitel. Zunächst werden die gegenseitigen Affinitäten von Terrorismus und breiteren Protestbewegungen herausgearbeitet und ihre möglichen genetischen Beziehungen zueinander aufgezeigt. In einem zweiten Abschnitt wird der Frage nachgegangen, ob liberal-rechtsstaatliche Demokratien westlichen Zuschnitts, die soziopolitische Protestbewegungen in großzügiger Weise dulden, damit indirekt auch der Entstehung terroristischer Gruppen Vorschub leisten. Drittens wird am Beispiel Deutschlands und Italiens konkret zu verfolgen sein, wie und wann aus kollektivem Protest Terrorismus hervorgeht.

Terrorismus und politischer Protest

Ein nur flüchtiger Blick auf terroristische Kampagnen genügt, um auf ihren engen zeitlichen Zusammenhang mit breit angelegten politischen Protestbewegungen aufmerksam zu werden. Man denke etwa an die Verbindung zwischen der civil rights Bewegung in den USA der 60er Jahre und dem anschließenden Auftreten der militanten Organisation *The Weathermen*, oder an die Studentenbewegungen in Deutschland und Italien, die das Vorspiel zum Terrorismus in beiden Ländern bildeten. Auch im Franco-Spanien kam es aufgrund der Verhaftung und Verurteilung von ETA-Mitgliedern wiederholt zu massiven Protestaktionen, z. B. zu Generalstreiks. Desgleichen haben die meisten palästinensischen Gewaltorganisationen, allen voran die Hamas, ihren Ursprung in der Intifada, jener Masseneruption des palästinensischen Widerstandsgeistes in der zweiten Hälfte der 80er Jahre, die schlagartig die Benachteiligung dieser ethnisch-religiösen Minderheit auf israelischem Boden ins öffentliche Bewußtsein hob. Selbst terroristische Organisationen, die sich mittlerweile weitgehend verselbständigt haben, gehen häufig auf einen ursprünglichen Massenprotest zurück. So bildeten den Ausgangspunkt für die Renaissance der nordirischen IRA die Protestmärsche katholischer Bürgerrechtler im Jahr 1969, die von der damaligen nordirischen Regierung die konsequente Beseitigung sämtlicher Diskriminierungsschranken für ihre Konfessionsgruppe einforderten. Erst als die Protestanten die Demonstrierenden gewaltsam zu stoppen suchten und anschließend in Belfast ganze Häuserzeilen angriffen, in Brand setzten und die katholischen Bewohner daraus vertrieben, entstand die sogenannte provisional IRA erneut als eine Art lokale Selbstverteidigungsorganisation.

Die Verknüpfung von Terrorismus und Massenprotest mag zunächst überraschen, scheint es sich doch bei oberflächlichem Hinsehen um grundverschiedene Artikulationsformen von politischer Unzufriedenheit zu handeln. Protestbewegungen operieren sichtbar und offen, gerade darin liegt zugleich ihre Hauptstärke: Durch die Mobilisierung einer möglichst großen Zahl Unzufriedener soll der Öffentlichkeit und vor allem den Regierenden deutlich gemacht werden, daß bestimmte Miß-stände auf breite Kritik stoßen und dringend einer Korrektur be-dürfen. Dabei schadet ein gewisses Maß an Desorganisiertheit den Protestierenden nicht, unterstreicht es doch die Sponta-neität ihrer Unmutsgefühle und beweist, daß sie von nieman-dem abgerichtet oder manipuliert wurden. Demgegenüber be-stehen wesentliche Hauptmerkmale terroristischer Gruppen darin, daß es sich um kleine, gut organisierte Verbände handelt, die nicht offen, sondern im Geheimen operieren und dabei äußerst planmäßig vorgehen. Ein größerer Kontrast erscheint auf Anhieb kaum denkbar.

Er relativiert sich allerdings, wenn man an folgende weitere Merkmale denkt, die beide Strategien teilen:

- In beiden Fällen wird der politische Status quo in Frage ge-stellt, werden mehr oder weniger grundlegende Verände-rungen verlangt.
- Sowohl terroristische Gruppen als auch Protestbewegungen agieren auf irreguläre, außerinstitutionelle Art und Weise. Unterschriftenaktionen, Sitzstreiks, Schweigemärsche, Plakat-aktionen – all diese Protestformen teilen untereinander und mit dem Terrorismus den Zug, daß sie durch »unkonventio-nelle« Methoden auf Mißstände aufmerksam machen wol-len.
- Protestierende bewegen sich, auch insoweit den Terroristen vergleichbar, oft am Rande oder gar knapp außerhalb der Legalität. »Begrenzte Regelverletzung« oder »ziviler Unge-horsam« nannte man in Deutschland dieses Spiel mit den all-gemein verbindlichen Regeln und Gesetzen. Es ist ein Spiel,

das zum festen methodischen Arsenal sämtlicher Protestbewegungen gehört.

– Der Sinn dieser halb ernsthaften, halb spielerischen Infragestellung der allgemein akzeptierten Konventionen und Gesetze liegt in der gezielten Provokation der Herrschafts- und Entscheidungsträger. Auch hier erkennt man, wenngleich auf einem ungleich harmloseren Niveau, unschwer die Grundintention von Terrorismus wieder. Die Regelverletzungen sind in beiden Fällen als Botschaft gedacht. Sie sollen, Appell und Drohung in einem, den Machteliten signalisieren, daß sie gut beraten sind, Zugeständnisse zu machen, um ein weiteres Ausufern der Aktionen zu verhindern.

– In der auch bei Protestkampagnen stets latent vorhandenen, sich plötzlich, meist aufgrund einer Konfrontation mit den Sicherheitskräften, Luft machenden Gewaltbereitschaft liegt die letzte und handgreiflichste Parallele zum Terrorismus.

Nun darf das Demonstrations- und Protestrecht, ein klassisches, unverzichtbares Grund- und Bürgerrecht in allen westlichen Demokratien, nicht auf eine Stufe mit den Furcht und Leiden erzeugenden Praktiken des Terrorismus gestellt werden. Gleichwohl ist nicht zu übersehen, daß in struktureller Hinsicht die Kluft zwischen beiden Formen der Infragestellung bestehender Machtverhältnisse oder einer bestimmten Politik geringer ist, als oft angenommen wird. Welche Vorgehensweise jeweils gewählt wird, hängt oft weniger von der moralischen Integrität und Gesetzestreue der politischen Rebellen ab, als von deren verfügbaren Machtressourcen und Handlungsmöglichkeiten, den bereits erwähnten *opportunity structures*. Generell gilt, daß ein von breiten Bevölkerungsgruppen getragener Protest das eindeutig effektivere Mittel ist, um politische Ziele zu verfolgen als terroristische Agitation. Doch nicht immer findet das Anliegen politischer Oppositionsgruppen die erwünschte öffentliche Resonanz oder ist es möglich, Protestdemonstrationen durchzuführen.

Hinsichtlich der zeitlichen Sequenz von Massenprotest und Terrorismus gibt es prinzipiell drei Kombinationsmöglichkeiten: Terroristische Anschläge leiten entweder eine breitere Pro-

testkampagne ein, oder beide Formen laufen parallel nebeneinander her, oder aber terroristische Akte bilden den Abschluß
des Massenprotestes. Für alle drei Möglichkeiten lassen sich
empirische Beispiele anführen.

Terroristischen Aktionen als Auftakt zu einer breiteren Protestbewegung begegnet man vor allem dort, wo sich aufgrund
der politischen Machtverhältnisse keine oppositionellen Kräfte
entfalten können, d. h. unter Diktaturen oder diktaturähn-
lichen Regimen. Wie Laqueur zu recht feststellt, kennen totalitäre Diktaturen das Problem von Terrorismus nicht. Die Kontrolle und Dynamik, die von ihnen ausgeht, läßt die Bildung
unabhängiger Widerstandsgruppen nicht zu. Anders verhält es
sich jedoch bei autoritären Diktaturen. Reicht die von ihnen
ausgeübte Zwangsmacht auch einerseits aus, um Massenmobi-
lisierungen nicht aufkommen zu lassen, so können sie doch andererseits nicht verhindern, daß sich oppositionelle Zellen im
Untergrund bilden. Der algerische FLN, der in den 50er Jahren
die paternalistische Kolonialherrschaft Frankreichs in Frage
stellte, bietet sich ebenso als Beispiel an wie die baskische ETA.
Beide Widerstandsorganisationen bildeten die terroristische
Speerspitze eines Aufstandes, der trotz härtester Unterdrük-
kungsmaßnahmen immer breitere Bevölkerungsschichten erfaßte und schließlich in einen generalisierten Protest mündete. Beide Beispiele machen freilich auch die Grenzen dieses
Modells von Gegenwehr und allgemeiner Erhebung deutlich:
Damit das Vorbild der risikofreudigen terroristischen Avantgarde auf positive Resonanz stößt und Nachahmer findet, bedarf
es einer größeren, relativ homogenen Bevölkerungsgruppe, die
sich mit den Gewaltaktivisten identifiziert. Diese Konstellation
liegt nur manchmal vor, man begegnet ihr vor allem unter den
Bedingungen kolonialer Herrschaft oder bei religiösen, ethnischen und sprachlichen Minderheiten.

Es ist auch denkbar, daß terroristische Überfälle und Massenprotest zum gleichen Zeitpunkt einsetzen, so, als sei plötzlich ein Augenblick erreicht, in dem die Geduld aller Gruppen
mit einem Regime erschöpft und jeder denkbare Angriff gegen
die Herrschenden gestattet ist. Als ein Beispiel für diese Konstellation läßt sich die Militärregierung Onganías in Argenti-

nien um 1969/1970 anführen, als nach einer rund dreijährigen unangefochtenen Herrschaft des Generals mit einem Schlag mehrere Guerillaorganisationen auf den Plan traten, während gleichzeitig in einigen Großstädten Aufstände ausbrachen, die zeitweise bürgerkriegsähnliche Zustände heraufbeschworen. Einer ähnlichen Situation begegnen wir rund zehn Jahre später in Peru, wo genau zu dem Zeitpunkt, als mit der Wiedereinführung der Demokratie Protest wieder möglich war und praktiziert wurde, die maoistische Organisation Leuchtender Pfad ihre ersten terroristischen Anschläge verübte. In beiden Ländern brach sich nach Jahren erzwungener Ruhe und politischer Gefügigkeit der angestaute kollektive Unmut jäh Bahn, um in seinen teils friedfertigen, teils gewaltsamen Manifestationen die Gesellschaft zu überschwemmen. Und in beiden Fällen war die Autorität des Militärs so verschlissen, daß es sich außerstande sah, der Welle des vielgestaltigen politischen Veränderungswillens effektiven Widerstand entgegenzusetzen.

Es bleibt die dritte mögliche Variante, daß terroristische Gruppen aus einer breit angelegten sozio-politischen Protestbewegung gewissermaßen als »Ausfallprodukt« (Friedhelm Neidhardt) hervorgehen. Diese Variante ist in der westlichen demokratischen Staatenwelt besonders verbreitet, was sich aus einem relativ einfachen sozialpsychologischen Verhaltensschema erklären läßt: Massenproteste wecken in den involvierten Gruppen die Hoffnung auf eine Veränderung der bestehenden, als mißlich empfundenen Situation. Doch Protestbewegungen haben in der Regel nur eine sehr begrenzte Lebensdauer. Scheitert der Protest, bricht er in sich zusammen oder flaut er erkennbar ab, so werden die Aktivisten vor erhebliche persönliche Probleme gestellt. Sollen sie klein beigeben oder versuchen, ihrem politischen Anliegen, in welcher Form auch immer, treu zu bleiben? Eine der möglichen Lösungen angesichts dieses Dilemmas besteht darin, in den Untergrund zu gehen, um den Kampf mit scheinbar effizienteren Mitteln, eben spektakulären Gewaltanschlägen, fortzuführen.

An Beispielen, in denen sich dieses wiederkehrende Grundmuster spiegelt, mangelt es nicht. Zuweilen entwickelte sich Terrorismus auch als Reaktion auf einen zuversichtlich erwarteten allgemeinen Aufstand, der jedoch nicht stattfinden wollte. So wird die Zunahme terroristischer Aktionen ab 1860 damit erklärt, daß etwa ab diesem Zeitpunkt immer deutlicher zu erkennen war, wie wenig die europäische Arbeiterschaft zu einer ernsthaften Infragestellung der bestehenden politischen Machtverhältnisse imstande und bereit war. Ähnlich sagt man den russischen Anarchisten des 19. Jahrhunderts nach, sich umso energischer auf terroristische Methoden zur Beseitigung des Zarenregimes verlegt zu haben, je klarer sich herausstellte, daß Rußlands Bauern keineswegs an eine Massenerhebung dachten. Ein Sprung in die späten 60er Jahre dieses Jahrhunderts verweist uns für Nord- und Südamerika auf dasselbe Erklärungsmuster. Daß die Radikalisierung des nordamerikanischen SDS und die Gründung der Organisation The Weathermen in einem engen Zusammenhang mit dem Niedergang der Bürgerrechtsbewegung der Schwarzen stand, wurde schon erwähnt. In Südamerika ist es kein Zufall, daß die sogenannte Stadtguerilla – die nichts anderes als blanker Terrorismus war – just gegen Ende der 60er Jahre aufkam, als sich das Scheitern der breit angelegten, vom kubanischen Beispiel inspirierten Landguerillabewegungen abzeichnete. Auch die Entwicklungen in Deutschland, Italien und Nordirland entsprechen derselben Ablaufsequenz: Zuerst Protestbewegung, dann Terrorismus.

Sind Demokratien besonders anfällig für Terrorismus?

Zwei nordamerikanische Forscher, W. Lee Eubank und Leonard Weinberg, erstellten eine Liste sämtlicher wichtiger terroristischer Gruppen, die zwischen 1945 und 1987 existiert haben, um herauszufinden, ob sie häufiger in autoritären oder in demokratischen politischen Systemen aufgetreten waren. Bewußt hoben sie auf »terroristische Gruppen«, nicht auf terroristische Anschläge ab, um jene Fälle ausscheiden zu können, in denen externe Organisationen die freiheitliche Atmosphäre von Demokratien benutzten, um dort ihre Aktionen zu planen und durchzuführen. Das Ergebnis, das die insgesamt 379 erfaßten Fälle erbrachten, war eindeutig: Terroristische Gruppen wurden in den 172 untersuchten Staaten 3,5 mal so häufig in Demokratien wie unter autoritären Regimen registriert. Und es veränderte sich auch nicht wesentlich, wenn man zusätzliche Kriterien wie das jeweilige Alter der Demokratie, ihre Stabilität bzw. Instabilität einführte oder nach Einzelphasen in dem besagten Zeitraum differenzierte. Die maßgebliche Schlußfolgerung blieb stets dieselbe: Je autoritärer ein politisches System ist, desto eher kann es damit rechnen, vom Terrorismus verschont zu bleiben.

Ganz neu war diese Einsicht nicht. Bereits die umfangreichen Studien der sogenannten Violence-Schule der 60er und 70er Jahre, die unter Leitung des nordamerikanischen Politologen Ted Robert Gurr entstanden waren, hatten sich mit der unbequemen Erkenntnis anfreunden müssen, daß Demokratien ein äußerst günstiger Nährboden für politische Protestgruppen sämtlicher Spielarten, auch gewaltsame, sind. Denn sie würden, so die Begründung, aufgrund der in ihnen verbürgten Grund- und Freiheitsrechte oppositionelle Gruppen geradezu dazu einladen, unter Überschreitung von legalen Grenzen gegen die staatlichen Machtträger vorzugehen. Allerdings wurde den Forschern der Violence-Schule, die mit einem umfangreichen, zahlreiche Nationen umspannenden Datenmaterial arbeiteten, vorgeworfen, ihre Ergebnisse seien zu undifferenziert und trügen den Umständen des jeweiligen Einzelfalls nicht genug Rechnung.

Ähnliche Einwände wurden nun auch gegen die Befunde von Eubank und Weinberg erhoben. Zum ersten wurde auf die generellen Tücken rein quantitativer Erhebungen hingewiesen und geltend gemacht, daß dabei ganz unterschiedlich gelagerte Fälle gewissermaßen in ein und denselben Topf geworfen würden. So erstellte einer der Kritiker eine Liste der westlichen Staaten nach Maßgabe ihres Bevölkerungsumfangs, um nachzuweisen, daß man genauso gut behaupten könne, dies sei die entscheidende Größe. Denn je mehr Einwohner ein Land habe, desto mehr terroristische Gruppen ließen sich auf seinem Territorium feststellen. Ein zweiter Einwand lautete, man dürfe den Öffentlichkeitseffekt von Terrorismus nicht mit dem Phänomen als solchem verwechseln. Wie man inzwischen wisse, habe es auch im ehemaligen Ostblock Sabotageakte und gewaltsame Anschläge gegeben, von denen aber nichts an die Öffentlichkeit gedrungen sei. Der Unterschied zwischen Demokratien und autoritären politischen Systemen liege weniger in der Häufigkeit terroristischer Aktionen als darin, daß diese von den Medien in Demokratien sofort aufgegriffen und publik gemacht würden. Autoritäre Regime könnten dies verhindern.

Sicher gibt es auch unter autoritären und sogar unter totalitären Regimen passiven Widerstand und Sabotageaktionen; ob sie freilich nach Zahl und Effektivität die terroristischen Anschlagsserien in einigen westlichen Demokratien erreichen, ist eine offene, eher abschlägig zu beantwortende Frage. Vor allem wird man jedoch Zweifel daran anmelden müssen, inwieweit Gewaltaktionen noch als »terroristisch« einzustufen sind, die von vornherein ohne Anspruch auf Publizität durchgeführt werden, die also keine übergreifende Botschaft enthalten, sondern ausschließlich zähen Widerstandswillen dokumentieren.

Ernstnehmen muß man hingegen die Argumente gegen die Fallen und Schwächen einer sich allein auf quantitative Daten stützenden Sozialforschung. Man kann aber Eubank und Weinberg bescheinigen, daß sie mit großer methodischer Sorgfalt zu Werke gegangen sind und nichts unversucht gelassen haben, um die eigenen Ergebnisse kritisch zu überprüfen. Diese sind so eindeutig, daß es schwerfallen dürfte, sie prinzipiell in Zweifel zu ziehen. Sie lassen sich zudem unschwer durch zusätzliche qualitative Fallstudien abstützen. Die beiden Autoren haben dies selbst mittels einer zeitlichen Längsschnittstudie über Italien getan. Hierin haben sie schlüssig nachgewiesen, daß genau jene Regionen, die seit jeher im Modernisierungsprozeß führend waren und als erste eine zivile Gesellschaft hervorgebracht haben, zugleich besonders anfällig für den Faschismus und in jüngerer Zeit für den Linksterrorismus waren. Als weiteres Beispiel, das als Beleg für die Thesen von Eubank und Weinberg dient, läßt sich der Übergang Spaniens zur Demokratie nach Francos Tod anführen. Allgemein wurde damals mit einem Rückgang des Terrorismus gerechnet, da dessen

Hauptgrund, der Widerstand gegen das diktatorische Regime, entfallen war. Doch genau das Gegenteil war der Fall, die Zahl der terroristischen Anschläge nahm über mehrere Jahre hinweg rasch und kontinuierlich zu.

Wir sind, wie unschwer zu erkennen ist, der Ansicht, daß Eubank und Weinberg mit dem Kern ihrer Aussage recht haben: Demokratien sind besonders anfällig für Terrorismus, und zwar im wesentlichen aus drei Gründen: Erstens, weil sie günstige Entstehungsvoraussetzungen für terroristische Gruppen bieten; zweitens, weil sie diesen durch die Verbürgung der Meinungs- und Pressefreiheit einen idealen Resonanzraum für Anschläge zur Verfügung stellen; und drittens, weil ihre Strafverfolgungsorgane, die Sicherheitsdienste und Gerichte, weniger hart gegenüber Terroristen durchgreifen, als dies in autoritären Regimen üblich ist.

Das erste Argument ist hierbei vielleicht das gewichtigste. Entgegen der gängigen Annahme, demokratische Institutionen und gewaltsame Selbsthilfe würden sich gegenseitig ausschließen, hat die neuere Forschung nachgewiesen, daß dies weder logisch noch historisch der Fall ist. Die Einführung demokratischer Wahlen hat, geschichtlich betrachtet, häufig nicht zu einer Verringerung gewaltsamer Auseinandersetzungen, sondern zu deren quantitativer und qualitativer Steigerung beigetragen. Denn die damit verbundene soziopolitische Mobilisierung breiter Bevölkerungsschichten verlief nicht nur in friedlichen Bahnen. Zwischen Terrorismus und demokratischen Verhältnissen läßt sich ein direkter und ein indirekter Verbindungsstrang erkennen. Terroristische Gruppen profitieren direkt und unmittelbar zunächst von den Grund- und Freiheitsrechten, welche rechtsstaatliche Demokratien ihren Bürgern einräumen:

- Diese schützen die Privatsphäre des einzelnen und legen damit der Polizei und Justiz beträchtliche Hindernisse bei ihrer Tätigkeit in den Weg.
- Sie garantieren die individuelle Freizügigkeit, jedermann kann sich frei, ohne Kontrollen bewegen.
- In ihnen ist das Assoziationsrecht fest verankert; jeder kann

mit anderen zusammen für beliebige Zwecke innerhalb des
legalen Rahmens eine Vereinigung gründen.
– Sie verbürgen das Recht auf politische Opposition gegen die
jeweilige Regierung.

All dies sind beträchtliche Vorteile für Individuen und Gruppen, die, mit den bestehenden Verhältnissen unzufrieden, auf
deren Veränderung hinarbeiten. Demokratien tolerieren derartige Bestrebungen nicht nur, sondern ermuntern sie zusätzlich.
Denn sie erzeugen ein politisches Klima, in dem jeder seine Interessen und Ideen frei artikulieren kann. Dabei ist es zunächst
zweitrangig, ob eine Gruppe langfristig eine gewaltsame Sy-
stemveränderung im Auge hat oder nicht. Indem demokratische Systeme die Bildung von Gruppen unterschiedlichster
Zielsetzungen akzeptieren, nehmen sie zugleich in Kauf, daß
einige irgendwann terroristische Züge entwickeln. Darin liegt
der zweite Aspekt indirekter Förderung von Terrorismus durch
Demokratien. Terroristische Organisationen können prinzipiell
auch unter Diktaturen entstehen und sind schon unter ihnen
entstanden (vgl. S. 124). Dabei handelt es sich jedoch um ein
äußerst risikoreiches Unterfangen, da Diktaturen jeden Widerstand bereits im Keim gewaltsam zu ersticken suchen. Entsprechend will dieser Entschluß vom einzelnen gründlich durch-
dacht, wollen schicksalhafte Überlegungen angestellt sein, bevor
man sich zu ihm durchringt. Demgegenüber gleichen Protestbewegungen in Demokratien breiten Schleusen, die, teilweise
auch einem Modetrend folgend, alle anziehen, die irgendwie
mit der bestehenden Lage unzufrieden sind. Ob das einzelne
Mitglied der Bewegung in deren Abschwungphase dann dazu
bereit ist, sich den veränderten politischen Umständen anzupassen oder sich der Gruppe der Unentwegten anschließt, die
im Untergrund weiterkämpfen, hängt, wie Friedhelm Neidhardt für die RAF und Donatella della Porta für die Roten Brigaden nachgewiesen haben, oft mehr vom Zufall und der Dynamik der Ereignisse ab als dem genauen Abwägen des Für und
Wider eines in seinen Konsequenzen meist noch nicht durch-
schauten letzten Schritts. Diese ganz unterschiedlichen Ausgangslagen mögen einer der Hauptgründe sein, warum die

Mehrzahl terroristischer Gruppen in unserer Zeit auf dem Boden von Demokratien entsteht und nicht im Widerstand gegen eine repressive Diktatur.

Auch die öffentliche Resonanz der Gewalttaten ist in rechtsstaatlichen Demokratien ungleich größer als in anderen politischen Systemen. Es ist nicht dasselbe, ob ein terroristischer Anschlag in einem befriedeten demokratischen Gemeinwesen verübt wird, in dem das Alltagsleben in geordneten Bahnen verläuft und jedes außergewöhnliche Ereignis aufgrund der hohen Kommunikationsdichte sofort registriert und weitergegeben wird, oder aber in von chronischen Konflikten heimgesuchten Gesellschaften, wie etwa der Kolumbiens oder Kambodschas (vgl. auch Kap. 4). In letzteren erregt ein isolierter Gewaltakt keinerlei Aufmerksamkeit mehr, es muß sich schon um veritable Massaker handeln, damit die nationale und internationale Öffentlichkeit davon Notiz nimmt.

Schließlich können, und dies wäre das dritte Argument, Terroristen sowohl vor als auch nach ihrer Verhaftung von seiten der politischen Instanzen und Strafverfolgungsbehörden in demokratischen Staaten mit größerer Fairness und Nachsicht rechnen als unter Diktaturen. Dies liegt zunächst daran, daß in Demokratien, im Unterschied zu Diktaturen, die Menschenrechte in der öffentlichen Diskussion einen hohen Stellenwert genießen; doch reicht diese Erklärung allein nicht aus. Nicht von ungefähr spricht Noëmi Gal-Or von einer eigentümlichen Toleranz, die westliche Demokratien im Umgang mit terroristischen Organisationen und deren Mitgliedern (ehemaligen und aktuellen) walten ließen. Für diese Nachgiebigkeit gibt es einige Motive. Eines besteht z. B. darin, daß die Regierung den Kontakt zu einer terroristischen Organisation nicht abreißen lassen will, in der Hoffnung, die Gemäßigten von der Aussichtslosigkeit einer Fortführung des Kampfes überzeugen zu können. Steht hinter den Terroristen ein breiter Bevölkerungssektor, was sowohl beim ethnischen als auch beim religiösen Terrorismus (siehe etwa den Rechtsterrorismus in Israel) der Fall sein kann, so kann die Regierung möglicherweise aus wahltaktischen Gründen nicht allzu hart gegen die Extremisten vorgehen. Es ist sogar denkbar, daß ein gewisses Interesse daran

besteht, Terrorismus als gemeinsames Negativ- und Feindbild
zu erhalten, das den Zusammenhalt einer ansonsten von Zer-
fallstendenzen bedrohten partei-politischen Koalition ver-
bürgt. Wie immer die Begründungen für die nicht mit letzter
Konsequenz betriebene Verfolgung der Terroristen lauten mögen, letztlich tragen sie alle dazu bei, daß diese in Demokratien
weniger abgeschreckt werden als in Diktaturen.

Transformation kollektiver Protestbewegungen

Wenden wir uns nun der genaueren Analyse der Transforma-
tion kollektiver Protestbewegungen in ihr terroristisches »Ausfallprodukt« am Beispiel Deutschlands und Italiens zu, so muß
man zunächst drei Phasen einer Protestbewegung unterscheiden. Die erste ist jene des Protestauftaktes, in der spielerisch
neue Formen politischer Aufmüpfigkeit und Provokation erprobt werden. Es folgt die eigentliche Massenmobilisierungs-
phase, in der die Bewegung auf dem Höhepunkt ihrer Popularität steht und großen Zulauf erfährt. Danach kommt die
Abschwungsphase, die teils durch eine Konsolidierung und In-
stitutionalisierung der Protestbewegung, teils durch allgemeine
Desillusionierung geprägt sein kann. Die letztere Variante, die
für sämtliche sozialrevolutionären Bewegungen der 60er und
70er Jahre kennzeichnend war, ist in diesem Zusammenhang
besonders interessant, denn sie wirft das Problem einer angemessenen Enttäuschungsverarbeitung auf. In Deutschland beispielsweise hatte der Niedergang der APO zur Folge, daß sich
ein Großteil der Aktivisten der Nachwuchsorganisation der
SPD anschloß; andere flüchteten sich in die exklusiven Zirkel
und Organisationen der sogenannten K-Gruppen (kommuni-
stische Gruppen); wieder andere zogen sich überhaupt aus dem
politischen Geschehen zurück, und einige wenige gingen in
den Untergrund, um fortan das von ihnen nicht mehr für refor-
mierbar gehaltene System mit Gewalt zu bekämpfen.

Die Entscheidung, in die Illegalität abzutauchen, mag im
Einzelfall manche situative und zufallsbedingte Elemente enthalten haben, sie kann jedoch auch als der Versuch verstanden

werden, angemessen auf die neue Lage zu reagieren. Nachdem die Massenmobilisierung als wichtigstes Druckmittel, um dem revolutionären Anliegen Gehör zu verschaffen, entfallen war, blieben nicht allzu viele Möglichkeiten übrig, um die weitreichenden politischen Ziele unter den veränderten Rahmenbedingungen weiter zu verfolgen. Warum einige der Aktivisten, anstatt den langen Marsch durch die Institutionen einzuschlagen, den scheinbar kürzeren der terroristischen Gewalt wählten, läßt sich mit folgenden Argumenten begründen:

– Bei den Straßenschlachten im Rahmen der Protestdemonstrationen waren neue Fähigkeiten (*skills*) gefordert worden und zutage getreten. Die Gemeinschaft der Protestierenden wie auch der einzelne hatten beobachtet und erlebt, wer mutig oder ängstlich, reaktionsschnell oder langsam, stark, behende, erfinderisch usw., kurzum, wer der neuen Situation gut gewachsen war oder eine schlechte Figur in ihr machte.

– Eng damit zusammen hing eine weitere Erfahrung, die in unserer, wie der bekannte Kriegshistoriker und -theoretiker van Creveld betont, Gewalt als Tabuthema behandelnden Gesellschaft meistens heruntergespielt wird: der Spaß am Kampf und die Freude an der körperlichen Auseinandersetzung, Gefühle, die so alt sind wie der Krieg selbst. Manch einer verspürte ein ihm bis dahin unbekanntes Lustgefühl, wenn er eine Fensterscheibe zersplittern hörte oder sah, wie sich ein Polizist unter einem Steinwurf ängstlich wegduckte.

– Drittens resultierte aus den häufigen Konfrontationen mit Polizeikräften bei Demonstrationen, Protestaufmärschen und dgl. eine neue Einstellung zur Politik und zum Staat. Ähnlich wie in den 20er und frühen 30er Jahren, als sich rechts- und linksradikale Verbände fast täglich in Straßenschlachten gegenüberstanden hatten, bildete sich ein neues Verständnis von Politik heraus. Ordnungswahrung und Friedensstiftung als deren Sinngehalt wurden ausgelöscht und durch die Vorstellung von ständigem Ringen und Konflikt, einschließlich Gewalteinsatzes, ersetzt.

Es war für das Umschlagen von Protestaktionen in Terrorismus
von eminenter Wichtigkeit, wie der Staat und seine Sicherheitsorgane auf die provokativen Akte der Protestierenden reagierten. Insoweit gab es je nach Situation und politischer Tradition beträchtliche Unterschiede. Es lassen sich indessen einige
typische Verhaltensschematismen nennen, die im Ergebnis zu
einer weiteren politischen Marginalisierung der Aktivisten
beitrugen (und sie damit der Versuchung, in die Illegalität abzutauchen, näherbrachten), anstatt sie mit dem Staat und der
Gesellschaft auszusöhnen.

- Erstens zählte hierzu das in der Kriminalsoziologie unter
  dem Fachterminus »Etikettierung« bekannt gewordene Aus-
  grenzungsverhalten durch die Sicherheitsbehörden. Indem
  man der Protestszene zugehörige oder nahestehende Jugendliche als Sympathisanten oder Unterstützer der Terroristen abstempelte, drängte man sie in jene Rolle hinein, von
  der man sie eigentlich hätte fernhalten sollen. Ein allzu weit
  gefaßter Begriff des »Verdächtigen« erwies sich oft als Bume-
  rang für den Sicherheitsapparat.
- Zweitens wird aus allen Ländern berichtet, daß es Schlüssel-
  ereignisse harten polizeilichen Durchgreifens gab, die auf
  die Protestteilnehmer eine Schockwirkung ausübten. Sie
  hatten den jähen Eindruck, nun werde es ernst mit der Konfrontation, der Staat habe definitiv seine demokratische
  Maske fallen lassen und sich in eine reine Repressionsma-
  schinerie verwandelt. Bei den empfindlichen Deutschen
  genügte der unglückliche Tod Benno Ohnesorgs und die
  schwere Verwundung Rudi Dutschkes, um diesen Eindruck
  zu erzeugen, in anderen Ländern bedurfte es dazu massiverer
  staatlicher Gewaltaktionen. Der Effekt derartiger Zuspit-
  zungen bestand in jedem Fall darin, daß die jugendlichen
  Rebellen die Überzeugung gewannen, der Staat selbst ver-
  zichte auf jegliche rechtsstaatliche, demokratische Legitimierung seines Vorgehens.
- Schließlich gibt es nicht wenige Fälle, in denen Angehörige
  der Protestbewegungen schlicht aus Angst, von der Polizei
  verfolgt und eingesperrt zu werden, in den Untergrund gin-

gen. Nachdem man sich einige kleinere Delikte hatte zuschulden kommen lassen, und die Polizei einem auf den Fersen war, schien es am ratsamsten, gänzlich unterzutauchen und sich den Gewaltaktivisten in der Illegalität anzuschließen, anstatt passiv abzuwarten, bis man von der Polizei gefaßt werden würde.

Wenn hier von Verhaltensschematismen die Rede ist, so soll damit nicht der Eindruck erweckt werden, es wäre für die staatlichen Sicherheitskräfte ein leichtes gewesen, aus diesen Perzeptions- und Reaktionszwängen auszubrechen und eine Konflikteskalation zu vermeiden. Friedhelm Neidhardt hat am Beispiel der deutschen Terroristen überzeugend gezeigt, wie ein zirkulärer Prozeß die gegenseitige Konfrontation anheizen kann, ohne daß dies von den Akteuren eigentlich beabsichtigt ist:

> *Eskalationen sind Prozesse zirkulärer Interaktionen, bei denen sich alle Beteiligten in Richtung wachsender Abweichung stimulieren. Jeder Schritt der einen Seite erfährt positiven feed-back durch die andere. Es ereignen sich Reiz-Reaktionssequenzen, mit denen der Konflikt in sich verstärkende Turbulenzen trudelt. Dabei ist es schwierig, vielleicht prinzipiell unmöglich, den Anfang des Prozesses festzustellen und den eigentlich Schuldigen zu fixieren, denn für jedes Tun der einen Seite lassen sich auslösende Bedingungen der anderen Seite behaupten.*
>
> (Neidhardt 1981, S. 245)

Diese Art sich selbst tragender Dynamik verstärkte sich nach der Bildung von Untergrundorganisationen, sie war aber bereits im Vorfeld der Interaktionen zwischen den Protestgruppen und den Sicherheitskräften angelegt. Zwischen beiden Seiten entwickelte sich eine kognitive Dissonanz. Was für die eine Seite die Ursache des sich hochschaukelnden Gewaltprozesses war, stellte sich für die andere Seite bereits als dessen Folge dar und vice versa.

In diesem Zusammenhang kam, wie Donatella della Porta richtig anmerkt, auch einer makrogesellschaftlichen Variable, nämlich der politischen Kultur eines Landes, eine gewisse

Bedeutung zu. In Ländern wie England, den Niederlanden, Schweden oder selbst den USA, die auf eine langjährige Tradition demokratischer Konfliktaustragung und -bewältigung zurückblicken konnten, reagierten beide Seiten gelassener auf die Provokationen durch den jeweiligen Kontrahenten. Solche Traditionen fehlten dagegen in den Staaten mit einer noch nicht allzu lang zurückliegenden faschistischen Vergangenheit, Italien und Deutschland. Hier sahen nicht nur die Sicherheitskräfte allzu schnell das Staatswesen durch die Protestunruhen in seinen Grundfesten bedroht, sondern auch die studentische Gegenseite diagnostizierte voreilig bei jeder energischen staatlichen Reaktion ein Wiederaufleben des faschistischen Erbes. Man verzieh sich nichts und blieb in der Eskalationsspirale gefangen.

Andererseits verlief der Prozeß, der vom Niedergang der Protestbewegung bei einigen Gruppen in den Terrorismus führte, weder gradlinig, noch kann man ihm im nachhinein einen Determinismus unterschieben. Vor allem auf der sozialen Mikroebene waren, es wurde bereits angedeutet, viele Zufälle und situativ begrenzte Dynamik im Spiel. Manche fanden sich im Untergrund wieder, weil sie eine enge Freundin oder einen Verwandten hatten, die zum harten Kern der Gewaltaktivisten zählten. Auf der Mesoebene der organisatorischen Verflechtungen darf man die Schärfe der Grenzlinie, die das Protestlager von den Terroristen trennte, nicht überschätzen. Beiderseits der Linie gab es Dogmatiker und Pragmatiker, Tauben und Falken, manche Individuen, aber auch Gruppen bewegten sich bewußt in einer schwer definierbaren Zwischenzone der Semilegalität, die mehrere künftige Optionen offenhielt.

Als ein zusätzlicher wichtiger Aspekt darf die internationale Lage nicht übersehen werden. Eine der auffälligsten Tatsachen, auf die der Forscher beim Studium der terroristischen Gruppen und Bewegungen der jüngeren Zeit stößt, ist die, daß diese Gruppen fast in der ganzen westlichen Staatenwelt schlagartig in den Jahren 1969/1970 auf den Plan traten. Man könnte darüber spekulieren, ob sich dies mit einem bestimmten Reifestadium der kapitalistischen Entwicklung oder des Modernisierungsprozesses in diesen Ländern erklären läßt. Da es sich jedoch um sehr unterschiedliche Gesellschaften mit keineswegs einheitlichem sozio-ökonomischen Entwicklungsniveau und vergleichbaren politischen Kulturen handelte, liegt es näher, nationale Grenzen transzendierende Mode- und Nachahmungseffekte für das gleichzeitige Einsetzen von Gewaltanschlägen in zahlreichen westlichen Staaten verantwortlich zu machen. Wenngleich schwer gewichtbar und operationalisierbar sollte man jedenfalls die Bedeutung der Imitation für die Erklärung der terroristischen Wellen seit den späten 60er Jahren auf keinen Fall unterschätzen.

»Laufzeit«

Da bislang die Gemeinsamkeiten und Verschränkungen zwischen kollektivem Protest und Terrorismus betont wurden, erscheint es wichtig, zum Abschluß auf einen wesentlichen Unterschied zwischen ihnen aufmerksam zu machen. Er betrifft ihre Lebensdauer oder »Laufzeit«. Soziale Protestbewegungen pflegen kurz- oder allenfalls mittelfristiger Natur zu sein, dagegen erweisen sich terroristische Organisationen oft als sehr langlebig. Absolut wie relativ betrachtet, haben die meisten terroristischen Gruppen, die im Zusammenhang mit Protestbewegungen entstanden sind, diese deutlich überlebt. Dies läßt sich aus einem wichtigen, eingangs nicht erwähnten Merkmalsunterschied zwischen den beiden Formen militanter politischer Opposition erklären, nämlich der Offenheit bzw. Geschlossenheit ihrer Organisation und ihres Vorgehens. Protestbewegungen sind offene Formationen (*inclusive organizations*), das macht sie flexibler, allerdings auch abhängiger von ihrer Umwelt und damit verwundbarer. Terroristische Organisationen sind hingegen geschlossen (*exclusive organizations*), was ihnen eine größere Überlebensfähigkeit sichert, die allerdings mit der begrenzten Fähigkeit, auf veränderte Umweltreize zu reagieren, erkauft ist. Auf diesen Punkt wird in Kapitel 9 nochmals zurückzukommen sein.

8.
Die Suche nach
der terroristischen
Persönlichkeit

Wie die letzten drei Kapitel gezeigt haben, ist Terrorismus ein vielschichtiges und komplexes Phänomen. Es gibt nicht nur eine terroristische Situation oder »die terroristische Bewegung«. Gibt es »den Terroristen«?

Der Versuch, auf diese Frage eine Antwort zu geben, gliedert sich in mehrere Schritte. Zunächst werden drei Kurzlebensläufe von Terroristen vorgestellt. In einem zweiten Abschnitt wird ein Blick auf die Bemühungen geworfen, mittels sozialstatistischer Methoden typische Merkmale von Terroristen herauszuarbeiten. Dann wird auf die Frage eingegangen, ob es die terroristische oder zum Terrorismus disponierte Persönlichkeit gibt. Es folgt der Vorschlag, »Terrorist sein« ganz unpathetisch als eine spezifische »Rolle« oder einen zeitlich begrenzten »Beruf« zu begreifen. Das Kapitel schließt mit einigen Bemerkungen zu den Opfern des Terrorismus.

Die Lebensgeschichte
eines baskischen Etarra: Javier

»Javier Aranceta wurde im Juli 1944 im Dorf Elgueta in der Provinz Guipúzcoa geboren. Er war das zweite von neun Kindern. Diese Kinderzahl war bis vor kurzem in der Gegend nichts Außergewöhnliches. Mit fünf Brüdern und drei Schwestern wuchs Javier drei Kilometer vom Dorf entfernt auf einem Bauernhof – *Caserío* – auf. Der Vater besorgte den Hof und arbeitete daneben in einer kleinen Möbelfabrik in Elgueta sowie als Textilarbeiter im Nachbardorf Vergara. Bis zu seinem 18. Lebensjahr verbrachte Javier sein Leben auf dem Hof. In dieser

Zeit arbeitete er bereits als Büchsenmacher in einer Fabrik in Elgueta. Die Schule hatte er mit 15 verlassen. Für den Militärdienst meldete er sich freiwillig. Das brachte Vorteile. Er kam zu den Fliegertruppen in die kastilische Stadt Valladolid, konnte aber 12 der 18 Monate Dienstzeit zu Hause verbringen. Als 22jähriger wechselte er durch Vermittlung seines Vaters in eine kleine Textilfabrik. Mit 27 wurde er Lastwagenfahrer für die Möbelgenossenschaft ›Dormicoop‹ in Elgueta. Das Autofahren interessierte ihn. Javier machte sich daran, Fachliteratur zu studieren und wurde mit 30 Jahren Lehrer an einer Autofahrschule in Durango. Das war sein letzter Beruf. Am 4. April 1976 verhaftete ihn die Polizei an seinem Arbeitsplatz. Die Anklage lautete, er habe als Chauffeur an einem Überfall auf Guardia-Civil-Polizisten teilgenommen. Am 23. Juni – nach 80 Tagen Haft im Gefängnis von Zaragoza – wurde Javier nach Zahlung einer Kaution von 50 000 Peseten – damals etwa 3 000 DM – auf Bewährung freigelassen. Er kehrte nach Elgueta zurück, blieb aber nur eine Nacht zu Hause. Auf Anraten seines Rechtsanwaltes floh er über die Grenze ins südfranzösische Baskenland. Dort wohnte er die vier restlichen Jahre seines Lebens. Von Aktivitäten in dieser Zeit ist nichts bekannt, außer daß er für kurze Zeit in einer Eisenfabrik arbeitete.

In Elgueta nannten die Leute Javier *Trautxiki*, das bedeutet ›kleiner Trau‹. Trau ist der Name seines Onkels. Trautxiki war in seinem Dorf sehr beliebt, seine Familie geachtet. Sein Bruder Juan María, sein Schwager José Antonio, seine Mutter und viele Einwohner bezeugen, daß Javier fröhlich und leutselig war. ›Ein guter Kamerad, wir schätzten ihn‹, erklärte eine Arbeitskollegin in der Möbelgenossenschaft, ›anständig und freundlich‹, hieß es in einer Bar, die er viel besuchte. Javier war stämmig und zupackend, einer, der Stimmung machte, gerne etwas unternahm und bei Spielen um den Sieg kämpfte. Trautxiki war einer der Initiatoren beim Bau der *Ikastola* von Elgueta, der Privatschule, in der in baskischer Sprache (*Euskera*) unterrichtet wird. Er half bei der Finanzierung mit und organisierte Tombolas. Die baskische Sache lag ihm am Herzen. Seine andere Leidenschaft galt der Jagd und den Bergen. Daneben spielte er Pelota. Sein Bruder Juan María betreibt diesen Sport beruflich. In die Ferne zog es Trautxiki nicht. Die weiteste Reise führte ihn mit seinem Schwager ins benachbarte Galicien. Das Ausland kannte er nicht. Bis zu seiner Festnahme mit 31 Jahren lebte er bei seinen Eltern. ›Seinen Lohn gab er immer mir‹, berichtete seine Mutter.

Javier las selten, ideologische Literatur schon gar nicht. Er gehörte keiner Partei an, sondern war einfach *abertzale*, Patriot. Zuhause wurde ausschließlich baskisch gesprochen. ›Er war einfach entschlossener als wir‹, sagt sein Bruder. Bei der Festnahme Javiers fand die Polizei keinerlei Hinweis darauf, daß er ein ›legales‹ Mitglied der ETA militar war. Die Brüder und Eltern wußten ebenfalls nichts davon. Seine Verschwiegenheit war total. Sie vermuten, daß Trautxiki während des Militärdienstes durch einen anderen baskischen Soldaten für die ETA gewonnen worden war.

Während der Haft wurde Trautxiki von der Polizei gefoltert. Man riß ihm Barthaare aus, hängte ihn an den Armen auf, tauchte seinen Kopf bis kurz vor dem Ersticken in schmutziges Wasser und simulierte eine Erschießung. In den Verhören gestand Trautxiki, daß er im Wald bei Elgueta ein Waffenarsenal angelegt hatte.

Nach seiner Freilassung wurde er ein *liberado*, ein Untergetauchter. Er erhielt von den ETA-Leuten, die mit ihm lebten, einen neuen Beinamen: *Lepomotz*. Das bedeutet ›Kurzhals‹. Seine Familie besuchte ihn jenseits der Grenze regelmäßig, alle ein bis zwei Monate. ›Wir brachten ihm, was er brauchte, Hemden, Hosen, Konservenbüchsen, Zucker, Wein, Kartoffeln‹, erzählte seine Mutter. Sie versuchte, ihn zur Rückkehr nach Elgueta zu bewegen. Sein Kommentar: ›Ich bleibe hier, was ich tue, tue ich für die Befreiung des Baskenlandes.‹ Im Herbst 1979 wurde die Lage schwieriger. Die französische Regierung erneuerte die Aufenthaltsbewilligung nicht. Der Status des politischen Flüchtlings wurde für die Basken abgeschafft. Einige ETA-Leute wurden in Südfrankreich von unbekannten Agenten erschossen. *Lepomotz* tauchte unter. Die Familie sah ihn zum letzten Mal Weihnachten 1979.

Am 24.04.1980 wurde Javier Aranceta, 35 Jahre alt, bei einem Überfall auf einen Polizisten erschossen.«

Quelle: Werner Herzog: Javier – der verschwiegene Patriot, in: Peter Wald-mann (Hrsg.): *Beruf Terrorist: Lebensläufe im Untergrund,* München 1993, S. 39–41.

Die Lebensgeschichte
eines deutschen Terroristen: Rolf

»Rolfs Vater war gestorben, als der Junge sieben Jahre alt war. Der Vater war ein bekannter Künstler gewesen, allgemein ge-schätzt, respektiert und ›geliebt‹ von allen, die ihn kannten. Er war ein sanftmütiger Mensch von einer ›zarten Natur‹. Die ganze Familie wußte um seine Gebrechlichkeit und war ihm gegenüber nachsichtig. Die Bedeutung seiner Karriere, seine körperliche Kondition, zahlreiche Unwägbarkeiten hinderten ihn an einer engen Beziehung zu seiner Familie. Rolfs Haltung gegenüber dem Vater war respektvoll, aber distanziert.

Rolfs Mutter, eine berufstätige Frau, war 12 Jahre jünger als ihr Ehegatte. Obwohl sie eine liebevolle, zugleich allerdings beherrschende Frau war, ließen ihr die berufliche Tätigkeit und die Ansprüche des Mannes nur wenig Zeit für die Kinder. Die Hauptbezugsperson während der Kindheit war für Rolf ein Familienfreund, ein Rechtsanwalt, der sich für den Jungen interessierte.

Nach dem Tod seines Vaters übernahm Rolf einen Großteil der Verantwortung für die Familie, da die Arbeit der Mutter diese von zu Hause fernhielt. Nicht allein, daß er sich um die beiden Schwestern kümmerte, er schirmte auch seine Mutter gegen störende Telefonanrufe ab, wenn sie nach einem an-strengenden Arbeitstag zu Hause ausruhte. Er schien ein sehr ge-wissenhafter, tief religiöser Junge zu sein, der sich mit Gleich-altrigen gut verstand und wegen seines Humors geschätzt wurde.

Als Rolf 12 Jahre alt war, heiratete seine Mutter ein zweites Mal. Der Stiefvater, ein Akademiker mit liberalen Ansichten, bemühte sich, von seinem neuen Sohn akzeptiert zu wer-den. Aber Rolf veränderte in besorgniserregender Weise seine Haltung. Er fühlte sich von seinem Stiefvater verdrängt, war weniger fürsorglich gegenüber seiner Mutter und den Geschwistern und wurde eigensinniger, als er es früher gewesen war. Er schien unruhig und unzufrieden zu sein und hatte Mühe, seine Aufmerksamkeit Routinetätigkeiten zuzuwenden. Andererseits verfolgte er hartnäckig alle Ziele, die ihm wichtig waren. Wenn man ihn kritisierte, wurde er heftig. Oft widerspenstig, verursachte er Spannungen zu Hause.

Seine Noten in der Schule ließen nach. Seine religiösen Überzeugungen wurden schwächer. Da er im Theater aufgewachsen war, begann er zu schauspielern und Charaktere nachzuahmen, denen er selbst später gleichen sollte, junge Rowdies, die beim Drogenhandel erwischt oder bei terroristischen Akten verfolgt wurden und starke Beachtung fanden. Er wollte ein großer Schauspieler werden, aber da er an seinen Fähigkeiten zweifelte, nahm sein Interesse an der Bühne bald wieder ab. Dann folgte ein Einstieg in die Drogenszene, zum Kummer seiner Eltern wurde er wegen des Besitzes von Haschisch festgenommen.

In seiner späten Jugend fühlte sich Rolf durch soziale Fragen angesprochen. Zunächst unterstützte er finanziell einige seiner bedürftigen Freunde, aber es dauerte nicht lange, bis er sich radikalen Gruppen anschloß und an Studentenprotesten gegen den Vietnamkrieg teilnahm. Es gab heftige Diskussionen mit seinem Stiefvater, der Rolfs extremistische Ansichten nicht teilte. Um seinen Eltern sein politisches Engagement nahezubringen, brachte Rolf einen Antikriegsfilm nach Hause, in dem er eine der Hauptrollen spielte. Seine Eltern lachten über das niedrige Niveau des Filmes und äußerten sich kritisch dazu, daß ihr Schauspieler-Sohn sich von der ›billigen‹ linken Propaganda beeindrucken ließ. Von da an war Rolf noch mehr von den ›bürgerlichen‹ Maßstäben seiner Eltern angeekelt; er beschuldigte seinen Stiefvater, den Überlegenen zu spielen und kein Verständnis für alternative Wertvorstellungen aufzubringen.

Rolf war 17 Jahre alt, als er sein Zuhause verließ und den regulären Kontakt mit der Familie abbrach. Er engagierte sich zunehmend in radikalen Antikriegsbewegungen und eröffnete in Stuttgart eine kleine Druckerei, die er ›Fantasia‹ nannte. Er druckte Pamphlete für radikale Organisationen und spezialisierte sich auf die Veröffentlichung von Untergrundmaterial für die extreme Linke.

Laut seiner Familie wurde einer der Verteidigungsanwälte der Baader-Meinhof-Gruppe auf den jungen Mann aufmerksam und beauftragte ihn damit, das Verfahren des berühmten Stammheim-Prozesses gegen vier bekannte RAF-Mitglieder (Baader, Meinhof, Ensslin, Raspe) auf Band aufzunehmen. Er wurde Zeuge des Plädoyers der Verteidigung vor Gericht und ihres Angriffs auf das ›System‹, was seine Bewunderung für die Gruppe erhöhte. Es bedurfte keiner großen Ermunterung von seiten Dritter, um ihn zu einem ›aktiven‹ Mitglied der zweiten RAF-Generation werden zu lassen. Zunächst arbeitete er als ›Kurier‹. Er stellte Botschaften zu, sammelte Geld für die Prozeßvertretung der RAF-Mitglieder, druckte in seiner Werkstatt subversives Material und protestierte gegen die ›Isolationsfolter‹ der eingesperrten Terroristen.

Rolfs Familie war über die obskuren Tätigkeiten ihres Sohnes bekümmert. Sie war sich des Ausmaßes seiner Verstricktheit aber nicht bewußt, zudem beruhigten sie Sympathisanten der extremen Linken, sie müßte sich keine Sorgen machen. Gleichwohl war Rolfs Familie nicht gänzlich überrascht, als eines Tages im November 1977 ihr Haus von schwer bewaffneter Polizei umstellt wurde. Diese begann, nach Beweismaterial gegen ihren Sohn zu suchen, der in einer Schießerei mit der Polizei festgenommen worden war. Doch alles, was sie fand, war eine Büchersammlung, Thomas Manns Werke, und Teile von Musikinstrumenten.«

Quelle: Leicht gekürzte, vom Verfasser frei übersetzte Textstelle aus Billig, Otto: The Case History of a German Terrorist in: *Terrorism*, Bd. 7 (1984), Nr. 19, S. 1–10.

Lebensgeschichte
einer peruanischen Terroristin: Gladys

»Gladys Martínez stammt aus Apurimac (Südperu), wo sie bis zu ihrem 18. Lebensjahr lebte. Geboren wurde sie im Mai 1965. Ihre Eltern sind als Volksschullehrer bis heute im Schuldienst in der Provinzhauptstadt der verarmten Region tätig. Gladys ist das mittlere von drei Geschwistern; ihr älterer Bruder ist Geschäftsmann in Apurimac geworden, während die jüngste Schwester ebenfalls Lehrerin an einer kleinen Volksschule in der Nähe Apurimacs wurde.

Gladys wuchs in einem Elternhaus auf, das als völlig unpolitisch zu bezeichnen ist. Die Eltern, insbesondere die Mutter, haben einen starken indianischen Einschlag und sprechen untereinander oft Quechua. Sie kommen aus sehr bescheidenen Verhältnissen. Das Lehramt ist in ganz Lateinamerika eine schlecht bezahlte Tätigkeit, dessen Sozialprestige und Lohnniveau gleichermaßen niedrig sind.

Die wesentlichen Erinnerungen, die Gladys vom Elternhaus bewahrt hat, kreisen um die besondere Bedeutung, die die Eltern Erziehungsfragen zuschrieben, sowie um die Illusionen, die sie sich hinsichtlich der Zukunftschancen aufgrund einer guten Ausbildung machten. Die Eltern scheuten keine Entbehrungen, um dem älteren Bruder ein Universitätsstudium zu ermöglichen. Obwohl abzusehen war, daß der Bruder keinen Hochschulabschluß schaffen würde, bestanden die Eltern darauf, ihn finanziell zu unterstützen. Zugleich versagten sie der begabteren Gladys eine vergleichbare Förderung, was Gladys kränkte. Bis zu ihrem achtzehnten Lebensjahr lebte Gladys in der provinziellen Enge von Apurimac, einer der ärmsten Zonen Perus. Im Elternhaus wurde ihr zwangsläufig das übliche Vorurteil der Bergland-Bewohner gegenüber Lima und der Küstenregion vermittelt: Der relative Wohlstand der Hauptstadt sei auf die Ausplünderung des Hinterlandes zurückzuführen. Dieses Vorurteil dürfte die vorpolitische Grundmatrix der späteren politischen Einstellung von Gladys gewesen sein.

1983 ging Gladys nach Huancavelica, um die Lehrerbildungsanstalt in der gleichnamigen Provinzhauptstadt zu besuchen. Diese Bildungseinrichtung, an der vorwiegend Jugendliche aus der unteren Mittelschicht studierten, war damals die Hochburg des *Sendero Luminoso* (Leuchtender Pfad). Gladys, eine anpassungsfähige und gruppenorientierte Person, übernahm nach und nach die an jener Fachhochschule üblichen gesellschaftlichen Leitideen und Zukunftsvisionen, die in starkem Maße vom Sendero Luminoso geprägt waren. Doch waren es weniger die intellektuellen Inhalte des von der Guerillaorganisation propagierten Gesellschafts- und Politikverständnisses als vielmehr die emotionale Atmosphäre, die Sendero ausstrahlte, welche Gladys in ihren Bann zog. Der Maoismus und Ruralismus des Sendero stellte eine einfache Lösung für die Frustrationen, Sehnsüchte und Erwartungen der provinziellen unteren Mittelschicht in Aussicht, eine Lösung, die den Vorurteilen der Berglandbewohner Rechnung trug und die Animositäten gegen Lima und dessen großstädtisch moderne Kultur verstärkte. Dabei ging Sendero im Hochschulbereich insofern sehr geschickt vor, als er Frauen eine gleichberechtigte Beteiligung an den revolutionären Aktivitäten anbot. Frauen stellten einen Großteil der Mitglieder, waren allerdings in untergeordneten Positionen überproportional vertreten, während die Führungsfunktionen Männern vorbehalten blieben. Gladys fühlte sich sehr wohl in diesem Milieu; sie gehörte zunächst einem Freundeskreis revolutionärer Studenten an, dann einer Sendero-Sympathisantengruppe und zuletzt der Partei selber. So geriet sie allmählich, ohne daß es ein politisches Schlüsselereignis gegeben hätte, in die revolutionäre Organisation hinein, in der sie bis 1989 die Funktion einer wichtigen Verbindungsfrau ausübte.

Dabei spielte freilich die Tatsache eine wichtige Rolle, daß Gladys' Freund ebenfalls Sendero-Mitglied war. Sie kannte den jungen Mann, der ein weitläufiger Verwandter von ihr war, seit ihrem 15. Lebensjahr. Auch er hatte den Lehrerberuf gewählt, sich rasch politisiert und, wie viele seiner Zeitgenossen, dem Leuchtenden Pfad angeschlossen. Gladys folgte allen diesen Schritten. Ihr Studium konnte sie nicht beenden, weil Sendero sie zunächst mit der Beschaffung von Informationen aus dem Hochschulbereich beauftragte und dann mit manchen parteiinternen Funktionen betraute. Zu letzteren gehörten vornehmlich die Aufrechterhaltung der Verbindungslinien zwischen Apurimac, Huancavelica und Ayacucho sowie die Bespitzelung von Ämtern, Behörden und Hochschulen. Die meisten dieser Tätigkeiten übte Gladys zusammen mit ihrem Verlobten aus, der einen bedeutenden Einfluß auf sie hatte. Als Frau fiel sie weniger auf als Männer, zumal Gladys nach außen hin immer eine demütige, gehorsame und scheinbar völlig unpolitische Haltung an den Tag legte.

Im Februar 1989 führte die peruanische Regierung eine großangelegte Razzia an den Universitäten durch, bei der vertraulich-konspiratives Material des »Leuchtenden Pfades« in ihre Hände fiel. Darunter befanden sich Listen von Parteimitgliedern, die legalen Beschäftigungen in der öffentlichen Verwaltung oder in der Privatwirtschaft nachgingen. Gladys hatte zuletzt eine Stelle im staatlichen Erziehungssystem in Huancavelica inne. Sie leistete keinen Widerstand, als sie gefangengenommen wurde. Im Frauengefängnis von Lima, wo sie auf unbestimmte Zeit eingesperrt wurde, organisierte sie eine Frauengruppe auf der Basis ethnisch-regionaler Zugehörigkeit, nicht einer politisch-ideologischen Orientierung; diese Gruppe befaßt sich mit der Erziehung von Kleinkindern, deren Muttersprache Quechua ist. Gladys macht weiterhin einen unpolitischen Eindruck. Ihr einzig nennenswertes soziopolitisches Engagement besteht in der Ablehnung der Lebensweise, die mit Lima und der Küstenregion verbunden ist, und in der Hinwendung zu den Werten und Traditionen, die zur indianisch-andinischen Zivilisation des Berglandes gehören.«

Quelle: Rekonstruktion eines Lebenslaufes durch H. C. F. Mansilla aufgrund von Zeitungsberichten und -nachrichten aus Lima vom 1. 4. – 11. 4. 1989.

Wer die Biographien genauer liest, stellt unschwer fest, daß sie nicht nur unterschiedliche Lebensschicksale betreffen, sondern auch in unterschiedlicher Weise abgefaßt sind. Die Autoren, von denen der erste Journalist, der zweite Psychologe, der dritte Sozialwissenschaftler ist, setzen die Akzente jeweils anders. Die Geschichte von Javier ist das Ergebnis einer Recherche vor Ort, ohne daß ein Interpretationsversuch unternommen wird. Im Fall von Rolf wird ein kausaler Zusammenhang zwischen der Wiederverheiratung der Mutter und der Hinwendung des Jugendlichen zum Terrorismus suggeriert; im Falle von Gladys wiederum soll die traditionelle Spannung

zwischen der Metropole Lima und dem peruanischen Berg-
und Hinterland der ausschlaggebende Faktor für den Anschluß
der jungen Frau an den Sendero gewesen sein. Es mag an dieser
Stelle offen bleiben, inwieweit diese Erklärungen zutreffen.
Festzuhalten bleibt, daß nicht nur die Lebenswege von Terroristen unterschiedlich verlaufen, sondern daß sie auch eine ganz
unterschiedliche Ausdeutung erfahren können.

Der statistische Durchschnittsterrorist

Ein naheliegender Versuch, das Profil »des typischen Terroristen« zu ermitteln, besteht in der Sammlung sozialstatistischer
Daten über eine möglichst große Zahl terroristischer Rebellen.
Schon in den 70er Jahren bemühten sich zwei nordamerikanische Forscher, Charles A. Russell und Bowman M. Miller, auf
diesem Weg das Porträt eines fiktiven Durchschnittsterroristen
zu erstellen. Sie werteten alle verfügbaren Unterlagen über 18
terroristische Organisationen im Nahen Osten, in Europa und
Lateinamerika sowie in Japan aus. Das Resultat ihrer insgesamt
350 Terroristen einschließenden Untersuchung lautet wie
folgt:

Man kann ein zusammengesetztes Bild zeichnen, in das die überwie-
gende Mehrzahl der Terroristen aus den hier untersuchten 18 Stadtgue-
rillagruppen hineinpaßt. Es handelt sich großenteils um alleinstehende
Männer zwischen 22 und 24 Jahren (mit Ausnahmen), die eine Uni-
versitätsausbildung, teils mit Abschluß, absolviert haben. Weibliche
Terroristen nehmen, mit Ausnahme der westdeutschen Gruppen und
gelegentlicher Führungspositionen in einigen anderen Organisationen,
eher unterstützende als »operationale« Funktionen wahr. Überwiegend
stammen diese städtischen Terroristen aus wohlhabenden urbanen Mit-
telschichtfamilien, die häufig ein beträchtliches Sozialprestige genießen.
Wie ihre Eltern haben viele der älteren Terroristen eine medizinische
oder rechtliche Schulung erhalten, sind zum Ingenieur, Lehrer oder
etwas Ähnlichem ausgebildet worden und haben diesen Beruf mög-
licherweise ausgeübt, bevor sie eine terroristische Laufbahn einschlugen.
Unabhängig davon, ob sie sich bereits als Universitätsstudent oder erst

später dem Terrorismus zuwendeten, ist festzustellen, daß die meisten
während ihres Hochschulaufenthaltes mit einer anarchistischen oder
marxistischen Weltsicht vertraut gemacht oder für terroristische Aktio-
nen gewonnen wurden.

(Russel/Miller 1977, S. 17)

Spätere Studien kommen zu keinen wesentlich differenzierte-
ren Schlußfolgerungen. Meist heißt es, Terroristen seien im
Regelfall unverheiratet, zwischen 20 und 25 Jahren alt und kämen aus einem städtischen, nicht einem ländlichen Sozialmilieu. Als Begründung für die Tendenz gerade junger Menschen, ihre Ideen mit Gewalt durchsetzen zu wollen, wird eine
besondere Begeisterungsfähigkeit der Heranwachsenden, ge-
paart mit Überheblichkeit (Hybris) besonders der akademisch
gebildeten Jugend angeführt. Außerdem wird darauf verwiesen,
daß terroristische Aktivitäten früher oder später die Hingabe
der ganzen Person verlangten, ein umfassendes Engagement
dieser Art jedoch nur von Menschen zu erwarten sei, die, wie
Studenten, über ihre Zeit frei verfügen könnten und keine
festen sozialen Verpflichtungen, etwa durch die Gründung
einer Familie, übernommen hätten.

Fernando Reinares, der Verfasser selbst in einer früheren
Untersuchung und andere Autoren differenzieren zwischen
verschiedenen Teilkategorien von Terroristen, etwa zwischen
einfachen Mitgliedern und Führern von Untergrundorganisationen, zwischen Mittelschicht- und Unterschichtterroristen
oder zwischen männlichen und weiblichen Angehörigen terroristischer Gruppen. Während für den durchschnittlichen
Untergrundkämpfer das Engagement in einer terroristischen
Gruppe eine meist kurzfristige (zwei bis vier Jahre) andauernde
Übergangsphase in seinem Leben darstellt, widmet ihm der
terroristische Führer seine ganze Existenz. Unter Umständen
tut sich hier die Chance einer interessanten Alternative zu
einem bürgerlichen Lebensweg auf, in jedem Fall ist es für
Führer, innerlich wie äußerlich, wesentlich schwieriger, in ein
»normales« Leben zurückzukehren als für gewöhnliche Mitglieder. Führer sind im allgemeinen, wie bereits Russel und
Miller feststellen, deutlich älter als der Durchschnitt. Ob sie

sich in ihren Fähigkeiten und ihrem psychologischen Profil von anderen Mitgliedern unterscheiden, ist mangels einschlägiger Untersuchungen schwer zu sagen, jedoch zu vermuten. Dabei ist nicht zu vergessen, daß sich das Tätigkeitsspektrum innerhalb dieser Organisationen keineswegs auf die Planung und Durchführung blutiger Anschläge beschränkt, sondern wesentlich breiter ist (vgl. das Schaubild in Kap. 4). Entsprechend vielfältig sind die im Untergrund geforderten Führungsqualitäten.

Mittelschichtterrorismus und Unterschichtterrorismus unterscheiden sich, wie bereits in Kapitel 5 gezeigt wurde, nicht nur hinsichtlich ihrer ideologischen Ausrichtung, sondern auch, was die Einbettung in ihr soziales Umfeld und die Gruppe(n) angeht, für die die Anschläge verübt werden. Ausgehend von freilich nicht unumstrittenen Erkenntnissen der Kriminologie kann man feststellen, daß im sozialen Unterschichtmilieu die Anwendung von Gewalt verbreiteter und »natürlicher« ist als in einem mittelständischen Milieu, wo der Einsatz körperlichen Zwangs als »primitiv« gilt und bereits das Kleinkind lernt, seine Bedürfnisse und Wünsche verbal zu artikulieren. Aufgrund der überlegenen Gewaltkompetenz von Unterschichtangehörigen kommt es innerhalb der terroristischen Organisationen nicht selten zu einer Arbeitsteilung zwischen primär mit Planungs- und Führungsaufgaben betrauten Mittelschichtkadern und den unmittelbar für das Gewaltgeschäft zuständigen Unterschichtmitgliedern. Aus diesem Grunde ist es um die längerfristigen Überlebens- und Erfolgschancen einer terroristischen Organisation schlecht bestellt, wenn es ihr nicht gelingt, in den ländlichen bzw. städtischen Unterschichten oder wenigstens den unteren Mittelschichten Fuß zu fassen. Denn nur hier stoßen sie auf jenes Reservoir an aktiver Unterstützung und Rekrutierungsmöglichkeiten, das sie zu einem gewichtigen politischen Machtfaktor werden läßt. Als Beispiele relativ erfolgreicher Organisationen in diesem Sinne können die IRA und die ETA gelten, während die nordamerikanischen Weathermen oder der frankokanadische *FLQ* der späten 60er Jahre Gegenbeispiele für eine sich rein auf studentische Zirkel stützende und deshalb kurzlebige terroristische Gruppe abgeben.

Besondere Aufmerksamkeit in der Literatur haben die Terroristinnen gefunden, wahrscheinlich weil es mit dem üblichen
Verständnis von Weiblichkeit schwer vereinbar erscheint, daß
Frauen zur kaltblütigen Durchführung extremer Gewalttaten
fähig sein sollen. Dabei fehlt es seit den russischen Anarchistin-
nen nicht an Beispielen dafür, daß weibliche Terroristen ihren
männlichen Genossen keineswegs an Zähigkeit, Entschlußkraft
und Nervenstärke in kritischen Situationen nachstehen. Das
Interesse, das den Terroristinnen entgegengebracht wurde, hat
mehrere interessante empirische Befunde zutage gefördert,
beispielsweise:

- Frauen erregen weniger Verdacht, können sich folglich,
  nachdem sie einer Untergrundorganisation beigetreten sind,
  leichter tarnen, ungezwungener bewegen und freier agieren
  als Männer (z. B. wenn es gilt, eine konspirative Wohnung
  anzumieten).
- Frauen finden im terroristischen Aktionsplan vor allem in
  helfenden und unterstützenden Rollen (etwa als Spitzel,
  Lockvogel, Kurier oder Transporteur) Verwendung, was teils
  ihrem Selbstverständnis zu entsprechen scheint, teils funktionale Gründe hat. Dies schließt jedoch nicht aus, daß man
  Frauen auch in anderen Funktionen, bis hin zu Führungspositionen, begegnet.
- Aufgrund ihrer konsensorientierten, den Part des Nachgie-
  bigen und Verständnisvollen einübenden Erziehung trennt
  Frauen ein breiterer Graben von politischer Gewalt als die
  meisten Männer. Sie müssen einen weiteren Weg als diese
  zurücklegen, bis sie schließlich zu einer terroristischen
  Gruppe stoßen. Das bedeutet auch, daß es sich im Regelfall
  um eine bewußtere Entscheidung als bei Männern handelt.
- Solche Entscheidungen sind in modernen Industriegesellschaften, in denen der weibliche Emanzipationsprozeß weit
  fortgeschritten ist, eher zu erwarten als in einem traditionellen Sozialmilieu. Aus diesem Grunde ist es nicht erstaunlich, wenn der Frauenanteil an den sozialrevolutionären terroristischen Organisationen, etwa in Deutschland oder in
  Italien, signifikant über jenem in ethnisch-nationalistischen

oder vigilantistischen Gewaltorganisationen liegt. Letztere
sind zudem von ihrem Selbstverständnis her betont männ-
lich orientiert. Dagegen kommt der Kampf sozialrevolutionärer Gruppen »für die unterdrückten Massen« und »eine
bessere Zukunft« dem Anliegen von Frauen insofern entgegen, als behauptet wird, sie seien generell weniger egoistisch
und machthungrig als Männer.

– Die Präsenz von Frauen beeinflußt stark das emotionale
Klima in terroristischen Untergrundorganisationen; sowohl
generell als auch speziell aufgrund der affektiven Spannungen und Bindungen, auch der erotischen Anreize, die sich
daraus für andere, insbesondere männliche Gruppenmitglieder, ergeben.

Ist der sozialstatistische Ansatz geeignet, um zu einem besseren
Verständnis der Terroristen zu gelangen? Die Antwort muß
zweideutig ausfallen. Einerseits ist der Erklärungswert von Untersuchungen wie derjenigen von Russell und Miller als be-
scheiden einzuschätzen. Ihr Porträt eines fiktiven Terroristen
läßt nicht nur offen, warum von der Unzahl junger Männer,
auf welche die von ihnen genannten Merkmale zutreffen, nur
einige wenige die terroristische Laufbahn einschlagen. Es ver-
fälscht darüber hinaus die wahren Verhältnisse dadurch, daß es
Mittelwerte angibt, die in der Realität auf keine einzige konkrete Organisation zutreffen. So beziehen sich Angaben wie
»Frauen stellen durchschnittlich knapp 10% aller Terroristen«
auf den Mittelwert zwischen einerseits vigilantistischen und
ethnisch-nationalistischen Organisationen, in denen der entsprechende Prozentsatz weit darunter, und sozialrevolutionären Organisationen, in denen er weit darüber liegt. Trügerische
Generalisierungen dieser Art fallen hinter den Erkenntnisstand
zurück, der mit der Differenzierung zwischen verschiedenen
Strukturformen des Terrorismus bereits erreicht worden ist.

Andererseits darf man der sozialstatistischen Methode nicht
jegliches Verdienst absprechen. Dieses liegt zunächst parado-
xerweise vor allem in dem Umkehrschluß, welche sozialen
Gruppen offenbar für ein terroristisches Engagement nicht in
Frage kommen. Klammert man Kinder und Greise aus, so ge-

langt man zu der Feststellung, eine auf dem Lande oder in einer Kleinstadt lebende verheiratete Frau von etwa 45 Jahren mit noch unmündigen Kindern sei besonders gegen terroristische Anfälligkeit gefeit. Zweitens wird der sozialstatistische Ansatz umso interessanter, je mehr er davon absieht, ein allgemein gültiges Terroristenprofil konstruieren zu wollen und sich statt dessen auf Teilkategorien wie die Führer terroristischer Organisationen oder deren weibliche Mitglieder konzentriert. Unter Berücksichtigung solcher Differenzierungen und vor allem in Verbindung mit den herausgearbeiteten unterschiedlichen Strukturtypen des Terrorismus kann die Auswertung sozialstatistischen Datenmaterials durchaus wertvolle Erkenntnisse erbringen.

Gibt es die zum Terrorismus disponierte Persönlichkeit?

Weil terroristische Anschläge schockierend und für die meisten Menschen unverständlich sind, gelten ihre Urheber, die Terroristen, oft als anomal. Die Suche nach den psychischen Besonderheiten, durch die sich Terroristen von normalen Personen unterscheiden, hat zwei Wege eingeschlagen: Entweder man unterstellt ihnen, geistig gestört, psychisch krank zu sein. Oder ihnen wird ein besonderer Fanatismus zugeschrieben, sie gelten zwar als zurechnungsfähig, sollen jedoch eine spezifische, das Pathologische streifende Persönlichkeitsstruktur aufweisen. Die empirische Datenlage in bezug auf psychische Anomalien von Terroristen ist relativ dünn. Doch bereits die wenigen vorliegenden Ergebnisse und Analysen lassen ernsthafte Zweifel an der Richtigkeit der beiden Hypothesen aufkommen.

Die Behauptung, Terroristen litten unter geistigen Störungen (*mental illness*), unterläuft die im 2. Kapitel angestellten Überlegungen zum rationalen Kern, der in der terroristischen Strategie steckt, oder relativiert sie zumindest in erheblichem Maße. Häufig werden traumatische Kindheitserfahrungen für die spätere Hinwendung des Jugendlichen zum Terrorismus verantwortlich gemacht (siehe die ausführliche Kindheitsbeschreibung von Rolf). Terroristen gelten als paranoid, als neurotisch oder als Psychopathen. Nun ist nicht auszuschließen, daß diese psychischen Krankheitssymptome auf einige Terroristen zutreffen, doch verallgemeinern lassen sich derartige Befunde nicht. Alle Forscher, die sich längere Zeit mit Terroristen beschäftigt, d. h. sie interviewt oder auf andere Weise kennengelernt haben, kommen zu dem Schluß, es handle sich um durchaus normale, sich des Sinns und Unsinns ihrer Handlungen bewußte und zu deren Kontrolle fähige Personen. Dieses Urteil wird durch den Psychologen Wilfried Rasch bestätigt, der den harten Kern der ersten Generation der RAF untersucht hat. Er hat keinerlei Anzeichen geistiger Verwirrung oder mangelnder Zurechnungsfähigkeit entdecken können. Die Untersuchten hätten mit klaren Zielvorstellungen, Zähigkeit und Hingabe ihre Gewaltkampagnen betrieben, d. h. sie wiesen Züge auf, die für Psychopathen gänzlich untypisch seien.

Maxwell Taylor greift in diesem Zusammenhang einen bereits von anderen Forschern geäußerten Gedanken auf: Die Abstempelung als »geistig krank« oder »verrückt« sage eher etwas über gesellschaftliche Verdrängungseffekte und Abwehrbedürfnisse im Umgang mit Terroristen als über diese selbst aus. Mit dem Etikett »krank« würden die Gewalttäter in den Bereich des gänzlich Außergewöhnlichen und Unerklärlichen verwiesen, über den Gedanken zu machen sich nicht lohne und für den niemand verantwortlich sei. Auf diese Weise werde der unbequemen Frage ausgewichen, wie es zur Entstehung terroristischer Gruppen gekommen sei und was deren Existenz für die jeweilige Gesellschaft bedeute.

Kaum ergiebiger waren andere Versuche einer psychologischen Kategorisierung von Terroristen: als besonders zornig und ungeduldig, depressiv, von Angstvorstellungen oder einem Männlichkeitswahn besessen. Besonders häufig werden sie als fanatisch charakterisiert. Dabei handelt es sich nicht um einen psychologischen Fachterminus, sondern um eine alltagsweltliche Zuschreibung. Fanatische Menschen haben oft besonders rigide Überzeugungen; sie schließen ungern Kompromisse, setzen konsequent in die Tat um, was sie für richtig halten und lassen sich dabei auch durch erhebliche äußere Widerstände nicht beirren. Wer fanatisch für eine Sache eintritt, dem sagt man nach, daß er oft keine Nuancen mehr sehe, sondern zur Schwarz-Weiß-Malerei neige und nur noch Freund oder Feind kenne. Fanatiker fällen nicht nur Urteile, sondern haben auch eine Tendenz zu Vorurteilen. Diese und andere Züge rücken sie in die Nähe der sogenannten autoritären Persönlichkeit, die von Theodor Adorno und seinen Mitarbeitern in der Nachkriegszeit als ein für den Faschismus besonders empfänglicher Menschentypus beschrieben wurde.

Es läßt sich nicht abstreiten, daß manche Terroristen diesem Bild des Fanatikers weitgehend entsprechen. Doch läßt sich das Klischee keineswegs auf alle Terroristen anwenden. Umgekehrt gilt ebenfalls, daß viele Fanatiker nicht zu Terroristen geworden sind. Der britischer Anthropologe Frank Burton, der sich in den 70er Jahren sechs Monate lang in einem Belfaster Viertel aufhielt und eng mit IRA-Leuten zusammenlebte, kam zu dem Schluß, es sei unmöglich, sie alle über einen Kamm zu scheren. Unter den IRA-Mitgliedern, denen er begegnete, waren alle Intelligenzgrade vertreten. Manche waren religiös, andere wieder nicht, die einen witzig und redselig, andere verschlossen. Gewiß sei er, besonders bei Jüngeren, oft einer Kombination von Eigenschaften wie Bildungsmangel und Draufgängertum, Autoritarismus und Fanatismus begegnet, doch ließen sich diese Züge nicht verallgemeinern. Gerade bei IRA-Volontären, die sich durch besondere Risikofreude und Härte auszeichneten, habe er Anflüge von Nachdenklichkeit, Sensibilität, ja gelegentlicher Niedergeschlagenheit beobachtet. Vor allem dürften der Idealismus und die Hingabebereitschaft, verbunden mit einem Schuß Romantik, als Motiv für den IRA-Beitritt nicht unterschätzt werden.

Besonders stutzig macht der Umstand, daß ausgerechnet jene Terroristen, auf welche die These von der fanatischen Verbohrtheit vor allem zutreffen müßte, nämlich die irischen Hungerstreiker und die islamischen Selbstmordattentäter, allen einschlägigen Berichten zufolge keineswegs einen außergewöhnlich fanatischen Eindruck machen. Augenzeugen heben bei den islamischen Selbstmordkandidaten hervor, daß sie vor dem Anschlag, der sie das Leben kosten wird, ausgesprochen gelöst und gelassen erscheinen. Nicht Wut und Haß spiegelten sich in ihrem Gesicht, sondern ein Lächeln der Freude (*smile of joy*). Die Erklärung liegt offenbar darin, daß beide mit ihrem Akt an eine alte, sowohl in der irischen als auch in der islamischen Kultur verankerte Märtyrertradition anknüpfen und sich für ihre »Mission« systematisch innerlich vorbereiten bzw. vorbereitet werden. Auch in diesem Fall sagt die Charakterisierung als fanatisch, angespannt bis zum Äußersten usf. mehr über die Reaktion des Publikums aus, das derartige Selbstmordaktionen mit Unverständnis quittiert, als über die seelische Haltung der Terroristen selbst.

Wie man es auch dreht und wendet, nichts spricht dafür, daß es für die gesuchte terroristische Psyche eine Entsprechung in der Realität gibt. So wenig es nur eine den Terrorismus begünstigende gesellschaftliche Konstellation, nur einen Strukturtypus der terroristischen Organisation und nur einen Weg in den Terrorismus gibt, so wenig sinnvoll ist es anzunehmen, nur ein bestimmter Personentypus sei für diese extreme Form der Gewaltanwendung geeignet und ansprechbar. Aus Unverständnis hält ein Großteil der öffentlichen Meinung dennoch an der Vorstellung fest, bei Terroristen handle es sich um Fanatiker oder Verrückte. Warum jagen aber auch viele Sozialwissenschaftler, die über einschlägiges Fachwissen verfügen, weiterhin der Chimäre einer besonderen psychischen Disposition zum Terrorismus nach?

Die Lebensbedingungen der Mehrzahl westlicher Sozialwissenschaftler sind unseres Erachtens dafür verantwortlich. Die meisten von ihnen wohnen und arbeiten in Ländern und Regionen, in denen der Staat ein weitgehendes oder vollständiges Monopol hinsichtlich der Ausübung physischen Zwangs hat. Dieser befriedete Zustand läßt die eigenmächtige Gewaltanwendung durch einzelne oder Gruppen zu einem erklärungsbedürftigen Ausnahmetatbestand werden. Dabei wird leicht vergessen, daß der zentraleuropäische Staat Jahrhunderte benötigt hat, um seinen Bürgern den Selbstverteidigungsreflex abzugewöhnen und Europa insoweit keineswegs repräsentativ für andere Großregionen ist. Bereits an seinen Rändern (in Korsika, Sizilien, Irland, der Türkei) hat sich eine Tradition ge-

waltsamer Selbsthilfe erhalten, ganz zu schweigen von Lateinamerika, Afrika oder dem Nahen Osten, wo es dem Staat nie
gelungen ist, den gesellschaftlichen Gruppen das Recht und die
Möglichkeit, ihre Konflikte notfalls gewaltsam auszufechten,
definitiv zu entziehen.

Wie anthropologische Untersuchungen und psychologische
Experimente (etwa die *Milgram*-Experimente), aber auch die
kürzlichen Bürgerkriegserfahrungen in Jugoslawien oder Algerien lehren, liegt die Hemmschwelle, die den einzelnen davon
abhält, gewalttätig zu werden, bei vielen Menschen wesentlich
niedriger, als den meisten Forschern lieb ist. Es bedarf keiner
abnormen Persönlichkeitsstruktur, um sie zu überspringen, unter Umständen nicht einmal besonderer Haßgefühle oder sonstiger emotionaler Anreize. Es kann hinreichen, daß die her-
kömmliche Tabuisierung von Gewaltanwendung entfällt, die
entsprechenden moralischen und rechtlichen Kontrollen sich
lockern und keinerlei ernsthafte Sanktionen zu befürchten
sind. Dabei ist zu vermuten, daß der Übergang zu eigenmäch-
tiger Gewaltanwendung und eventuell auch zu Gewaltexzessen
desto reibungsloser und unbelasteter von Skrupeln vonstatten
geht, je stärker er durch moralische Rechtfertigungsformeln
eingerahmt ist und je mehr Sozialisationsinstanzen bereitste-
hen, die bei der Einübung der ungewohnten gewaltsamen Verhaltensmuster behilflich sind.

Die Bestätigung dieser Annahmen würde eine Verschiebung
der gesamten Problematik bedeuten. Es erübrigt sich dann,
nach den pathologischen Wurzeln der Entwicklung einzelner
zum Terroristen sowie ganzer terroristischer Gruppen zu suchen. Vielmehr würde man einerseits nach den Mechanismen
gelockerter Sozialkontrolle und versteckter (oder offener) Legitimierung aufständischer Gewaltpraktiken Ausschau halten
und andererseits im Einzelfall nach den Vorbildern, Sozialisa-
tionsprozessen und konkreten Umständen fragen müssen, die
das Einschwenken auf eine terroristische Laufbahn nahelegten.

Terrorist als Beruf

Der schon wiederholt zitierte Psychologe Maxwell Taylor schlägt an einer Stelle seiner äußerst lesenswerten Studie vor, Terrorismus als einen »job« wie jeden anderen zu betrachten. Man unterstelle bei der Wahl anderer Berufe keinen latent wirksamen psychologischen Determinismus, warum greife man dann beim Terroristen auf diese Erklärung zurück? Man könnte Taylor entgegnen, weil der Terrorist im Unterschied zu »normalen« Berufen außergewöhnlich großen Schaden anrichtet. Doch würde das sein Argument, das unseres Erachtens in die richtige Richtung zielt, nicht entkräften. Wir glauben, daß zur Erklärung, warum jemand Terrorist wird, die Soziologie und Politikwissenschaft einen ebenso großen, wenn nicht einen größeren Beitrag leisten können als die Psychologie. Deshalb folgen wir Taylors Vorschlag, terroristische Aktivitäten ganz unpathetisch als »Rolle« oder »Beruf« zu begreifen. Menschen können sich dazu entschließen, Bankkaufmann, Ingenieur oder Künstler zu werden. Welche Motive veranlassen sie dazu, sich im Neben- oder Hauptberuf, kurz- oder längerfristig für eine terroristische Laufbahn zu entscheiden?

Zunächst ist hierfür von Bedeutung, wie die terroristische Rolle jeweils in einer Gesellschaft definiert ist. Denn davon dürfte entscheidend abhängen, ob ein Jugendlicher sich für diese Rolle interessiert oder nicht. Diese Rollenbestimmung dürfte von Gesellschaft zu Gesellschaft variieren. Es ist auch nicht unwichtig, ob bereits seit einiger Zeit in der betreffenden Gesellschaft terroristische Organisationen existieren, ob es sich also um ein eingespieltes Rollenmuster handelt oder dieses erst, unter Nachahmung fremder Vorbilder, gewissermaßen erfunden werden muß. Immerhin lassen sich einige wiederkehrende Rollenmerkmale erkennen:

– Terroristen, im Regelfall eine winzige Minderheit, nehmen in jedem Fall eine ausgesprochene Außenseiterrolle ein und stehen am Rande der Gesellschaft, gleichgültig, ob sie diese angreifen oder gegen eine überlegene Macht verteidigen.
– »Terrorist« ist im Unterschied zu »Guerillero« ein negativ be-

setzter Begriff. Fallweise kann diese negative Bewertung zwar dadurch abgemildert werden, daß man von seiten der engeren Bezugsgruppe (z. B. einer ethnischen Minderheit) Verehrung und Bewunderung erfährt. Nichtsdestotrotz gehört man einer weltweit geächteten Kategorie politischer Abweichler an.

– Terrorist sein bedeutet (abgesehen vom vigilantistischen Terrorismus) ein hohes Maß an Opferbereitschaft; wer sich auf diese Rolle einläßt, muß damit rechnen, daß ihm ein umfassendes Engagement abverlangt wird, das auch die eventuelle Hingabe des eigenen Lebens einschließt.

– Terrorismus impliziert schließlich Gewaltanwendung. Zwar existiert innerhalb dieser Gruppen eine Arbeitsteilung – nicht jedes Mitglied ist unmittelbar an den Anschlägen beteiligt –, doch nach außen hin ist dies sekundär. Wer sich einer terroristischen Organisation anschließt, bringt damit zugleich sein Einverständnis für die Übernahme der Verantwortung von Gewalttaten zum Ausdruck.

Je nach historischer Situation und Gesellschaft dürfte dieses allgemeine Rollenbild eine mehr oder weniger große Zahl junger Menschen anziehen. Vorherzusagen, welcher oder welche dieser potentiellen Aspiranten schließlich faktisch zu einer terroristischen Gruppe stoßen wird, ist nicht leichter als die Prognose, wer aufgrund eines vagen Vorwissens und einer gewissen Sympathie für ausgefallene Berufe wie Spion, Börsenmakler oder Bildhauer schließlich tatsächlich diesen Beruf ergreifen wird. Eine ganze Reihe von Selektionsmechanismen spielt hier eine Rolle:

– Gibt es in der betreffenden Gesellschaft kulturelle Muster und Prägeformen, die potentiellen Terroristen als Vorbilder dienen können? Gibt es Ideologien mit totalitären Elementen, die zur bedenkenlosen Gewaltanwendung einladen? Existiert die Figur des Helden und Märtyrers, der sein Leben in jungen Jahren für die Gemeinschaft hingibt? Sind Ehr- und Rachevorstellungen verbreitet, müssen Kränkungen gesühnt werden?

– Auf einer konkreteren Ebene gewinnen die politischen und gesellschaftlichen Rahmenbedingungen an Relevanz. Hat sich die Großgruppe, der der potentielle Gewaltaktivist angehört, je dem staatlichen Anspruch auf alleinige Gewaltausübung gebeugt? Handelt es sich um eine Demokratie oder eine repressive Diktatur, einen unabhängigen Staat oder ein Kolonialregime?

– Sozialstatistische Merkmale dürfen ebenfalls nicht vernachlässigt werden: Welcher sozialen Schicht und Altersgruppe gehört der Kandidat für eine terroristische Laufbahn an, ist es ein Mann oder eine Frau?

– Weiterhin fällt der konkrete Sozialisationsverlauf ins Gewicht: Wie steht es mit dem politischen Engagement der Eltern? Gibt es innerhalb der engeren oder weiteren Verwandtschaft Vorbilder für eine militante politische Widerstandsrolle? Welches politische Klima herrscht an der Ausbildungsstätte, wie verhält sich der nähere Freundeskreis, entwickelt unser Gewaltaspirant Fähigkeiten, die ihm die Wertschätzung potentieller Gewaltgenossen sichern?

– Auch situative Faktoren dürfen nicht unterschätzt werden, etwa ob der repressive Druck in einem kritischen Moment zunimmt oder ob jemand durch die Sicherheitskräfte zu Schaden kommt, der dem »Kandidaten« nahesteht. Es ist denkbar, daß dieser sich wegen kleiner Vergehen in eine Außenseiterposition gedrängt sieht, die ihm scheinbar keine andere Wahl läßt als »unterzutauchen« oder daß er diesen Schritt aus Solidarität mit einem Freund bzw. mit einer Freundin vollzieht.

– Schließlich stellen auch die Aufnahmekriterien von terroristischen Organisationen einen möglichen Filter dar. Diese können durchaus wählerisch sein. Beispielsweise ist von der palästinensischen Hamas bekannt, daß sie freiwillige Selbstmordkandidaten nicht akzeptiert, sondern diese selbst auswählt und für ihre Mission vorbereitet.

Der Weg in eine terroristische Gruppe stellt sich demnach als mehrstufiger Prozeß dar. Auf jeder Stufe kann der potentielle Kandidat für eine solche Laufbahn ausscheren und die Entwicklung abbrechen, freilich den Faden auch wieder aufnehmen, um später oder auf Umwegen doch noch ins terroristische Milieu einzutauchen. Sogar in ein und derselben Gesellschaft gibt es vielfältige und teils gebrochene Pfade, die in den Terrorismus führen.

Im Gegensatz zu dieser Vielfalt verläuft die Entwicklung, nachdem jemand sich der Untergrundorganisation angeschlossen hat, recht einheitlich. Die Situation des ständigen »Auf-der-Hut-Seins« und die eng damit zusammenhängende totale Abhängigkeit des einzelnen von der gemeinsamen Zelle bewirken einen auffälligen Einschmelzungs- und Nivellierungsprozeß in bezug auf die Mitglieder. Abweichung wird zum Luxus, erst jetzt, unter dem ständigen Konformitätsdruck, kommt es zu der seelischen Deformation, die viele Forscher bereits im Vorfeld der Annäherung an eine terroristische Gruppe erkennen wollen.

Die Opfer

Über den oder die Terroristen ist viel geschrieben und spekuliert worden, dagegen werden die Opfer terroristischer Anschläge in der Literatur meist sehr stiefmütterlich behandelt. Es gibt kaum ein Handbuch zum Thema, das ihnen mehr als einen kurzen Abschnitt widmet. Besonders empörende, unschuldige Opfer fordernde Anschläge, wie jene der ETA in den letzten Jahren, können zwar kurzfristig Protestdemonstrationen auslösen, doch danach fallen die Opfer meist rasch dem allgemeinen Vergessen anheim. Dies mag nicht zuletzt daran liegen, daß es keine Organisation gibt, die sich für die Opfer des Terrorismus einsetzen und die Erinnerung in ähnlicher Weise wachhalten würde, wie dies durch amnesty internatonal in bezug auf die staatlichen Gewaltübergriffe geschieht.

So verfügen wir nur über nackte Zahlen, aus denen sich ersehen läßt, wie viele Tote und Verletzte der Terrorismus in einem Lande gefordert hat, ohne daß diese nach weiteren Merkmalen (wie Alter, Geschlecht usf.) aufgeschlüsselt wären. Prinzipiell bleibt niemand und nichts vom Terrorismus verschont, wobei freilich die Gruppe der Hauptleidtragenden je nach Land und Strukturtypus des Terrorismus variiert. Die überaus breite Streuung hinsichtlich der Opferauswahl hängt eng mit dem in Kapitel 2 herausgearbeiteten terroristischen Kalkül zusammen. Terrorismus unterscheidet sich vom Guerillakampf nicht zuletzt dadurch, daß die Grenze zwischen Kombattanten und Nichtkombattanten aufgehoben ist, so daß beliebige Personen der Zivilbevölkerung zur Zielscheibe terroristischer Anschläge werden können. *»Il n'y a pas d'innocents«* (es gibt keine Unschuldigen), erklärte der französische Anarchist Emile Henry vor Gericht, nachdem er 1894 eine Bombe in ein Pariser Café geworfen hatte. Er wollte damit zum Ausdruck bringen, daß seine Tat nichts mit der Schuld oder individuell vorwerfbaren Verhaltensweisen einzelner Cafégäste zu tun hatte, sondern terroristische Anschläge einen jeden treffen könnten, der sich als Träger der intendierten Botschaft eigne.

Der menschenverachtende Zug, der in diesem Auswahlverfahren zum Ausdruck kommt, kontrastiert auffällig zu dem Kult, der mit den Toten aus den eigenen Reihen der Gewaltaktivisten betrieben wird. Man denke nur an die kunstvoll inszenierten Bestattungsrituale für »gefallene« ETA- oder IRA-Mitglieder oder an die lange Diskussion, die von Sympathisanten und Anwälten der RAF darüber geführt wurde, ob deren Führungsquartett sich selbst das Leben genommen hat oder von den Sicherheitsdiensten in Stammheim »liquidiert« worden sei. Hier wird nichts versäumt, um die Toten zu Helden zu stilisieren und einen Mythos um ihre Person und ihr Leben zu kreieren, der Bewunderer dazu verleiten soll, in ihre Fußstapfen zu treten.

Im übrigen ist es keineswegs einfach, eine scharfe Trennlinie zwischen Terrorismusopfern und Opfern unter den Terroristen zu ziehen. Denn terroristische Gewalt zeichnet sich durch ein hohes Selbstzerstörungspotential aus. Auf die Selbstmordattentäter, die gemeinsam mit ihren Opfern den Tod suchen, wurde bereits hingewiesen. Nicht wenige Terroristen kommen auch aufgrund eines unvorsichtigen oder dilettantischen Umgangs mit Waffen oder Sprengstoff zu Tode. Darüber hinaus gibt es einen nicht geringen Blutzoll, der auf die Beseitigung angeblicher Verräter, Denunzianten oder Abtrünniger aus den eigenen Reihen zurückgeht. Diese Begleichung »interner Rechnungen« wird freilich meistens kaschiert; es wird so getan, als seien die Betreffenden im Kampf gegen das System oder einen äußeren Feind »gefallen«.

9.

Die Eskalationsschraube von Isolierung und Radikalisierung

D er rationale Gehalt von Terrorismus darf nicht unterschätzt werden, sonst verkennt man dessen politische Bedeutung und Tragweite. Das hat vor allem auch das 2. Kapitel über die strategische Logik gezeigt. Es gibt aber auch eine dunkle, irrationale Seite terroristischer Gewaltfeldzüge. Sie tritt umso deutlicher hervor, je länger diese andauern. Kaum ein Autor, der nach einiger Beschäftigung mit dem Thema nicht auf diesen schwer nachvollziehbaren Zug von Terrorismus hingewiesen hätte. Manchmal heißt es, seine unbeabsichtigten Wirkungen würden über die beabsichtigten Wirkungen die Oberhand gewinnen oder das Mittel der Gewalt korrumpiere die ursprünglichen politischen Zwecke. Manchmal ist von der Umkehrung der terroristischen Logik die Rede, von der Implosion oder schlicht der unbezähmbaren Eigendynamik terroristischer Gewalt. Gemeint ist stets dasselbe: Daß ab einem bestimmten Zeitpunkt in der Entwicklung terroristischer Organisationen die Gewaltanschläge nicht mehr den angeblich verfolgten politischen Zielen dienen, sondern sich gleichsam verselbständigen und die Organisationen in eine selbstzerstörerische Konfrontation mit den staatlichen Sicherheitskräften treiben.

»Verselbständigung der Gewalt« ist freilich eine Metapher, die offenläßt, wie dieser Prozeß konkret aussieht und warum er immer in ähnlicher Weise verläuft. Hier ist die Forschung in den letzten Jahren ein gutes Stück vorangekommen. Die Zahl der einschlägigen Untersuchungen ist zwar noch gering (zu nennen sind vor allem die Arbeiten von Donatella della Porta).

Sie lassen aber den Schluß zu, daß das Phänomen der »Inversion« primär mit den spezifischen Bedingungen des bewaffneten Kampfes im und aus dem Untergrund heraus zusammenhängt oder, wie es Martha Crenshaw ausdrückte, mit der »psychology of small, radical, illegal conspiracies«. Was es mit dieser »Psychologie kleiner, radikaler, illegaler Verschwörergruppen« auf sich hat, soll im folgenden näher erläutert werden.

Ausgangspunkt ist die Frage nach den Rahmenbedingungen der Untergrundsituation, aus denen sich bestimmte Verhaltensprämissen für die Terroristen ergeben. Es folgt ein Abschnitt über die Schlüsselrolle der Ideologie für diese Gruppen. In einem weiteren Abschnitt wird der Militarisierungsprozeß genauer nachzuzeichnen sein. Am Schluß erfolgt eine kurze Evaluierung der ungewollten gesellschaftlichen und politischen Auswirkungen terroristischer Gewalt, nachdem ihre Akteure die anfänglich proklamierten Ziele nur in den seltensten Fällen erreichen.

Rahmenbedingungen im Untergrund

Die Existenzbedingungen im Untergrund variieren nach folgenden Umständen: dem terroristischen Strukturtypus; der Einbettung einer terroristischen Organisation in ihr engeres und weiteres soziales Umfeld; dem Ausmaß des Verfolgungsdrucks von seiten der staatlichen Sicherheitskräfte sowie den Ausweichmöglichkeiten auf ein benachbartes Territorium, wo sich die Terroristen relativ ungezwungen bewegen können. Wir konzentrieren uns in diesem Kapitel vor allem auf die sozialrevolutionären terroristischen Gruppen in Deutschland und Italien, die vergleichsweise am gründlichsten untersucht worden sind. Doch werden auch gelegentliche Seitenblicke auf andere, nicht dem sozialrevolutionären Strukturtypus zuzuordnende Organisationen zu werfen sein.

Das Leben im Untergrund, wie es sowohl von Aussteigern aus der terroristischen Szene als auch in Interviews mit terroristischen Häftlingen beschrieben wird, ist durch eine Reihe von Belastungsfaktoren gekennzeichnet. Dazu gehört der ständige

Druck, entdeckt zu werden (»aufzufliegen«), das eng damit verbundene, über allen schwebende Risiko, plötzlich getötet zu werden, weiterhin die selbst auferlegte Verpflichtung, durch Anschläge die revolutionäre Botschaft zu verbreiten und der Zwang, für den eigenen und den Lebensunterhalt der Gruppe sowie die sonstigen z.T. beträchtlichen finanziellen Aufwendungen aufkommen zu müssen. Vor allem die ununterbrochenen Bemühungen um Tarnung und einen Anschein der Unauffälligkeit, die Vertuschung eventueller Spuren und die Täuschung der Sicherheitsdienste haben in ihrer Tragweite für die Gruppe als Ganzes wie auch für jedes einzelne Mitglied kaum zu überschätzende Konsequenzen: Die Gruppe darf nicht allzu groß werden, um überschaubar zu bleiben; sie muß alle überflüssigen Kontakte zur Außen- und »Oberwelt« kappen, welche der Polizei Hinweise auf ihren Unterschlupf liefern könnten; sie bedarf bestimmter Regeln, einheitlicher Beschlüsse und eines einheitlichen Kommandos, einer ständigen Selbst- und Fremdkontrolle jedes einzelnen Mitglieds, damit Verdachtsmomente, die sich für Dritte ergeben könnten, von vornherein ausgeräumt werden.

Die doppelte Herausforderung von sozialer Kontrolle und individueller Bewährung kann zu einer hochgradigen Fragmentierung (Zellensystem!) und Hierarchisierung der Organisationsstrukturen führen. Was eine solche Lage auf jeden Fall zur Folge hat, sind intensive Solidaritäts- und Konformitätszwänge, denen der einzelne ausgesetzt ist. Nachdem alle Informationskanäle und Beziehungsstränge nach außen hin abgeschnitten sind, sieht dieser sich auf den Untergrundverband als ausschließliche Bezugsgruppe verwiesen. Die Kampfgefährten werden zu seiner Familie, sie bilden seine Berufs- und seine Freizeitgruppe in einem. Die Terroristen befinden sich im Untergrund, so Roland Gaucher in bezug auf die russischen Anarchisten, wie auf einem eigenen Planeten. Ihr Zusammenhalt wird durch den Tod oder gelegentlichen sonstigen Verlust eines Genossen im Zweifel zusätzlich verstärkt, da die Verbleibenden sich noch enger zusammenschließen.

Donatella della Porta hat in diesem Zusammenhang von »greedy institutions«, dem terroristischen Verband als einer

»gierigen Institution« gesprochen. In der Tat sind die Chancen für die Angehörigen einer terroristischen Gruppe, dieser den Rücken zu kehren oder auch nur in ihrem Schoße eigenständige Meinungen zu äußern, ausgesprochen begrenzt. Angesichts ihrer gefährdeten Lage wittert die Gruppe in jeder individuellen Regung den Ansatz zu Verrat, der mit härtesten Sanktionen geahndet wird. Aber auch in kognitiver und affektiver Hinsicht trägt die Gruppe dafür Sorge, daß jede Tendenz zur Abweichung bereits im Keim erstickt wird. Die ständige Berieselung mit bestimmten Wahrnehmungsschablonen führt dazu, daß dem einzelnen Mitglied alternative Formen der Realitätssicht nach und nach als abwegig erscheinen. Da die Genossen im sozialrevolutionären Kampf zudem für den einzelnen die einzige Quelle emotionaler Zuwendung und sozialer Akzeptanz bilden, kann er es sich gar nicht leisten, auf diese wichtige Stütze seines personellen Gleichgewichtes zu verzichten.

Die Entindividualisierung der Mitglieder geht einher mit ihrer zunehmenden Abhängigkeit von der Gruppe und ihrer uneingeschränkten Hingabe an dieselbe. Die Gruppe duldet kein gesondertes Privatleben ihrer Angehörigen, keine Geheimnisse oder Hobbys, keine uneingestandenen Liebesbeziehungen. Ihre Kontrolle ist allumfassend. Sie stellt eine totale Institution im wörtlichen Sinne dar.

Wenn dem einzelnen weder Zeit noch Muße bleibt, sich von der Gemeinschaft innerlich zu distanzieren und ein eigenständiges Urteil zu bilden, so liegt dies auch an der Hektik und dem Streß, die das Untergrundleben kennzeichnen. Insbesondere den italienischen Terroristen zufolge war man pausenlos mit der Planung oder Durchführung irgendwelcher Aktivitäten beschäftigt. Kam es dabei zu Zusammenstößen mit der Polizei, wurde der einzelne verfolgt und vorübergehend festgenommen oder leistete er irgendwie Widerstand, so war dies seinem Prestige in der Gruppe überaus förderlich. Je mehr »Fronterfahrung« ein Mitglied aufwies, je härter und draufgängerischer es sich im »bewaffneten Kampf« erwies, desto höher rangierte es in der internen Hierarchie. Auch von inhaftierten ETA-Angehörigen (Etarras) wissen wir, daß jene in der informellen Rangordnung der Gefangenen den größten Respekt genießen, die am meisten Anschläge durchgeführt, d. h. Menschen umgebracht haben.

Etwas widersprüchlich sind die Informationen über die emotionale Atmosphäre in diesen Gruppen. Einerseits wird aus Italien und Argentinien berichtet, in ihnen habe ein einzigartiger Geist der Brüderlichkeit und gegenseitigen Hilfsbereitschaft geherrscht. Das Wissen darum, daß jeder für jeden einstehen müsse, habe zusammen mit der gemeinsamen Verpflichtung auf höhere Ideale den menschlichen Beziehungen eine besondere Qualität verliehen, die das normale Alltagsleben nicht bieten könne. Ähnliches ist von den russischen Anarchisten des 19. Jahrhunderts zu erfahren, bei denen allerdings die »revolutionäre Intimität« enge affektive Bindungen zwischen einzelnen Mitgliedern ausschloß. Dem stehen andererseits die Berichte deutscher Aussteiger aus der terroristischen Szene gegenüber, die ein eher nüchternes Bild von der Untergrundrealität zeichnen. Danach hätten konkrete Überlebenszwänge, aber auch alsbald aufbrechende Zwiste innerhalb der Gruppe die Illusion von der Geburt eines neuen Menschen und uneigennütziger Bruderschaft als Nebenresultat des gemeinsamen Kampfes gegen den Kapitalismus schon nach kurzer Zeit zerstört. Vor allem hätte die rasch einsetzende Militarisierung des Denkens und Handelns nur wenig Spielraum für sozialemanzipatorische Experimente gelassen. Auch die deutschen Informanten stellen aber an keiner Stelle das übergreifende Solidaritätsgebot in Frage, das für die Gruppe insgesamt, wie auch für das Verhalten eines jeden einzelnen Mitglieds gegolten habe. Manche Aktionen, etwa der Hungerstreik der in Stammheim einsitzenden Führungsspitze, hätten weniger darauf abgezielt, die Öffentlichkeit zu beeindrucken, als vielmehr darauf, eine Lockerung des gruppeninternen Zusammenhaltes zu verhindern. Es war die »*Angst vor dem Freund*«, wie es ein ehemaliges RAF-Mitglied ausdrückte, die nicht zuließ, daß man den Kampf abbrach und dem Verband den Rücken kehrte.

Aus einer etwas distanzierteren Warte ist festzustellen, daß der jeweilige Grad der sozialen Isolierung einer Gruppe nach dem Beginn des Untergrundkampfes die entscheidende Varia-

ble war, die deren interne Entwicklung bestimmte. Erst aufgrund der sozialen und politischen Isolierung, die im Falle der
deutschen RAF besonders ausgeprägt war, kommt es zur tota-
len Auslieferung des einzelnen an die terroristische Zelle, die
ihn ihren eigenen Interessen und Handlungsimperativen un-
terordnet. Bei ethnisch-nationalistischen und zum Teil auch
bei religiösen terroristischen Bewegungen erlangt die Organisation auf Anhieb nie eine vergleichbare Macht über den einzelnen, da hier eine gewisse Anbindung der Terroristen an bestimmte soziale Trägerschichten erhalten bleibt.

Die Schlüsselrolle der Ideologie

In der Literatur wird unterstrichen, daß das Abdriften einer
Gruppe in die Illegalität häufig mit dem Aufbau alternativer
Sinnwelten verbunden ist, durch die sich die Untergrundkämpfer von der Mehrheitsgesellschaft abgrenzen. Manche
Autoren vergleichen diesen Prozeß mit der Entstehung religiöser Sekten, die ebenfalls durch ein bestimmtes Glaubenssystem
zusammengehalten werden. Andere wollen darin einen neuen
Gruppentypus erkennen, dessen Grundlage die gemeinsame
ideologische Überzeugung der Gruppenmitglieder sei (»ideologische Gruppen«).

Besonders deutlich läßt sich die Schaffung alternativer Sinn-
und Glaubenswelten innerhalb sozialrevolutionärer terroristischer Gruppen beobachten. In Kapitel 5 wurde darauf aufmerksam gemacht, daß sozialrevolutionärer Protest, wie er sich
in den 60er Jahren artikulierte, nicht auf vermehrte politische
Unterdrückung oder eine sonstige konkrete Notlage zurückzuführen war, sondern primär einem Bewußtseinswandel vieler
Intellektueller, ihrer Wiederentdeckung des Marxismus und
Anarchismus, entsprang. Diese ideologische Orientierung erfuhr im Untergrund eine zusätzliche Verstärkung. Als außeror-
dentlich kreativ erwies sich insoweit die RAF, die eine ganze
Reihe von »Texten« – Erklärungen, Positionspapiere, Rechtfertigungsschreiben – entwarf. Deren Adressat war nur in zweiter Linie die deutsche Öffentlichkeit. Primär richteten sie sich

an den engeren Kreis der Gesinnungsgenossen und Kampfgefährten. Ihnen sollte der Rücken gestärkt und sollten alle aufkommenden Zweifel an der Richtigkeit des eingeschlagenen
Weges genommen werden. Die RAF-Spitze versuchte nicht
nur, Überzeugungsarbeit zu leisten, sondern schuf darüber hinaus auch eine eigene Sprache, eigene Riten und Symbole. Im
Grunde zielte sie auf die Erzeugung einer Gegenkultur zur
herrschenden bürgerlichen Kultur ab, in die der einzelne inte-
griert und von der er abhängig gemacht werden sollte.

Was den ideologischen Gehalt ihrer Aussagen betrifft, so
kann es hier nicht darum gehen, deren Inhalte, die ein krauses
Gemisch aus Marxismus, Anarchismus und blindem Aktivismus darstellten, im einzelnen zu entschlüsseln. Interessanter
erscheint es, die charakteristischen Züge ihrer Argumenta-
tionsweise hervorzuheben. Dazu zählt beispielsweise der hohe
Abstraktionsgrad der Aussagen, die nur selten auf konkrete
Gegebenheiten Bezug nehmen. Dank dieser Abstraktheit der
Behauptungen ist jeder empirische Gegenbeweis ausgeschlossen. Der Sinn dieser Immunisierung gegen die Empirie er-
schließt sich vor dem Hintergrund des Zwecks dieser Texte:
Sie waren nicht dafür gedacht, noch Unentschlossene für die
Bewegung zu gewinnen, sondern nach der bereits getroffenen
und vollzogenen Entscheidung für den Untergrund diesen
Schritt zu rechtfertigen und unwiderruflich zu machen.

Um den Terroristen ihren entbehrungsreichen Einsatz als
lohnend erscheinen zu lassen, werden sie mit einer herausgeho-
benen Funktion innerhalb der Ideologie entschädigt: In ihrer
Eigendarstellung gelten sie als Avantgarde des Volkes, als dessen
eigentliche Elite. Diese schmeichelhafte Selbsteinschätzung als
Helden und Märtyrer, die allgemeine Bewunderung verdienen, ist ein fester Bestandteil von Untergrundideologien. Wir
begegenen ihr bereits bei der russischen Narodnaja Volja im
19. Jahrhundert und erneut bei sämtlichen Grundformen des
gegenwärtigen Terrorismus. Sie ist der Denkweise der Terroristen sozusagen immanent. Diese beruht auf der Annahme,
kleine Gruppen Auserwählter müßten die Initiative in Form
von Gewaltbotschaften ergreifen, um den Mächtigen Furcht
einzuflößen und die Massen wachzurütteln. Bezeichnender-

weise erfährt dieses elitäre Selbstbewußtsein keinen Rück-
schlag, sondern eine Bestätigung, wenn, wie dies bei fast allen
sozialrevolutionären terroristischen Bewegungen der Fall ist,
die allgemeine Volkserhebung ausbleibt. Dies wird als zusätzlicher Beweis dafür interpretiert, daß die Gewaltaktivisten der
eigenen Zeit weit voraus sind, die Gesellschaft noch nicht reif
für den revolutionären Umbruch sei und folglich zu ihrem
Glück gezwungen werden müsse. Insofern hält die vorteilhafte
Selbstwahrnehmung zugleich die erforderliche Tröstung für
den Fall bereit, daß die anderen den Elitestatus der Terroristen
nicht anerkennen wollen.

Die heroische Selbstauffassung schließt nicht aus, daß die
Untergrundkämpfer sich gleichzeitig als eine Gemeinschaft
vom herrschenden Regime Verfolgter betrachten, die allein
aufgrund ihrer deutlichen Unterlegenheit bereits Sympathie
und Unterstützung verdiene. Auch hier zeigt sich: Es geht nicht
um eine konsequente Begründung der eigenen Position, sondern um die Rechtfertigung und emotionale Unterfütterung
eines bereits vollzogenen existentiellen Schrittes. In diesem
Sinne ist es nicht erstaunlich, daß auch die Einstellung dieser
Gruppen zum Staat, vor allem zum demokratischen Staat,
durchgehend ambivalent ist. Auf der einen Seite berufen sie
sich auf dessen Rechtsstaatlichkeit und schöpfen, wenn sie gefaßt und vor Gericht gestellt werden, die einem Angeklagten
zustehenden Rechte voll aus. Dies hindert sie aber auf der anderen Seite nicht daran, den Staatsvertretern stets die schlimmsten Absichten zu unterstellen, sie als die Inkarnation des Bösen
und einer rücksichtslosen Repression anzusehen.

Die Tendenz zur Schwarz-Weiß-Malerei, zur manichäisti-
schen Stilisierung des Konflikts, ist so gut wie allen terroristischen Organisationen eigen. Sie tritt umso deutlicher hervor,
je länger deren Gewaltkampagnen anhalten. Zunehmend geht
das Differenzierungsvermögen hinsichtlich verschiedener
Fraktionen des Regierungslagers oder Teilen des staatlichen
Sicherheitsapparates verloren, und auch die Schattierungen
zwischen den verschiedenen Flügeln der Opposition verwi-
schen sich. Aus der Perspektive der Untergrundkämpfer, die
den Kontakt zur Wirklichkeit verlieren, reduziert sich das

breite Spektrum soziopolitischer Gruppierungen und Auseinandersetzungen auf eine einzige Schlüsselachse: ihre Konfrontation mit dem Staatsapparat. Wer in diesem Konflikt nicht für sie Partei ergreift, hat sich damit automatisch für die Gegenseite entschieden; intermediäre Stellungnahmen, Zwischenlösungen gibt es nicht, die Nation, möglicherweise die ganze Welt zerfällt in zwei Hauptlager, das der »Guten«, dem die Gewaltaktivisten angehören, und das Gegenlager der »bösen Feinde«. Wer das nicht begreifen will, gilt als Feigling, Abtrünniger, Verräter usf.

Diese Polarisierung der Fronten kommt treffend in der Kriegsformel zum Ausdruck, die von terroristischen Gruppen mit Vorliebe benutzt wird und für deren Einlösung manche ihrer Mitglieder beträchtliche Opfer – bis hin zur Selbsttötung – erbracht haben. Anfangs der 80er Jahre hat sich bekanntlich eine Reihe von IRA-Häftlingen zu Tode gehungert, um bei der britischen Regierung die Anerkennung des Kriegsgefangenenstatus durchzusetzen. Für terroristische Gruppen hat die Behauptung, man befinde sich im Krieg mit der Staatsgewalt, mehrere augenfällige Vorteile:

- Sie kommt erstens einer Selbstaufwertung dieser Gruppen gleich. Denn die Bezeichnung Krieg enthält die Vermutung, die beiden Kriegsparteien seien vergleichbar, wenn nicht gleichwertig. Es handelt sich somit um eine Beschwörungsformel, die den Mitgliedern die Vorstellung eines Waffengangs von historischer Tragweite suggerieren soll, an dem sie an vorderster Front teilnehmen dürfen.
- Mittels der Kriegsmetapher wird zweitens genau jener Polarisierungsdruck erzeugt, auf den die Terroristen abzielen. Sie bildet die operationale Umsetzung ihrer dichotomischen Weltsicht. Dabei hoffen sie, noch schwankende Individuen und Gruppen in ihr Lager hinüberziehen zu können, eine Hoffnung, die sich freilich meist als trügerisch erweist.
- »Krieg« bedeutet drittens die Freigabe und Legitimierung von Gewaltanwendung. Auf deren moralische Absegnung sind sozialrevolutionäre Gruppen in besonderem Maße angewiesen, da sie vorzugsweise in modernen Industriegesell-

schaften operieren, in denen der Staat seit geraumer Zeit ein Gewaltmonopol durchgesetzt hat. Eigenmächtige gesellschaftliche Gewaltanwendung ruft erhebliche innere Widerstände (auch bei den Terroristen selbst) hervor, die es zu überwinden gilt. An den Rändern Europas angesiedelte ethnisch-nationalistische Protestbewegungen oder terroristische Organisationen in anderen Erdteilen haben insoweit geringere Skrupel.

Wenngleich die ideologische Überhöhung der eigenen Rolle als Herausforderer des Staatsapparates bei sozialrevolutionären terroristischen Gruppen in besonders ausgeprägter, fast karikaturesker Schärfe zu beobachten ist, ist sie doch keineswegs auf diese beschränkt. Auch bei ethnisch-nationalistischen und religiösen terroristischen Organisationen lassen sich ähnliche Tendenzen beobachten, wenngleich sie durch deren stärkere Verankerung in einem breiteren sozialen Umfeld anfänglich gedämpft und abgebremst werden. Je weiter der Kampf jedoch fortschreitet, desto klarer koppeln auch sie sich von ihrer sozialen Basis ab, neigen zu einer sakralen Überhöhung des Konfliktes und ihrer eigenen Rolle als Kampfverband. Dies ist eine Folge der Eigendynamik des Militarisierungsprozesses, der kaum eine dieser Gruppen sich entziehen kann.

Der Militarisierungsprozeß

Der Rückgriff auf die »Kriegsformel« ist der wichtigste Ausdruck einer generellen Tendenz zur äußerlichen und innerlichen Militarisierung, der terroristische Gruppen unterliegen. Für die zunehmende Dominanz militärischer Denk- und Verhaltensmuster gibt es zahlreiche Belege. So wird von deutschen und italienischen Ex-Terroristen stets die besondere Faszination hervorgehoben, die vom Besitz einer Waffe ausging. Eine Pistole in der Tasche mache einen zu einem anderen Menschen, flöße ein bislang unbekanntes Machtgefühl ein, bewirke, daß alles Denken nur um diese Schußwaffe kreise. Aus Argentinien ist zu erfahren, daß an die Stelle der locker gegliederten Guerillaverbände nach und nach eine straffe militärische Hierarchie getreten ist. Der kameradschaftliche Gruß unter Gleichgestellten wich rituellen Grußformeln gegenüber militärischen Vorgesetzten, was viele Guerilleros erzürnte. Das Umschwenken von einer primär politischen zu einer militärischen Denkweise schlägt sich auch in der Lektüre dieser Gruppen nieder. Die Kenntnis der Werke des afroamerikanischen Arztes Frantz Fanon, der Gewalt als Mittel seelisch-geistiger Befreiung aus einer Situation des Kolonialismus und der Knechtschaft anpries, ist ohnedies obligatorisch. Hinzu kommt das Studium klassischer Kriegstheroretiker, etwa Carl von Clausewitz' »Vom Kriege«, aber auch moderner Handbücher des Guerilla- und Antiguerillakampfes, beispielsweise die Handlungsanleitung zur Stadtguerilla des Brasilianers Carlos Marighela. In Deutschland befaßten sich die Untergrundkämpfer intensiv mit den Aufsätzen des damaligen Leiters des Bundeskriminalamtes, Horst Herold.

Für diese wachsende Fixierung auf die militärische Seite des Kampfes unter Vernachlässigung der politischen Perspektiven bieten sich mehrere Erklärungen an. Eine liegt in der Beschränkung der legalen Handlungsmöglichkeiten. Nachdem eine Gruppe in den Untergrund, die Sphäre der Illegalität, abgetaucht ist, bleibt ihr zur Deckung der Unterhaltskosten und sonstiger finanzieller Aufwendungen kaum eine andere Wahl, als sich die Mittel durch List und Gewalt zu verschaffen: durch Diebstahl, Erpressung und Raub. In der Interessenlage der Gruppenführer dürfte eine weitere Erklärung zu finden sein. Mögen einfache Organisationsmitglieder den Kampf im Untergrund als ein Experiment oder eine risikoreiche Übergangsphase in ihrem Leben auffassen, so fällt den Leitfiguren der terroristischen Szene die Entscheidung, sich wieder auf einen bürgerlichen Lebenszuschnitt einzulassen, weit schwerer. Innerlich wie äußerlich sind sie so tief in die Konfrontation verstrickt, daß sie allen Grund haben, diese bis zum bitteren Ende durchzufechten und auch die anderen Mitglieder daran zu hindern, vorzeitig auszuscheren.

Vermutlich kann keine der angeführten Erklärungen ein ähnliches Gewicht beanspruchen wie diejenige, die in der immer stärkeren konfliktiven Verklammerung mit den staatlichen

Sicherheitsdiensten liegt. Auf die zirkulären Verursachungsketten, die derartige Konfliktsituationen in sich bergen, wurde schon bei der Analyse der Eskalierungstendenzen politischer Protestbewegungen hingewiesen. Derselben zirkulären Logik, in potenzierter Form, begegnen wir nunmehr bei der Dauerauseinandersetzung zwischen den Polizeikräften und Geheimdiensten einerseits, den Terroristen andererseits. Jede Seite sieht im Gegenüber den provozierenden Angreifer und nimmt für sich in Anspruch, der nur reagierende Teil zu sein. Jede Seite versucht, sich mit der Denkweise des Gegners vertraut zu machen, um gegen Überraschungsschläge gewappnet zu sein. Und jede Seite ersinnt immer raffiniertere Methoden, um die Gegenseite in technologischer und logistischer Hinsicht »auszutricksen«. Indem sich die beiden Kontrahenten zunehmend ineinander verbeißen, gerät ihnen das sozio-politische Umfeld, in dem ihr Zweikampf stattfindet, aus dem Blick. Zugleich nähern sie sich in ihrem Stil und ihrer Sichtweise zunehmend aneinander an, ohne daß ihnen dies freilich bewußt ist. Eines der Hauptprodukte dieses Annäherungsprozesses ist der Doppelagent, der »agent provocateur«, der beider Seiten Vertrauen genießt, aber beide Seiten täuscht. Seit dem berühmten russischen Doppelagenten Azev, der Anfang dieses Jahrhunderts »aufflog«, haben Geheimdienste immer wieder mit mehr oder weniger Erfolg versucht, Vertrauensleute in die Untergrundorganisationen einzuschleusen.

Nachdem die Mobilisierung der terroristischen Gruppen im Zeichen des bewaffneten Kampfes einen bestimmten Punkt erreicht hat, läßt sie sich in ihrer Eigendynamik nicht mehr aufhalten oder rückgängig machen. Jerrold M. Post hat überzeugend dargelegt, daß ab einer gewissen Schwelle auch schärfste staatliche Gegenmaßnahmen keinerlei Abschreckungseffekt mehr erzielen. Terroristen werden hierdurch lediglich in ihrer Auffassung bestärkt, sie hätten es mit einem gnadenlosen Feind zu tun, an welchen Zugeständnisse zu machen sinnlos sei. Posts Ausführungen bestätigen auf einer sozialemotionalen Ebene die Analyse hinsichtlich des terroristischen Kalküls. Dieses zielt ja darauf ab, den Staat aus seiner Reserve herauszulocken und zu übertrieben harten Unterdrückungsmaßnahmen zu provozieren. Im Zweifel werden die Terroristen als Reaktion darauf keinerlei Einlenkungsbereitschaft erkennen lassen, sondern sich noch enger zusammenschließen und Gewalt mit Gegengewalt beantworten. Emotional wie rational haben sie sich gegen jeglichen Falsifizierungsbeweis, was die Richtigkeit ihrer Strategie betrifft, abgeschirmt. Bedauerlicherweise haben manche Politiker und wohlmeinende prominente Intellektuelle nicht einsehen wollen, was daraus für die Praxis folgt, daß nämlich alle Versuche einer äußeren Beeinflussung dieser Gruppen ab einem bestimmten Stadium ihrer Entwicklung ins Leere gehen. Was immer man unternimmt, ob Politiker ihnen Verhandlungsbereitschaft signalisieren oder mit härteren Maßnahmen drohen, der Effekt ist weitgehend derselbe. Entweder als Zeichen der Schwäche bzw. Heuchelei oder als Beweis von Starrheit und Unnachgiebigkeit interpretiert, werden beide Reaktionsweisen die Terroristen im Zweifel darin bestärken, ihren Kampf fortzusetzen.

Der Prozeß unaufhaltsamer Militarisierung läßt sich deutlich an der Entwicklung der Gewaltformen und dem Anstieg der Schadenskurve ablesen. Generell gilt, daß zunehmend weiche durch härtere, mehr das symbolische Moment betonende durch instrumentell verstandene Gewalttaten abgelöst werden. Die Zahl der Verletzten und Toten nimmt zu, bis ein Kulminationspunkt erreicht ist, an dem externe Faktoren, vor allem die Kontrollmaßnahmen der Sicherheitskräfte, der weiteren Expansion von Gewalt Einhalt gebieten. So war die Entwicklung in fast allen dem Verfasser bekannten Fällen, in Deutschland, Italien und den USA, in Argentinien, Peru und in Kanada, in Nordirland und im Baskenland.

Um dies am Beispiel der letztgenannten Region zu erläutern: Der Widerstand der ETA gegen die Franco-Diktatur setzte in den frühen 60er Jahren mit Demonstrationen und Propagandaaktivitäten für ein unabhängiges Baskenland ein; an deren Stelle traten 1967 Sachzerstörungen, welche eine Gefährdung von Menschenleben einschlossen, obwohl konkret niemand verletzt wurde; 1968 folgte der erste Mord an einem als besonders brutal geltenden Polizisten; die darauffolgenden Jahre sahen die Fortsetzung des selektiven Terrorismus gegen ausgesuchte Vertreter des Regimes; nach Francos Tod, insbesondere ab 1977, dehnte sich das Opferspektrum auf immer weitere Kreise aus. Hand in Hand mit der qualitativen Steigerung ging eine kontinuierliche quantitative Zunahme der Mordanschläge, die nur nach *Francos* Tod kurz unterbrochen wurde, um dann Ende der 70er Jahre Spitzenwerte zu erreichen. Erst die effizientere Zusammenarbeit zwischen spanischen und französischen Sicherheitsbehörden ab 1981 setzte diesem Eskalationsprozeß ein Ende.

Abbildung 3
Opfer des ETA-Terrorismus

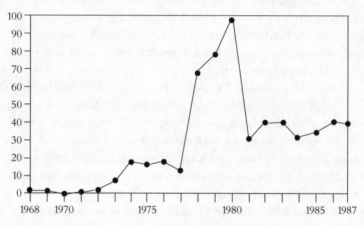

Konflikte, die innerhalb dieser Organisationen ausgetragen werden, spiegeln ebenfalls deren steigende Gewaltfixierung wieder, und zwar sowohl was die Austragungsformen als auch was die Ergebnisse anbelangt. Hinsichtlich der Austragungsformen sei nochmals an die außerordentliche Härte der internen Richtungskämpfe erinnert, die den Weg dieser Gruppen markieren. »Verräter« und »Abtrünnige« werden keineswegs schonender behandelt als externe Feinde, eher, wie man am Beispiel des islamischen Terrorismus sehen kann, noch gnadenloser. Die Freund-Feind-Dichotomie wird ohne Abstriche auf interne Rivalen und Gegner übertragen, mit dem Ergebnis, daß sie im harmloseren Fall aus dem Verband ausgestoßen, aber nicht selten auch »hingerichtet« oder still liquidiert werden. Es gibt keine terroristische Organisation, die nicht eine interne Gewaltepisode dieser Art in ihrer Geschichte aufzuweisen hätte.

Hinsichtlich des Ergebnisses von im Untergrund ausgefochtenen Konkurrenzkämpfen fällt auf, daß in aller Regel der militantere, eskalationsorientierte Flügel der *hardliner* siegt und damit den weiteren Kurs der Organisation vorgibt. Statt vieler sei das Beispiel der nordirischen IRA genannt. Diese zerfiel Anfang der 70er Jahre, als die *troubles* begannen, in einen primär politisch orientierten, auf eine friedliche, sozialistische Revolution hinarbeitenden Flügel, die *official* IRA und einen gewaltorientierten Flügel, die *provisional* IRA. Obwohl ersterer das numerische Übergewicht hatte und laut Satzung die formelle Vertretungskompetenz für die Organisation beanspruchen konnte, gelang es den »Provos« rasch, das Gesetz des Handelns an sich zu reißen. Wer erinnert sich heute noch an die *official* IRA?

Die Militarisierung dieser Gruppen, ihre scheinbar unaufhaltsam wachsende Fixierung auf Gewalt, der eigentlich nur die Funktion eines Mittels für bestimmte politische Zwecke zugedacht war, entfremdet die Terroristen ihren potentiellen Anhängern. Ab einem gewissen Punkt beginnt die Anhängerschaft daran zu zweifeln, daß blinde Gewalt geeignet sei, sie ihren politischen Zielen näherzubringen. Oder sie ist einfach nicht mehr dazu bereit, die Nachteile hinzunehmen, die aus den repressiven Gegenmaßnahmen der Sicherheitskräfte entspringen. Die Terroristen, zunehmend gegen die Wahrnehmung äußerer Signale abgeschottet, setzen sich im Zweifel über die Manifestationen der Distanzierung oder sogar Ablehnung von seiten ihrer Sympathisanten und Unterstützer hinweg und fahren fort in ihrem gewaltsamen Treiben. So erhält sich die in der Kapitelüberschrift angesprochene Dynamik von Isolierung und Radikalisierung bis zur eventuellen Zerstörung oder Selbstauflösung dieser Gruppen.

Dreiphasenschema der Entwicklung

Donatella della Porta schlägt am Ende ihrer Vergleichsstudie zum italienischen und deutschen Terrorismus ein Dreiphasenschema der Entwicklung terroristischer Organisationen vor. In jeder der drei Phasen sei deren Dynamik und Ausrichtung von anderen Kräften geprägt. Im ersten Stadium machten sie sich zum bewaffneten Anwalt der politischen Protestbewegung, aus der sie hervorgegangen sind. Darauf folge eine Phase, in der ihre Entwicklung sowohl durch die ständige Konfrontation mit den Sicherheitskräften als auch durch interne Faktoren bestimmt sei. Und in der dritten, letzten Phase seien nur noch letztere maßgebend. Die Organisation verwandle sich nun in ein primär selbstbezogenes Sozialgebilde, das auf das eigene Überleben hin orientiert sei. Die italienische Terrorismusexpertin bezieht sich in ihren Schlußfolgerungen auf sozialrevolutionäre terroristische Verbände, bei denen sich der spiralenförmig verlaufende Prozeß von Isolierung, Militarisierung und wachsender Selbstbezogenheit besonders deutlich beobachten läßt. Es wäre jedoch zu fragen, ob ihre Dreiphasenregel nicht tendenziell auf sämtliche terroristischen Organisationen zutrifft. Dies würde zugleich bedeuten, daß diese sich im Verlaufe ihrer Entwicklung strukturell zunehmend einander angleichen.

Die Antwort fällt nicht leicht und bedarf in jedem Fall eingehenderer Untersuchungen. Einerseits gibt es empirische Befunde, welche die Konvergenzthese zu bestätigen scheinen, andererseits spricht einiges gegen sie. Die Belege, die für sie ins Feld geführt werden können, betreffen vor allem das Verhältnis vieler terroristischer Organisationen zu ihren inhaftierten Mitgliedern und die Rache für umgekommene Gefährten. Es kann kein Zufall sein, daß für so unterschiedliche Organisationen wie die deutsche RAF und die baskische ETA, die unter keineswegs vergleichbaren Bedingungen operieren, im Laufe der Zeit die angemessene Behandlung der eingesperrten Terroristen immer relevanter wird und den größten Teil der Energien der in Freiheit befindlichen Mitglieder und ihrer Anhänger in Anspruch nimmt. Und ebensowenig dürfte es ein Zufall sein, daß in beiden Fällen Vergeltungsanschläge für umgekommene Kameraden eine so prominente Rolle spielen. Hier spiegelt sich die zunehmende Selbstbezogenheit dieser Gruppen und damit zugleich eine gewisse Verabschiedung von den ursprünglichen hochgesteckten politischen Zielsetzungen. Andererseits scheint sich diese Abwendung von den anfänglichen Zielen und damit auch von der sozialen Unterstützungsbasis, die diese mitträgt, im Falle der ethnisch-nationalistischen Gruppen viel zögerlicher zu vollziehen. Und sie endet nie mit der für sozialrevolutionäre Gruppen bezeichnenden Radikalität und Konsequenz bei bloßer Selbstbezüglichkeit. Eine kürzliche Studie hat aufgezeigt, daß die IRA nach wie vor bei der Auswahl ihrer Anschlagopfer darauf bedacht ist, sich vor der katholischen Bevölkerung Nordirlands, ihrer Klientel, nicht ins Unrecht zu setzen. Die ETA wie die IRA haben zudem, zumindest formal, nie aufgehört, die politische Unabhängigkeit für ihre Regionen einzufordern. Die Frage der strukturellen Annäherung sozialrevolutionärer und ethnisch-nationalistischer Organisationen im Laufe ihrer Entwicklung läßt sich gegenwärtig nicht definitiv beantworten und bedarf künftiger Klärung.

Auswirkungen terroristischer Gewalt

Von den anfänglich beabsichtigten und proklamierten politischen Zielsetzungen der Terroristen, so kann man zusammenfassen, bleibt im Verlauf der terroristischen Kampagne oft wenig übrig. Dies gilt insbesondere für die sozialrevolutionären terroristischen Gruppen in den Industrieländern. Hinsichtlich des ethnisch-nationalistischen Terrorismus, der besonders zäh ist, und des religiösen Terrorismus, der (bezogen auf die Moderne) ein neueres Phänomen darstellt, wird man sich mit definitiven Urteilen zunächst zurückhalten müssen. Dennoch sprechen manche Indizien dafür, daß auch hier die Entwicklung nicht prinzipiell anders verlaufen könnte. Insgesamt jedenfalls kommt den nicht-intendierten Folgen von Terrorismus eine kaum geringere Bedeutung zu als den intendierten. Die augenfälligste unter ihnen, nämlich die Verselbständigung des

Mittels Gewalt gegenüber den damit verfolgten politischen Zwecken und die zunehmende Konzentration der Terroristen auf die Erhaltung der eigenen Gruppe, wurden schon genannt. Gibt es weitere nicht-beabsichtigte Effekte von Terrorismus? Wie steht es mit seinen Auswirkungen auf die Wirtschaft oder die politische Kultur? Hierzu einige abschließende Bemerkungen.

Betrachtet man die Gesellschaften, die von terroristischen Gruppen oder ganzen Bewegungen heimgesucht wurden, aus einer höheren Warte, so hat man Mühe, dem Terrorismus eine positive Seite abzugewinnen. Dies gilt sowohl für seine kurzfristigen als auch für die mittel- und langfristigen Folgen. Sieht man von dem zeitlich nicht einzuordnenden Leiden und Kummer ab, den terroristische Anschläge für die Opfer und deren Angehörige bedeuten, so säen sie, aus einer kurzfristigen Perspektive betrachtet, Haß, Mißtrauen, Angst und Schadenfreude. Sie führen zur Aufkündigung von solidarischen Bindungen und zur sozialen Isolierung der Bedrohten. Der Idealismus und Enthusiasmus der Gewaltaktivisten, wenn er denn überhaupt als etwas Positives zu betrachten ist, wiegt keinesfalls diese Negativeffekte auf der sozialpsychologischen Ebene auf.

Wo Terroristen erfolgreich am Werke sind, da flieht das Kapital, fliehen die Manager und Ingenieure, die Freiberuflichen und alle, die Vermögen oder ein gutes Einkommen haben und somit erpreßbar sind. Der Wohlstand der betreffenden Regionen leidet Schaden. Ähnliches gilt für die Rechtskultur: Es besteht die Gefahr der Aushöhlung rechtsstaatlicher Garantien, um die Verfolgung und Festnahme von Gewaltaktivisten zu erleichtern; klassische Schutzrechte des Angeklagten, wie das des unkontrollierten Kontaktes mit dem Anwalt, können mißbraucht werden und in Mißkredit geraten.

Die negativen Auswirkungen auf die politische Kultur und die politische Landschaft sind ebenfalls nicht zu unterschätzen. Es kommt zu überflüssigen politischen Frontbildungen, die Frage, wie mit dem Terrorismus und den Terroristen umzugehen sei, nimmt unnötig viel Zeit in Anspruch und lenkt die Aufmerksamkeit von anderen, möglicherweise dringlicheren politischen Problemen ab. Unter Umständen können die Ge-

waltanschläge von seiten einzelner Politiker manipulativ mißbraucht werden, etwa indem man dem Gegner Sympathien für
die Terroristen unterstellt oder deren Gefährlichkeit künstlich
aufbauscht, um von inneren Spannungen abzulenken und das
eigene politische Lager zusammenzuhalten.

Wer die politische Entwicklung Spaniens während der letzten 20 Jahre verfolgt hat, ist um Anschauungsmaterial für sämtliche hier aufgezählte Effekte nicht verlegen. In jedem Fall hat
Terrorismus einen politischen Rechtsruck zur Folge, mit all
den nachteiligen Konsequenzen, die sich daraus für die rechtsstaatlichen Institutionen und das demokratische Meinungs-
klima ergeben. Wenn man in den Anstrengungen, die in die
Modernisierung und Effizienzsteigerung der Sicherheitskräfte
investiert werden, oder in dem Unterhaltungsstoff, den terroristische *events* für die Massenmedien liefern, nicht einen positi-
ven Nebeneffekt terroristischer Kampagnen sehen will, dann
fällt es schwer, solche zu entdecken.

Dieses skeptische bis negative Urteil läßt sich auch auf die
mittel- und längerfristigen Auswirkungen terroristischer Kampagnen ausdehnen. Gewiß gab es einige Fälle, in denen terroristische Anschläge der Vorbote umfangreicher politischer Befreiungsbewegungen waren, die zur Gründung eines eigenen
Staates und/oder zur Beseitigung eines Unrechtsregimes führten. Sowohl Israel als auch der Palästinenserstaat bzw. die gegenwärtigen Ansätze zu einem solchen sind aus ursprünglichen
terroristischen Protestaktionen hervorgegangen, und auch die
Überwindung des Apartheid-Regimes in Südafrika wäre ohne
die flankierende »Hilfe« terroristischer Gewalt schwerlich zustande gekommen. Doch handelt es sich insoweit eher um Ausnahmen. Hingegen lassen sich zahlreiche Beispiele dafür anführen, daß Terroristen und Stadtguerilleros unfreiwillig zu
Steigbügelhaltern für das Militär wurden, das anschließend die
Macht ergriff. Man denke nur an Argentinien und Uruguay.
Hier trug das allgemeine Chaos, das in den späten 60er und
frühen 70er Jahren durch die terroristischen Rebellen geschaffen worden war, dazu bei, daß sich die Streitkräfte mit der still-
schweigenden Zustimmung der Bevölkerungsmehrheit der
Herrschaft bemächtigten und repressive Regime von bis dato

unbekannter Härte errichten konnten. Doch selbst wo mit Unterstützung der Terroristen autokratische Herrscher gestürzt werden konnten, etwa die französischen Kolonialherren in Algerien Anfang der 60er Jahre oder knapp 20 Jahre später der Somoza-Clan in Nicaragua, brachte dies dem jeweiligen Land nicht unbedingt Segen. Die aus den terroristischen Kadern sich rekrutierenden Nachfolgeregierungen handhaben die Macht kaum weniger autoritär als ihre Vorgänger. Daß ein Land geläutert, mit gestärkten demokratischen Institutionen aus der Erfahrung von Terrorismus hervorgeht, wie dies offenbar in Italien der Fall war, dürfte, im internationalen Vergleich, eine Ausnahmeerscheinung darstellen.

10.
Gegenmaßnahmen?

Ein Großteil der Arbeiten zum Terrorismus ist nicht aus wissenschaftlichen Gründen, sondern zu dem Zweck verfaßt worden, ihm entgegenzutreten, ihn »zu bekämpfen«, wie es oft heißt. Trotz zahlreicher Aufsätze, wie man psychologisch oder rechtlich, mit politischen oder polizeilichen Mitteln gegen ihn vorzugehen habe, darf man nicht annehmen, dieser Aspekt der Thematik sei gut erforscht und die fertigen Rezepte lägen in der Schublade. Sieht man von Sondersituationen wie Flugzeugentführungen und Geiselnahmen ab, die gründlich untersucht worden sind, so kann man sich des Eindrucks nicht erwehren, hinter all der Beredsamkeit, mit der diese Form von Gewalt verurteilt und Wunschkataloge von Maßnahmen zu ihrer »Bekämpfung« aufgestellt werden, verberge sich auch eine gewisse Ratlosigkeit. Diese mag nicht zuletzt damit zusammenhängen, daß die Erfolgsmaßstäbe oft übertrieben hoch angesetzt werden. Man sollte sich davor hüten, die Vorstellung zu erwecken, es sei möglich, den Terrorismus definitiv auszumerzen. In der Vergangenheit hat sich gezeigt, daß dazu nur totalitäre Regime in der Lage sind. Möchte man jedoch die demokratisch rechtsstaatliche Ordnung nicht um der Verfolgung und Unterdrückung von Terrorismus willen opfern, so wird man sich auch in Zukunft an gelegentlich auftauchende und ihr Unwesen treibende terroristische Gruppen gewöhnen müssen. Denn gerade weil Demokratien politische Protestbewegungen zulassen und die Grundrechte schützen, können sie auch nicht verhindern, daß kleine Gruppen diese Bedingungen für kriminelle Zwecke mißbrauchen.

Die Losung kann also nicht lauten: den Terrorismus ein für allemal beseitigen. Vielmehr geht es vor allem darum, ihn einzudämmen und nach Möglichkeit zu kontrollieren. Das bedeutet, ihm in konkreten Fällen zu begegnen und vor allem den aus den Anschlägen resultierenden Schaden zu begrenzen. Die Hinweise – mehr kann es nicht sein – die im folgenden zu dieser Problemstellung gegeben werden, gliedern sich in folgende Abschnitte: Zunächst wird auf einige allgemeine Voraussetzungen und mögliche »Fallen« eingegangen, die im Umgang mit Terroristen zu beachten sind. Die Maßnahmen selbst lassen sich in eine »Makroebene« von generellen politischen und rechtlichen Richtlinien, eine »Mesoebene« organisatorischer, vor allem polizeilicher Taktiken und Vorgehensweisen und eine auf Individuen und spezifische Situationen bezogene »Mikroebene« einteilen. Den Schluß bilden einige Bemerkungen zu den Bemühungen, dem »internationalen Terrorismus« entgegenzutreten.

Allgemeine Voraussetzungen

Bei dem Versuch, gegen den Terrorismus und die Terroristen vorzugehen, gilt es, zunächst allgemeine Einsichten zu berücksichtigen. Sie mögen manchem Leser trivial erscheinen, dennoch lassen sich genügend Beispiele anführen, in denen sie mißachtet wurden. Damit war der Erfolg einschlägiger Maßnahmen von vornherein in Frage gestellt. Drei Prämissen gilt es zu berücksichtigen:

– Erstens darf man nicht vergessen, daß es sich bei »Terrorismus« um ein sehr komplexes, vielschichtiges Phänomen handelt. Es gibt nicht *den Terrorismus* als solchen, sondern unterschiedliche Strukturformen mit unterschiedlichen Zielen, Identifikationsobjekten, Anhängern usf. Ein leitender Beamter eines deutschen Landeskriminalamtes hat dem Verfasser beispielsweise plausibel erklärt, seine Behörde habe nicht geringe Schwierigkeiten, sich von der sozialrevolutionären RAF, die das Leben ihrer Mitglieder sorgfältig schonte, auf den neuen potentiell selbstmörderischen Terrorismus religiöser Fundamentalisten umzustellen. Wie es zwischen den verschiedenen Grundformen von Terrorismus zu differenzieren gilt, so muß auch zwischen den sukzessiven Entwicklungsphasen einer terroristischen Organisation bzw. Bewegung unterschieden werden. Nach dem, was oben über die Abschottungstendenzen dieser Gruppen ausgeführt wurde, ist es nicht dasselbe, ob eine bestimmte politische oder polizeiliche Maßnahme sich auf deren Inkubations- und Entstehungsphase, die Phase des Aufstiegs, ihren Höhepunkt oder die Zeit des Niedergangs und Verfalls bezieht.

– Zweitens ist es für ein wirksames Vorgehen gegen Terroristen zentral, diese zu verstehen, sich auf ihre Logik einzulassen. Sonst wird man beispielsweise einen Wechsel ihrer Strategie nicht nachvollziehen können und im Zweifel falsch darauf reagieren. Ihre Handlungslogik kann sich, wie wir vor allem am Beispiel der sozialrevolutionären terroristischen Gruppen gesehen haben, im Laufe der Zeit ändern. Aus Gruppen, die ursprünglich weitestreichende politische Umwälzungen angekündigt und verfolgt hatten, können unter der Hand Verbände werden, denen es nur noch um die Selbsterhaltung geht. Die Frage ist: Gibt es bereits Anzeichen für solche Tendenzen und, falls ja, wie weit sind sie fortgeschritten? Lassen sie eine Art Burgfrieden überhaupt noch zu? Wann ist der Wendepunkt erreicht, an dem die Selbsterhaltung dem allmählichen Zerfall der Gruppensolidarität weicht, so daß die Chancen steigen, einzelne Mitglieder aus dem Verband herauszulösen?

Die verhängnisvolle Paradoxie, die bei diesen Gruppen zu beobachten ist, besteht darin, daß sie in Schwächephasen keineswegs ungefährlicher werden. Denn unter Umständen liegt ihnen daran, gerade dann ihre ungebrochene Handlungsfähigkeit zu beweisen. Da ihnen jedoch nicht mehr die Infrastruktur und das erforderliche Personal zur Verfügung stehen, um anerkannten Vertretern des von ihnen bekämpften Systems gefährlich zu werden, die meist geschützt sind (selektiver Terrorismus), vergreifen sie sich an mehr oder weniger willkürlich ausgesuchten ungeschützten Gelegenheitsopfern (Gelegenheitsterrorismus).

Wichtig ist festzuhalten, daß es sich aus Sicht der Terroristen auch bei nach außen hin besonders sinnlos und ungerecht erscheinenden Anschlägen keineswegs um ein irrationales Vorgehen handelt. Deshalb ist das Postulat, man müsse die Terroristen verstehen, dahin zu ergänzen, daß es vor allem gilt, die ihnen eigene Rationalität nachzuvollziehen.

– Diese Rationalität, und das wäre die dritte Prämisse, läßt sich nur bedingt durch die üblichen Verhaltensanreize in Form von Belohnung und Bestrafung beeinflussen, da alle Stimuli im Sinne einer Verstärkung der Gewaltaktivitäten interpretiert werden. Das gilt zunächst für die »Belohnungen«: Sämtliche Experten sind sich darin einig, daß es verhängnisvoll ist, Zugeständnisse an Terroristen zu machen, da diese dann ihre Forderungen immer weiter in die Höhe schrauben. Wer für die Freigabe einer Geisel das erste Mal fünf gefangene Terroristen entläßt, muß damit rechnen, daß sie das nächste Mal die Freilassung von 20, das übernächste Mal von 50 verlangen usf. Um sich nicht dieser eskalierenden Erpressung auszusetzen, weigern sich manche Regierungen, überhaupt mit Terroristen zu verhandeln.

Doch Abschreckungsmaßnahmen zeitigen ebenfalls nur eine Wirkung, nämlich die Terroristen in ihrem Vorsatz zu bestärken, dem Staat und den Sicherheitskräften durch weitere Anschläge zu trotzen. Muß man daraus schließen, daß es sinnlos ist, diese Gruppen überhaupt dahin bringen zu wollen, ihren Gewaltkurs aufzugeben? Diese Schlußfolgerung wäre vermutlich voreilig. Die aufgezeigte, jegliche Verhaltenskontingenz aufhebende Interpretationslogik gilt ja nur für die Gruppe als Ganze, und zwar zu einem Zeitpunkt, da sie sich auf dem Höhepunkt ihrer Macht befindet und eine maximale Kontrolle über ihre Mitglieder ausübt. In der Entstehungs- und Aufschwungphase mögen Beitrittskandidaten durchaus durch energische – nicht ungerechte! – staatliche Sanktionsmaßnahmen abgeschreckt werden; ebenso wie Einzelmitglieder in der Niedergangsphase möglicherweise staatliche Integrationsangebote, also Entgegenkommen, zu schätzen wissen. Es bleibt jedoch dabei, daß die Gruppen als solche nur bedingt gemäß der üblichen Verhaltenslogik reagieren und es deshalb kein Patentrezept für den Umgang mit ihnen gibt.

Maßnahmen auf der Makroebene

Wie immer auch die Politik aussehen mag, die die jeweilige Staatsspitze gegenüber terroristischen Gruppen auf ihrem Territorium verfolgt, wichtig ist, daß sie konsistent, klar, glaubhaft und, wenn möglich, von einem breiten Konsens getragen ist. Bereits das Konsistenzgebot, das eng mit der Frage nach Klarheit zusammenhängt, stößt in pluralistischen Regierungen auf nicht geringe Schwierigkeiten. Ein Regierungswechsel mag zu einer beträchtlichen Schwenkung der inneren Sicherheitspolitik führen. Aber auch unter ein und derselben Regierung ist nicht ausgeschlossen, daß es zu einem politischen Tauziehen zwischen verschiedenen Kräften und Parteien um den richtigen Umgang mit der Terrorismusproblematik kommt. In föderalistischen Staatsgebilden liegt es ohnedies nahe, daß die einzelnen Länder sich nur begrenzt der vom Bund vorgegebenen Generallinie im Vorgehen gegen die Terroristen beugen. Durch Inkonsistenzen dieser Art wird die Klarheit der Mißbilligungs- und Sanktionsbotschaft des Staates gegenüber den Terroristen beeinträchtigt. Diese sehen möglicherweise die Chance, durch gezielte Anschläge zu bestimmten Zeitpunkten an ausgesuchten Örtlichkeiten das politische Kräftespiel zu beeinflussen.

Ein gutes Beispiel in dieser Hinsicht bietet Spanien. Dort hatten sich noch in den späten 80er Jahren sämtliche Parteien außer dem parteipolitischen Sprachrohr der ETA, *Herri Batasuna* (*HB*), darauf geeinigt, dem Terrorismus entschlossen entgegenzutreten und kein politisches Kapital aus ihm zu schlagen. Doch die bürgerliche baskische Partei *Partido Nacional Vasco* (*PNV*) folgte dieser Vereinbarung nicht in letzter Konsequenz, aus der Scheu heraus, ihre radikal nationalistischen Wähler zu verprellen. Ihr Vorsitzender fand stets entschuldigende Worte für die Etarras und konnte sich nicht dazu durchringen, deren Anschläge eindeutig zu verurteilen. Man geht sicher nicht fehl in der Annahme, daß er damit maßgeblich zur Legitimierung des ETA-Terrorismus und zur Entstehung einer radikalisierten, gewalttätigen Jugendszene beitrug, die der Polizei größte Schwierigkeiten macht und der ETA den Rücken stärkt.

Die Politik gegen den Terrorismus muß nicht nur eindeutig und widerspruchsfrei, sondern auch glaubwürdig sein. Es nützt nichts, wenn an bestimmten Maximen nach außen hin scheinbar unbeirrt festgehalten wird, zugleich jedoch informell in der Öffentlichkeit – und bei den Terroristen – durchsickert, daß sie im Einzelfall durchaus biegsam gehandhabt werden. So gibt sich die US-Regierung (wie Israel), offiziell den Anschein, zu keinerlei Zugeständnissen an Terroristen bereit zu sein, nicht einmal dazu, mit diesen gegebenenfalls Gespräche zu führen. Unter Eingeweihten ist jedoch bekannt, daß dieser Grundsatz mehr als einmal durchbrochen wurde, wenn es galt, nordamerikanische Geiseln aus Terroristenhand zu befreien. Glaubwürdiger, und letztlich auch dem Regierungsprestige dienlicher wäre es, wenn man anstatt eines nicht durchhaltbaren unnachgiebigen Standpunktes von vornherein eine gemäßigtere Position vertreten hätte.

Generell wirft die Frage, ob und unter welchen Bedingungen eine Regierung zu Verhandlungen mit terroristischen Anführern bereit ist, keine geringen Probleme auf. Die Terroristen selbst haben größtes Interesse an solchen Verhandlungen, wird dadurch doch ihr politischer Status aufgewertet und ihre These, sie befänden sich im Krieg mit der Staatsmacht, indirekt bestätigt. Dieser Prestigegrund kann unter Umständen das einzige Motiv für sie darstellen, auf Gespräche mit der Regierung zu dringen – je offizieller diese sind, desto besser für sie. Dabei sind sie keineswegs an einer Beilegung des Konfliktes interessiert, dessen Beendigung ja zugleich die Existenz einer Untergrundorganisation überflüssig machen würde. Für die Regierung enthalten Verhandlungen mehrere Fallstricke. Falls die Rebellen in nuce einen alternativen Staat verkörpern, was bei nationalistischen Terroristen oft der Fall ist, gibt es im Grunde nichts auszuhandeln. Denn Souveränitätsrechte lassen sich schlecht teilen, für ein und dasselbe Stück Territorium kann letztlich nur ein Staat die hoheitliche Macht beanspruchen. Doch auch wenn die Terroristen weniger weitreichende, die staatliche Souveränität nicht ernsthaft tangierende Forderungen stellen, birgt der Verhandlungsweg brisanten Konfliktstoff. Widerspricht es nicht demokratischen Regeln, wenn eine

Gruppe, allein gestützt auf ihr Gewaltpotential, die Regierung an den Verhandlungstisch zwingen kann? Könnten sich nicht andere unzufriedene Gruppen, die bei Wahlen mit mageren Ergebnissen rechnen müssen, durch den Präzedenzfall dazu ermuntert fühlen, ebenfalls zur Gewalt zu greifen, um bei den Regierenden Gehör zu finden?

Angesichts dieser denkbaren unerwünschten Nebenwirkungen ziehen es viele Regierungen vor, über informelle Kanäle die Zugeständnisbereitschaft von terroristischen Gruppen, die Druck auf sie ausüben, auszuloten. Wo es, wie im Falle der baskischen Separatisten oder der nordirischen Nationalisten, eine parteipolitische Parallelorganisation zu den Untergrundkämpfern gibt, bietet es sich an, den Friedensdialog mit ihr zu führen. Es läßt sich allerdings nicht ausschließen, daß die Gewaltorganisation anschließend die Parteisprecher desavouiert und sich nicht an die ausgehandelten Vereinbarungen hält. Verspricht sich die Regierung von mehr oder weniger formellen Kontakten zu den Terroristen keine Entspannung, so bleibt ihr die Option, diese, wie es lange Zeit die britische Regierung mit den IRA-Leuten getan hat, als gewöhnliche Kriminelle zu behandeln. Die »Kosten« dieses Schritts (in Form von Protesten, hartnäckigem Widerstand) können jedoch, wie ebenfalls das britische Beispiel beweist, sehr hoch sein. Vor allem dann, wenn es sich nicht, wie bei vielen sozialrevolutionären terroristischen Zellen der 70er und frühen 80er Jahre, lediglich um Kleingruppen mit einem sehr begrenzten Anhang, sondern um Gewaltorganisationen handelt, hinter denen Hunderttausende von Menschen stehen. Hier empfiehlt sich langfristig in jedem Fall eine »politische« Lösung.

Die Herabstufung des Terrorismus zu einem Fall »normaler« Kriminalität ist ein Weg, der sich ohnedies nur in den seltensten Fällen durchhalten läßt. Meist werden, teils auf Betreiben der sich bedroht fühlenden politischen Elite, teils unter dem angeblichen oder tatsächlichen Druck der öffentlichen Meinung, als Reaktion auf terroristische Anschlagsserien rechtliche Sondermaßnahmen getroffen. Beispielsweise werden Sondergesetze erlassen und/oder Sondergerichte etabliert, die speziell für des Terrorismus Angeklagte zuständig sind. Ist dies statthaft,

ist es sinnvoll? Eine generelle Antwort auf diese Frage läßt sich
nicht geben, viel hängt von der jeweiligen Situation, auch von
der politischen Kultur eines Landes ab. Unter Umständen kann
es durchaus gerechtfertigt sein, bestimmte Grundrechte einzu-
schränken oder zumindest zu präzisieren, wenn sie erwiesener-
maßen von Terroristen für ihre Zwecke mißbraucht werden.
Auch die Einführung von Sondergerichten kann angezeigt
sein, wenn sich auf diese Weise verhindern läßt, daß das Militär
die justiziellen Befugnisse hinsichtlich des Terrorismus Ver-
dächtiger an sich reißt. So können auch Richter und Zeugen
eventuellen Racheakten von Verwandten oder Anhängern der
Terroristen entzogen werden, die als Zuschauer der Gerichts-
verhandlung beiwohnen (beides Gefahren, die vor allem in Lateinamerika drohen). Andererseits erscheint eine Justiz wie die
italienische bewundernswert, die es fertigbrachte, ohne Rückgriff auf Sonderklauseln oder -gerichte das Terrorismusproblem
zu meistern.

Generell ist vor einer allzu raschen und leichtfertigen
Durchbrechung rechtsstaatlicher Grundsätze um einer möglichst effektiven Bekämpfung der terroristischen Herausforderung willen zu warnen. Zum ersten ist nicht zu vergessen, daß
mit der Aufwertung, die Terroristen dadurch erfahren, deren
Selbstverständnis als außerordentliche Bedrohung des Staats-
wesens bestätigt und noch zusätzlich gesteigert wird. Daß dies
einen Anreiz für sie bedeutet, ihre Gewaltkampagne noch zu
intensivieren, liegt auf der Hand. Doch zum zweiten wiegt der
Schaden, den dadurch die Rechtsordnung insgesamt und das
allgemeine Rechtsbewußtsein erleidet, die kurzfristigen Vorteile in der Regel nicht auf. Vor allem noch nicht gefestigte Demokratien sollten sich davor hüten, den eben erst erzielten
rechtsstaatlich-demokratischen Konsens durch exzessive Aus-
nahmeregelungen leichtfertig aufs Spiel zu setzen. So ist im
Falle der Bundesrepublik Deutschland nicht zu Unrecht kriti-
siert worden, manche der nach 1977 unter dem Schock der
Schleyer-Entführung zustande gekommenen Gesetze gegen
den Terrorismus seien allzu schnell verabschiedet worden und
im Grunde unnötig gewesen.

Trotz einer generellen Zurückhaltung, die in bezug auf Sondergesetze und anderweitige Sonderinstitutionen gegen den Terrorismus geboten ist, ist jedoch eine gesetzliche Einrahmung der gegen Gewaltaktivisten geplanten Maßnahmen in jedem Fall einem staatlichen Vorgehen außerhalb oder am Rande der Rechtsnormen vorzuziehen. Manche Regierungen haben geglaubt, unter Berufung auf das bekannte Zitat von Carl Schmitt, Partisanen könne man nur auf Partisanenart bekämpfen, illegale Sondereinheiten schaffen zu müssen, die dem Terrorismus mit Gegenterror begegnen. Die *AAA* unter der peronistischen Regierung in Argentinien von 1973–1976 oder der von der sozialistischen Regierung Spaniens in den 80er Jahren auf die ETA angesetzte *GAL* sind Beispiele dafür. In beiden Fällen war der Schaden, der durch diese parapolizeilichen Einheiten aufgrund der um sich greifenden Rechtlosigkeit und Verunsicherung der Bürger angerichtet wurde, bei weitem größer als der »Nutzen« einer Reduzierung der Zahl von Terroristen. Ein Staat, der sich auf eine Stufe mit den Terroristen stellt, macht sich unglaubwürdig und muß sich nicht wundern, wenn ihm auch außerhalb des engeren Sicherheitsbereichs Gehorsam und Respekt verweigert werden. Ohnedies finden Polizei und Geheimdienste in den für sie einschlägigen Rechtsnormen meist genug »Schlupflöcher« und Interpretationslücken, die ihnen erlauben, ihre Befugnisse auszuweiten. Bevor man Teile der öffentlichen Gewalt gänzlich von jeglicher Rücksichtnahme auf Gesetze entbindet, ist es vorzuziehen, wenn, wie dies neuerdings in Israel der Fall ist, auch »harte« Verhörmethoden – die offizielle Bezeichnung lautet: »Anwendung von mäßigem physischem Druck« – gesetzlich gestattet werden. Denn wo es ein gesetzliches Verfahren gibt, da gibt es, im Unterschied zu außergesetzlichen Praktiken, stets auch Kontrollmöglichkeiten, um eklatanten Mißbrauch zu verhindern.

Ein äußerst prekärer Bereich im Umgang mit der Terrorismusproblematik ist die Medienpolitik. Da Terrorismus essentiell eine Kommunikationsstrategie ist, treffen im Medienbereich die Interessen der Regierung, der Rebellen und der Organe und Vertreter der öffentlichen Meinung hart aufeinander. Einerseits verbietet das in den meisten Demokratien verfassungsrechtlich geschützte Institut der Meinungsfreiheit dem

Staat, die Medien, vor allem die Presse und das Fernsehen, gängeln und beeinflussen zu wollen. Andererseits kann es sich eine verantwortungsbewußte Regierung nicht leisten, dieses wichtige Terrain allein den Journalisten und den Terroristen zu überlassen. Die Gefahr einer einseitigen Berichterstattung ist zu groß, ganz abgesehen davon, daß auch Informationen an die Öffentlichkeit gelangen können, die zur Blockierung laufender Verfolgungsmaßnahmen oder gar zur Gefährdung von Menschenleben führen. Angesichts dieses Interessenkonflikts sind die unterschiedlichsten Lösungen ausprobiert worden. Manche Regierungen, beispielsweise die britische, haben eine temporäre oder partielle Zensur verhängt, andere vertrauen ganz darauf, daß sich der Bürger aus dem Kontext unterschiedlicher und teils widersprüchlicher Meinungen selbst ein zutreffendes Urteil bilden werde. Die überwiegende Zahl der Experten spricht sich für eine mit oder ohne Einwirkung der Regierung zustande kommende Selbstkontrolle der Medien, d. h. den freiwilligen Verzicht auf tendenziöse oder zentrale Staatsinteressen gefährdende Berichterstattung aus.

Im übrigen läßt sich bezweifeln, daß es die Aufgabe des Staates ist, die Bürger durch öffentliche Deklarationen in einer Sicherheit zu wiegen, die er letztlich nicht gewährleisten kann. Es dürfte mittlerweile sattsam bekannt sein, daß der hoheitliche Anspruch auf Wahrnehmung eines physischen Zwangsmonopols bei terroristischen Anschlägen an seine Grenzen stößt. Es gibt keinen sicheren Schutz gegen terroristische Gewalt. Dies zuzugeben muß der Staatsautorität nicht abträglich sein, sondern unterstreicht ihr Bestreben, den Bürger ernst zu nehmen und ihm folglich reinen Wein einzuschenken.

Langfristig betrachtet, bleiben den staatlichen Machteliten nur zwei Alternativen im Umgang mit terroristischen Gruppen. Entweder sie versuchen, diese durch Strukturreformen von ihrer sozialen Basis, den »Muttergruppen«, aus denen sie hervorgegangen sind, zu isolieren, also »auszutrocknen« oder »ausbrennen« zu lassen. Aber die Anhängerschaft terroristischer Verbände kann, wie vor allem Beispiele aus dem Bereich des ethnisch-nationalistischen und religiösen Terrorismus zeigen, äußerst zäh und widerborstig sein. Nachdem ihr kollektiver

Zorn oder Trotz einmal geweckt worden ist, kann sie häufig auch durch beträchtliche Zugeständnisse nicht besänftigt und zum Einlenken gebracht werden. In diesem Fall bleibt als alternativer Weg nur, die politische Umsetzung ihres Anliegens zu begünstigen, d. h. die Terroristen nach Möglichkeit aus dem Untergrund herauszulocken und eine institutionelle Lösung anzustreben.

Maßnahmen auf der Mesoebene

Werden auf der Makroebene die Weichen für das prinzipielle Vorgehen gegen terroristische Gruppen gestellt, so geht es auf der Meso- und auf der Mikroebene um eine Umsetzung der allgemeinen Direktiven in konkretere Maßnahmen.

Die Mesoebene der Sicherheitsdienste und -organe bildet im allgemeinen den eigentlichen Schwerpunkt der Terrorismusbekämpfung. Hier werden Sonderabteilungen geschaffen, personelle Ressourcen aufgestockt, besondere Schulungskurse gehalten; hier entwirft man Einsatzpläne, arbeitet Fahndungsraster aus, sammelt Informationen, setzt sich mit der neuesten Technologie der Terroristen auseinander und versucht, sie durch eine entsprechende Gegentechnologie zu kontern. Der Haushalt von mit der terroristischen Drohung befaßten Sicherheitsdienstzweigen pflegt nach einer Gewaltkampagne am schnellsten zu wachsen. Im Falle des Bundeskriminalamtes (BKA), der zentralen mit Terrorismusfahndung befaßten Bundesbehörde, verzehnfachte er sich in den 70er Jahren innerhalb von knapp 10 Jahren. Dies ist die eine Seite der Medaille.

Auf der anderen Seite, wir haben es bereits gehört, stellt das Vorgehen der Sicherheitskräfte zugleich eine der Hauptquellen für das Wachstums der Mitgliederzahlen von terroristischen Organisationen dar: Die undifferenzierte und übertrieben harte Eindämmung einer Protestdemonstration, ein schikanöser Umgang mit Verdächtigen, der leichtfertige oder vorzeitige Gebrauch von Waffen – all diese Maßnahmen tragen nicht nur zur Kontrolle, sondern auch zur Vermehrung der Terroristen bei. Unzählige Berichte bestätigen, daß noch Unschlüssige oder bloße Sympathisanten durch polizeiliche Überreaktionen dazu gebracht wurden, sich den Untergrundkämpfern anzuschließen. Als ein Beispiel sei nur an die Entstehung und schnelle Ausdehnung palästinensischer Widerstandsorganisationen im Anschluß an die Intifada, den von den israelischen Sicherheitskräften hart unterdrückten Aufstand der Palästinenser im Jahr 1987, erinnert.

Zweifellos bekämpfen sich die Polizei und die Terroristen, stechen sich im technologischen Wettbewerb gegenseitig aus und liefern sich bisweilen beachtliche Gefechte mit Toten und Verletzten. Doch zugleich gilt auch: beide Seiten sind aufeinander angewiesen, sprechen teilweise eine ähnliche Sprache und tragen zu ihrer gegenseitigen Erhaltung bei. Die einschlägigen Spezialabteilungen der Polizei können dank der Gewaltanschläge eine Erhöhung ihres Budgets verlangen und eine zentrale Position in den öffentlichen Medien beanspruchen. Daß die Terroristen ihrerseits, so lange diese Gruppen noch intakt und ihr Selbstbewußtsein ungebrochen ist, aus polizeilichen Gegenschlägen, je härter diese ausfallen, desto mehr zusätzliche Motivation schöpfen, wurde bereits mehrmals unterstrichen. Desgleichen wurde an mehreren Stellen betont, daß sich im Zuge ihrer konfliktiven Verklammerung gewisse strukturelle Angleichungsprozesse zwischen beiden Organisationen beobachten lassen. Auf dem Höhepunkt seines Feldzuges gegen den Terrorismus lebte der vielfach geschützte Leiter des BKA, Horst Herold, kaum weniger abgeschottet von der Alltagsrealität als dies für die meisten Untergrundkämpfer zutraf.

Es versteht sich von selbst, daß es sich dabei nicht um ein absichtliches, sondern um ein unfreiwilliges Zusammenspiel beider Seiten handelt, bedingt durch die Dauerkonfrontation aufgrund ihrer gegensätzlichen Ziele und Aufgaben. Gleichwohl sollte die Einsicht, daß ihr Antagonismus nur ein bedingter ist, davor warnen, den Schlüssel zur Lösung der Terrorismusproblematik primär bei den Sicherheitskräften zu suchen. Es ist beispielsweise von Experten darauf hingewiesen worden, daß, ungeachtet des formidablen Ausbaus und der Computerisierung des BKA, die meisten Festnahmen von Terroristen nicht auf die dort entwickelten neuartigen Fahndungsmethoden zurückzuführen waren, sondern auf Hinweise aus der Bevölkerung oder Unachtsamkeiten und Fehler der Gewaltaktivisten selbst.

Die zweite Lektion, die aus dem aufgezeigten Regelkreis immanenter gegenseitiger Verstärkung beider Lager, der Polizeikräfte und der terroristischen Gruppen, zu ziehen ist, lautet, daß man dieses latente Zusammenspiel, wenn man es schon nicht verhindern kann, zumindest überwachen muß. Entscheidend ist kurzum: Kontrolle. Kontrolle der polizeilichen Effizienz, also des angemessenen Verhältnisses der geforderten und eingesetzten Mittel zu den jeweiligen Zwecken; Kontrolle der stets vorhandenen Rivalitäten zwischen verschiedenen Zweigen der Polizei, die relevante Informationen nicht zurückhalten, sondern reibungslos kooperieren sollten; Kontrolle schließlich der Rechtsstaatlichkeit ihres Vorgehens. Der zuletzt genannte Punkt folgt nicht nur aus den Grundprinzipien der Verfassung, sondern hängt auch mit der Verfolgungs«ökonomie« zusammen. Was nützt es, wenn es der Polizei aufgrund einer Überraschungsaktion, etwa einer Hausdurchsuchung, gelingt, zwar zwei Gewalttäter festzunehmen, sie jedoch aufgrund ihrer rüden Methoden vier andere Hausbewohner dazu veranlaßt, sich der Untergrundorganisation anzuschließen? Kaum etwas erscheint wichtiger, allerdings auch schwieriger, als eine klare Trennungslinie zwischen dringend terroristischer Mithilfe Verdächtigen und bloßen Mitläufern und Sympathisanten dieser Gruppen zu ziehen.

Ein prekäres Kapitel in der polizeilichen Terrorismusbekämpfung stellen die Geheimdienste dar. Hier laufen die Informationskanäle bezüglich der terroristischen Organisationen zusammen, hier treten auch die bereits angesprochenen Probleme des Agierens am Rande oder außerhalb der Legalität in besonders akuter Form auf. Manchen Geheimdiensten, etwa dem nordamerikanischen CIA und dem israelischen Mossad, wird nicht nur eine außerordentliche Fähigkeit, »geheime Missionen« zu planen und durchzuführen, sondern auch eine beachtliche Skrupellosigkeit in der Beseitigung politisch mißliebiger Personen, darunter »Terroristen«, bescheinigt. Die eigentliche Hauptaufgabe von Geheimdiensten besteht darin, systematisch Daten-

material über die Untergrundorganisationen zu sammeln und
auszuwerten, um ein möglichst lückenloses Bild zu erhalten. So
können sie vor anstehenden Anschlägen warnen und diese eventuell auch verhindern. Daß es zu diesem Zweck sinnvoll und
notwendig ist, Agenten in die Untergrundszene einzuschleusen
und Kontakte zu allen erdenklichen Informanten zu unterhal-
ten, liegt auf der Hand. Eine ganz andere, letztlich von höchster
politischer Warte zu entscheidende Frage ist, inwieweit Geheimdienste ihrerseits mit Gewaltanschlägen betraut werden
sollten. Die angeführten Argumente, warum der Staat sich davor
hüten sollte, selbst zu terroristischen Methoden zu greifen, gelten auch hier.

Maßnahmen auf der Mikroebene

Die Mikroebene des Vorgehens gegen Terrorismus bezieht sich
auf situations- und personenspezifische Fragen: Wer ist besonders gefährdet und bedarf deshalb des Schutzes? Welche Situationen, Örtlichkeiten, Zeitabschnitte bieten sich besonders für
Anschläge an? Wie geht man mit bestimmten Typen von Terroristen um, wie kann es gelingen, sie aus der Reserve zu
locken? Hier eröffnet sich ein kaum begrenztes Feld von Gegenmaßnahmen und Verhütungsmöglichkeiten im Kleinen. Es
seien nur zwei Komplexe möglicher Vorgehensweisen herausgegriffen: der eine betrifft die Anschlagssituation, der andere
die Chance, Terroristen aus ihrer Gruppe herauszulösen.

Was zunächst die verschiedenen Anschlagsszenarien und
-situationen betrifft, so wird moniert, daß ihre genauere Analyse
bisher sträflich vernachlässigt worden sei. Man kenne inzwischen recht gut die Eigendynamik terroristischer Gruppen und
Bewegungen und habe auch einen Überblick über typische
Verlaufsmuster terroristischer »Karrieren«. Doch die bezeichnenden Umstände des Anschlages selbst, eines terroristischen
»Vorfalls« *(event)*, seien bislang noch kaum erforscht worden.
Wie in bezug auf gewöhnliche Verbrechen könne man sich
auch hier fragen, welche situativen Gegebenheiten Terroristen
eher dazu stimulieren, einen Anschlag durchzuführen und wel-

che sie daran hindern oder davon abschrecken. Verfüge man über einen hinreichenden Überblick bezüglich der Stimuli, so eröffne sich die Möglichkeit, Terroristen hinsichtlich ihrer Pläne und ihres Handelns manipulativ zu beeinflussen. Man könne sie von gewissen Überfällen abzuhalten versuchen, sie zu anderen verleiten usf. Letztlich läuft dieser Ansatz auf die Entwicklung einer Verhaltenstechnologie hinaus (*behavioral technology*), um den Terrorismus in den Griff zu bekommen.

Hinsichtlich der Frage, wie es gelingen kann, Terroristen von ihrer Gemeinschaft loszueisen und zur Informationsfreigabe und Umkehr zu bewegen, kann auf Erfahrungen zurückgegriffen werden, die in Italien und Spanien gesammelt wurden. Während sich in Deutschland nur relativ wenige zum »Ausstieg« aus der terroristischen Szene entschlossen, haben in diesen beiden Ländern viele wegen Beteiligung an terroristischen Delikten Verurteilte sich im Gefängnis von der Gewaltgemeinschaft losgesagt. In Spanien wurde dieser Abkehrprozeß durch Strafnachlaß und Reintegrationshilfen in die Gesellschaft erleichtert, doch in Italien kam derselbe Prozeß auch ohne diese flankierenden Maßnahmen in Gang. In beiden Fällen setzte die Bereitschaft einer größeren Anzahl ehemaliger Gewaltaktivisten, ihrer Organisation den Rücken zu kehren, allerdings erst ein, als diese deutliche Schwächesymptome aufwies und, äußerlich wie innerlich, in eine Krise geraten war. Eine weitere Bedingung, eingesperrte Terroristen zur Einsicht und Umkehr zu bewegen, hängt mit der Gefängnisorganisation zusammen. Es ist von eminenter Bedeutung, ob die politischen Extremisten gemeinsam, im selben Gefängnis, womöglich im selben Trakt, oder getrennt untergebracht sind. Solange sie gemeinsam eingesperrt sind, übt die Gemeinschaft weiter einen Konformitäts- und Loyalitätsdruck auf den einzelnen aus, dem er sich, äußerlich wie auch innerlich, nur schwer entziehen kann. Erst wenn die wegen terroristischer Delikte Verurteilten auseinandergerissen werden und in getrennten Gefängnissen ihre Strafe verbüßen müssen, erst dann erhält der einzelne Gewaltaktivist die Chance, eigenständig über seine Vergangenheit nachzudenken und sich von der Gruppe der Genossen zu distanzieren. Diese Gefängnispolitik, wie sie die spanische Re-

gierung seit Ende der 80er Jahre gegenüber den inhaftierten
Etarras praktiziert, bildet seit eben jener Zeit den Hauptgegen-
stand von Protesten und Anschlägen, mit denen die ETA die
erneute Zusammenlegung der Gefangenen fordert. Nicht von
ungefähr, denn deren Trennung beschleunigt den Erosions-
prozeß der Gewaltorganisation und gefährdet damit letztlich
deren Existenz.

Maßnahmen gegen den internationalen Terrorismus

Was dem internationalen Terrorismus zu seiner Beachtung ver-
hilft, ist weniger die Quantität der dieser Kategorie zuzurech-
nenden Anschläge – sie machen nach Schätzungen weniger als
10% aller terroristischen Gewalttaten aus, (vgl. Kap. 1) – als vielmehr deren »Qualität«: Sie richten sich überwiegend gegen
Angehörige der reichen Industriestaaten, insbesondere gegen
Bürger der USA, der einzigen verbleibenden Weltmacht, in der
zugleich die meiste Literatur zum Thema Terrorismus erscheint.
Um dies anhand eines Zahlenbeispiels zu verdeutlichen: Zwischen 1973 und 1986 fielen laut einer Erhebung insgesamt 440
US-Bürger einem Anschlag im Rahmen des internationalen
Terrorismus zum Opfer, davon kam mehr als die Hälfte bei
einem einzigen Anschlag um. In vierzehn Jahren 440 Tote, das
ist gewiß zuviel. Vergleicht man aber diese Zahl mit dem Blutzoll, den terroristische Gewalt in anderen Ländern, etwa in den
letzten Jahren in Algerien – man spricht von 60 000 Toten –
gefordert hat, so erscheint sie nicht als hinreichend, um eine
einseitige Ausrichtung der Diskussion auf den internationalen
Terrorismus zu rechtfertigen.

Machtgesichtspunkte lassen sich in diesem Zusammenhang
nicht ganz ausblenden, weil sie generell die Debatte über die
erforderlichen internationalen Maßnahmen zur »Bekämpfung«
des Terrorismus bestimmen. Etwas zugespitzt könnte man das
dabei oft zu beobachtende diplomatische Tauziehen mit der
bekannten Formel *»one's man terrorist is another man's freedom
fighter«* kennzeichnen. Auf ein gemeinsames Vorgehen der in-

ternationalen Staatengemeinschaft gegen Terroristen konnte man sich bislang schon deshalb nicht einigen, weil man nach wie vor weit von einer allgemein akzeptierten Definition dessen entfernt ist, was unter Terrorismus eigentlich zu verstehen ist. Vor allem ein Großteil der Entwicklungsländer wehrte sich lange gegen eine allzu großzügige Auslegung des Begriffs aus der Befürchtung heraus, er könnte dazu benützt werden, um antikoloniale Befreiungsbewegungen zu diskriminieren und international zu stigmatisieren. In jüngerer Zeit haben Staaten wie Libyen, der Irak, Syrien oder der Iran, die mehr oder weniger offen terroristische Aktivitäten in anderen Ländern unterstützen, wenig Interesse an einem konzertierten Vorgehen der internationalen Staatengemeinschaft gegen Terroristen gezeigt.

Als Ergebnis dieser latenten Uneinigkeit – offiziell wagt kein Staat, sich zur Unterstützung terroristischer Gruppen zu bekennen – ist eine gewisse Laxheit vieler Staaten im Umgang mit dem Problem des Terrorismus festzustellen. Vor allem entscheiden sie selbst weiterhin darüber, wo die Grenze zwischen »entschuldbarer« politischer und hart zu ahnender krimineller Gewalt verläuft. Zwar existiert eine ganze Reihe internationaler Konventionen und Resolutionen, darunter auch solche der UNO, in denen terroristische Anschläge generell verurteilt werden und energisch gegen spezifische Formen des Terrorismus wie Flugzeugentführung, Entführung und Tötung diplomatischen Personals sowie Diebstahl von Nuklearmaterial Stellung bezogen wird. Auch zeichnet sich in jüngster Zeit eine deutliche Tendenz ab, gewisse Gewaltakte allein aufgrund ihres brutalen, menschenverachtenden Charakters als kriminell einzustufen und keine politische Rechtfertigung mehr für sie gelten zu lassen. Doch bleibt das Völkerrecht insgesamt ein schwaches und unzuverlässiges Instrument, um terroristischen Gruppen zu Leibe zu rücken. Die bereits seit den 30er Jahren existierenden Pläne zur Errichtung eines für internationale terroristische Delikte zuständigen Gerichtshofes wurden bis heute ebensowenig realisiert, wie es bisher völkerrechtlich verbindliche Grundsätze und Richtlinien für die Auslieferung von Terroristen und für Rechtshilfe im Rahmen von Prozessen gegen Terroristen gibt.

Mangels einer verläßlichen Unterstützung durch die internationale Rechtsgemeinschaft muß jeder Staat selbst zusehen, wie er die ihm durch international operierende Terroristengruppen erwachsenden Probleme löst. Dies ist vor allem in Hinblick auf den mehrfach hervorgehobenen Umstand von Bedeutung, daß viele terroristische Organisationen in angrenzenden Ländern über Zufluchts- und Regenerierungsnischen verfügen, die für die Erhaltung ihrer Schlagkraft unentbehrlich sind. Ihnen durch gute Beziehungen und eine reibungslose Zusammenarbeit der Sicherheitsbehörden diese extraterritoriale Operationsbasis zu nehmen, zählt zu den bevorzugten Zielen der Antiterrorismus-Politik eines jeden Staates. Als Beispiele bieten sich sowohl die Invasion der israelischen Armee in südlibanesisches Gebiet an, um dort die Palästinenserlager zu zerstören, als auch die Entwicklung der Beziehungen zwischen dem Vereinigten Königreich und der Irischen Republik einerseits, Spanien und Frankreich andererseits. Sowohl die IRA als auch die ETA profitierten lange Zeit nicht nur von der Sympathie der Bevölkerung in dem jeweils angrenzenden Land, sondern auch von der wohlwollenden Haltung der jeweiligen Regierungen, die ihnen den Status politisch Verfolgter zubilligten. Beide Organisationen sind in Bedrängnis geraten, seitdem Südirland von Großbritannien bzw. Frankreich von der spanischen Regierung zu einem gemeinsamen Vorgehen gegen die Terroristen überredet worden sind.

Die skeptische Einschätzung hinsichtlich der Wirksamkeit internationaler Abkommen und Resolutionen gegen den grenzüberschreitenden Terrorismus soll nicht heißen, daß solchen Vereinbarungen jeglicher Sinn abgesprochen wird. Ihre Anzahl dürfte im Zuge der fortschreitenden Globalisierung in Zukunft weiter zunehmen. Allerdings liegt ihre Bedeutung für absehbare Zeit weniger darin, daß terroristische Gruppen mit konkreten Druck- und Verfolgungsmaßnahmen rechnen müßten, weil sie gegen anerkannte Grundsätze des Rechts und der Humanität verstoßen haben, als vielmehr in der Erzeugung eines bestimmten für sie ungünstigen globalen Stimmungs- und Meinungsklimas. Die Wirkung internationaler Stimmungslagen ist kaum zu überschätzen. Der Terrorismus der

60er und frühen 70er Jahre, der die jüngste terroristische Welle einleitete, ging nicht zuletzt auf einen weltweit spürbaren Mode- und Nachahmungstrend zurück, der politische Gewalt verharmloste und rechtfertigte. Vielleicht verschafft ein sich allmählich abzeichnender Meinungstrend in die entgegengesetzte Richtung der Tabuisierung und Delegitimierung politischer Gewalt der Menschheit – oder Teilen von ihr – für einige Zeit Erleichterung von der Geißel des Terrorismus.

Literaturhinweise
zu den einzelnen Kapiteln

1. Kapitel

Baeyer-Katte, Wanda von, Artikel »Terror«, in: *Sowjetsystem und Demokratische Gesellschaft. Eine vergleichende Enzyklopädie*, Freiburg u. a. (1980), S. 342–359.

Crenshaw Hutchinson, Martha: The Concept of Revolutionary Terrorismus, in: Conflict Resolution, Vol. XVI (1972), No 3, S. 383–396.

Guelke, Adrian: *The Age of Terrorism and the International Political System*, London/New York 1995, Kap. 1 und 2.

Jongmann, Albert J.: Trends in International and Domestic Terrorism in Western Europe, 1968–1988, in: *Terrorism and Political Violence*, Winter 1992, 4/4, S. 26–53.

Münkler, Herfried: Guerillakrieg und Terrorismus, in: *Neue Politische Literatur*, XXV. Jg (1980), H. 3, S. 299–326.

Rapoport, David: The Politics of Atrocity, in: Y. Alexander u. a. (Hrsg.): *Terrorism-Interdisciplinary Perspectives*, John Jay 1977, S. 46–61.

Schmid, Alex P. u. a.: *Political Terrorism. A New Guide to Actors, Authors, Concepts, Data Bases, Theories and Literatures*, 2. Aufl., Amsterdam Oxford usf. 1988.

Waldmann, Peter: Terrorismus und Guerilla – Ein Vergleich organisierter antistaatlicher Gewalt in Europa und Lateinamerika, in: Jahrbuch Extremismus & Demokratie, 5. Jg (1993), S. 69–103.

2. Kapitel

Fetscher, Irving und Rohrmoser, Günter: *Analysen zum Terrorismus 1. Ideologien und Strategien*, Opladen 1981.

Freedman, Lawrence: Terrorism and Strategy, in: Ders. u. a.: *Terrorism and International Order*, London/New York 1986, S. 56–76.

Fromkin, David: Die Strategie des Terrorismus, in: M. Funke (Hrsg.): *Terrorismus. Untersuchungen zur Strategie und Struktur revolutionärer Gewaltpolitik*, Bonn 1977, S. 83–99.

Iviansky, Zeev: Individual Terror: Concept and Typology, in: *Journal of Contemporary History*, Nr. 12 (1977), S. 43–63.

Münkler, Herfried: Guerillakrieg und Terrorismus, in: *Neue Politische Literatur*, XXV. Jg. (1980), H.3, S. 299–326.

Paris, Rainer: Der kurze Atem der Provokation, in: *Kölner Zeitschrift für Soziologie und Sozialpsychologie*, Jg. 41 (1989), S. 33–52.

Walter, Eugene Victor: *Terror and Resistance. A Study of Political Violence*, New York 1969.

3. Kapitel

Bakunin, Michael: *Sozio-politischer Briefwechsel*, Berlin 1977.

Ford, Franklin L.: *Political Murder. From Tyrannicide to Terrorism*, Cambridge u. a. 1985.

Kappeler, Andreas: Zur Charakteristik russischer Terroristen (1878–1887), in: *Jahrbücher für Geschichte Osteuropas*, Jg. 27 (1979), Heft 4, S. 520–547.

Kropotkin, Peter: *Worte eines Rebellen*, Aufsatzsammlung, Bd.I, Frankfurt, 1978.

Laqueur, Walter und Alexander, Yonah (Hrsg.): *The Terrorism Reader*, New York 1987.

Marx, Karl/Engels, Friedrich: *Werke*, Bd. 18, Berlin 1969.

Miller, Martin A.: The intellectual Origins of Modern Terrorism in Europe, in: M. Crenshaw (Hrsg.): *Terrorism in Context*, Pennsylvania 1995, S. 27–62.

Nettlau, Max: *Geschichte der Anarchie*, Bd. III, Glashütten im Taunus 1972.

Pomper, Philip: Russian Revolutionary Terrorism, in: M. Crenshaw (Hrsg.): *Terrorism in Context*, Pennsylvania 1995, S. 63–104.

Rapoport, David C.: Fear and Trembling. Terrorism in Three Religious Traditions, in: *The American Political Science Review*, Bd. 78 (1984), Nr. 3, S. 658–677.

Rubinstein, Richard E.: *Alchimists of Revolution. Terrorism in the Modern World*, New York 1987.

4. Kapitel

Allemann, Fritz René: *Macht und Ohnmacht der Guerilla*, München 1974, S. 311 ff.

Guelke, Adrian: *The Age of Terrorism and the International Political System*, London/New York 1995.

Moyano, María José: *Argentina's Lost Patrol. Armed Struggle, 1969–1979*, Yale 1995.

Schlagbeck, Donna M.: *International Terrorism. An Introduction to the Concepts and Actors*, Lexington/Toronto 1988, Kap. 6 und 8.

Schmid, Alex P. und Graaf, Jauny de: *Violence as Communication. Insurgent Terrorism and the Western News Media*, London 1982.

Wilkinson, Paul (Hrsg.): *Technology and Terrorism*, London 1993.

Wördemann, Franz: *Terrorismus. Motive, Täter, Strategien*, München/Zürich 1977, insbes. 3. Teil.

5. Kapitel

Aust, Stefan: *Der Baader-Meinhof-Komplex*, Hamburg 1985.

Backes, Uwe: *Bleierne Jahre. Baader-Meinhof und danach*, Erlangen 1991.

Clark, Robert P.: *The Basque Insurgents. ETA, 1952–1980*, Madison 1984.

Langguth, Gerd: Protestbewegungen. *Entwicklung-Niedergang-Renaissance. Die neue Linke seit 1968*, Köln 1983.

Maxwell Brown, Richard: *Strain of Violence. Historical Studies of American Violence and Vigilantism*, New York 1975.

Rosenbaum, H. Jon und Sederberg, Peter C. (Hrsg.): *Vigilante Politics*, Pennsylvania 1976.

Tobler, Hans-Werner und Waldmann, Peter (Hrsg.): *Staatliche und parastaatliche Gewalt in Lateinamerika*, Frankfurt a. M. 1991.

Waldmann, Peter: *Militanter Nationalismus im Baskenland*, Frankfurt a. M. 1990.

Waldmann, Peter: Ethnic and Sociorevolutionary Terrorism: A Comparison of Structures, in: Donatella della Porta (Hrsg.): *Social Movements and Violence. Participation in Underground Organization*, Bd. 4 der Serie International Social Movement Research, Greenwich/London 1992, S. 237–258.

6. Kapitel

Hoffman, Bruce: »Holy Terror«: The Implications of Terrorism Motivated by a Religious Imparative, in: *Studies in Conflict and Terrorism*, Bd. 18 (1995), S. 271–284.

Juergensmeyer, Mark (Hrsg.): *Violence and the Sacred in the Modern World*, London 1992.

Kienzler, Klaus: *Der religiöse Fundamentalismus. Christentum, Judentum, Islam*, München 1996.

Laqueur, Walter: Postmodern Terrorism, in: *Foreign Affairs*, Sept./Okt. 1996, S. 24.

Marty, Martin E. und Appleby, Scott R. (Hrsg): *Fundamentalism and the State. Remaking Polities, Economies, and Militance*, Chicago 1993.

Meier, Andreas: *Politische Strömungen im modernen Islam. Quellen und Kommentare*, Bonn 1995.

Reich, Walter: *Origins of Terrorism. Psychologies, Ideologies, Theologies*, States of Mind, Cambridge 1990.

Tibi, Bassam: *Die fundamentalistische Herausforderung. Der Islam und die Weltpolitik*, München 1992.

7. Kapitel

Baeyer-Katte, Wanda von und Claessens, Dieter u. a.: *Gruppenprozesse. Analysen zum Terrorismus*, Bd. 3, Opladen 1982.

Della Porta, Donatella (Hrsg.): *Social Movements and Violence: Participation in Underground Organizations*, International Social Movement Research, Bd. 4, Greenwich/London 1992, insbes. die Kapitel von Della Porta, Braungart und Moyano.

Eubank, Lee und Weinberg, Leonard: Does Democracy Encourage Terrorism?, in: *Terrorism and Political Violence*, Bd. 6, Nr. 4 (Winter 1994), S. 417–443.

Eubank, Lee und Weinberg, Leonard: Terrorism and Democracy within One Country: The Case of Italy, in: *Terrorism and Political Violence*, Bd. 9, Nr. 1 (Spring 1997), S. 98–108.

Gal-Or, Noëmi (Hrsg.): *Tolerating Terrorism in the West. An International Survey*, London 1991.

Moyano, María José: *Argentina's lost Patrol. Armed Struggle 1969–1979*, New Haven und London 1995, insbes. Kap. 4–6.

Neidhardt, Friedhelm: *Gewalt und Terrorismus. Studien zur Soziologie militanter Konflikte*, Berlin 1988.

Reinares, Fernando: The Political Conditioning of Collective Violence: Regime Change and Insurgent Terrorism in Spain, in: *Research on Democracy and Society*, Bd. 3 (1996), S. 297–326.

Waldmann, Peter: Wann schlagen Prostestbewegungen in Terrorismus um? Lehren aus der Erfahrung der 70er Jahre, in: A. Randelzhofer und W. Süß (Hrsg.): *Konsens und Konflikt. 35 Jahre Grundgesetz*, Berlin/New York 1986, S. 399–428.

8. Kapitel

Adorno, Theodor W.: *Studien zum autoritären Charakter*, Frankfurt 1973.

Billig, Otto: The Case History of a German Terrorist, in: *Terrorism*, Bd. 7 (1984), Nr. 1, S. 1–10.

Gaucher, Roland: *Les Terroristes. De la Russie tsariste à l'O.A.S.*, Paris 1965.

Jäger, Herbert; Schmidtchen Gerhard; Süllwold, Liselotte: *Lebenslaufanalysen*. Bd. 2 der »Analysen zum Terrorismus«, Opladen 1981.

Rasch, Wilfried: Psychological Dimensions of Political Terrorism in the Federal Republic of Germany, in: *International Journal of Law and Psychiatry*, Bd.2 (1979), S.79–85.

Ross, Jeffrey Ian: The Psychological Causes of Oppositional Political Terrorism: Toward an Integration of Findings, in: *International Journal of Group Tensions*, Bd. 24 (1994), Nr. 2, S.157–185.

Russel, Charles A. u. Miller, Bowman H.: Profile of a Terrorist, in: *Terrorism*, Bd. 1 (1977), Nr. 1, S.17–34.

Taylor, Maxwell: *The Terrorist*, London u.a. 1988.

Waldmann, Peter (Hrsg.): *Beruf: Terrorist. Lebensläufe im Untergrund*, München 1993.

9. Kapitel

Della Porta, Donatella (Hrsg.): *Social Movements and Violence: Participation in Underground Organizations*. International Social Movement Research, Bd.4, Greenwich/London 1992, insbes. die Einleitung und das Kapitel von M. Crenshaw.

Della Porta, Donatella: *Social movements, political violence and the State. A comparative analysis of Italy and Germany*, Cambridge/USA 1995.

Fanon, Frantz: *Die Verdammten dieser Erde*, Frankfurt 1966.

Münkler, Herfried: Sehnsucht nach dem Ausnahmezustand. Die Faszination des Untergrunds und ihre Demontage durch die Strategie des Terrors, aus: Steinweg, Heine (Hrsg.): *Faszination der Gewalt. Politische Strategie und Alltagserfahrung*, Frankfurt 1983, S.60–88.

Nahirny, Vladimir: Some Observations on Ideological Groups, in: *The American Journal of Sociology*, Bd. LXVII (1961/62), S.397–405.

Neidhard, Friedhelm: Über Zufall, Eigendynamik und Institutionalisierbarkeit absurder Prozesse, in: Heine von Alemann (Hrsg.): *Soziologie in weltbürgerlicher Absicht, Festschrift für René König*, Opladen 1981, S.243–257.

Post, Jerrold M.: Rewarding Fire with Fire: Effects of Retaliation on Terrorist Group Dynamics, in: *Terrorism*, Bd. 10 (1987), S.23–35.

Wasmund, Klaus: Zur politischen Sozialisation in terroristischen Gruppen, in: *Aus Politik und Zeitgeschichte*. Beilage zur Wochenzeitung »Das Parlament«, B 33–34/80, August 1980, S.29–46.

10. Kapitel

Reinares, Fernando: Fundamentos para una política gubernamental antiterrorista en el contexto de regímenes democráticos, in: *Sistema* 132/133 (Juni 1996), S.111–128.

Mullins, Wayman C.: *A Sourcebook on Domestic and International Terrorism*, 2. Auflage, Springfield u. a. 1997, Kap. 9.

Kurz, Anat (Hrsg.): *Contemporary Trends in World Terrorism*, Tel Aviv 1987.

Smith, Davidson C.: *Combating Terrorism*, London/New York 1990.

Taylor, Maxwell: *The Terrorist*, London u. a. 1988. Kap. 9.

Man, Henry M. (Hrsg.): *Terrorism & Political Violence. Limits and Possibilities of Legal Control*, New York u. a. 1993.

Literaturverzeichnis

Adorno, Theodor W.: *The Authoritarian Personality*, New York, 1950.

Allemann, Fritz René: *Macht und Ohnmacht der Guerilla*, München 1974.

Aust, Stefan: *Der Baader-Meinhof-Komplex*, Hamburg 1985.

Backes, Uwe: *Bleierne Jahre. Baader-Meinhof und danach*, Erlangen 1991.

Baeyer-Katte, Wanda von, Artikel »Terror«, in: *Sowjetsystem und Demokratische Gesellschaft*. Eine vergleichende Enzyklopädie, Freiburg u.a. (1980), S. 342–359.

Baeyer-Katte, Wanda von/Claessens, Dieter u.a.: *Gruppenprozesse. Analysen zum Terrorismus*, Bd. 3, Opladen 1982.

Bakunin, Michael: *Sozio-politischer Briefwechsel*, Berlin 1977.

Billig, Otto: The Case History of a German Terrorist, in: *Terrorism*, Bd. 7 (1984), Nr. 1, S. 1–10.

Burton, Frank: *The Politics of Legitimacy. Struggles in a Belfast Community*, London 1978.

Bundesminister des Innern (Hrsg.): *Analysen zum Terrorismus*, 5 Bde., Opladen 1982.

Clark, Robert P.: *The Basque Insurgents. ETA, 1952–1980*, Madison 1984.

Crenshaw Hutchinson, Martha: The Concept of Revolutionary Terrorism, in: *Conflict Resolution*, Bd. XVI (1972), Nr. 3, S. 383–396.

Crenshaw Hutchinson, Martha: *Revolutionary Terrorism. The FLN in Algeria 1954–1962*, Stanford/California 1978.

Crenshaw, Martha: Decisions to Use Terrorism: Psychological Constraints on Instrumental Reasoning, in: D. Della Porta (Hrsg.): *Social Movements and Violence: Participation in Underground Organizations*. International Movement Research, Bd. 4 (1992), S. 29–42.

Crenshaw, Martha (Hrsg.): *Terrorism in Context*, Pennsylvania 1995.

Creveld, Martin van: *Die Zukunft des Krieges*, München 1998.

Darby, John: Legitimate Targets: a Control on Violence?, in: A. Guelke (Hrsg.): *New Perspectives on the Northern Ireland Conflict*, Aldershot/Brookfield 1994, S. 46–64.

Della Porta, Donatella: *Social Movements, Political Violence and the State. A Comparative Analysis of Italy and Germany*, Cambridge/USA 1995.

Della Porta, Donatella: Introduction: On Individual Motivations in Underground Political Organizations, in: Dies. (Hrsg.): *Social Movements and Violence: Participation in Underground Organizations.* International Social Movement Research, Bd. 4, (1992), S. 3–28.

Della Porta, Donatella (Hrsg.): *Social Movements and Violence: Participation in Underground Organizations,* Greenwich/London 1992.

Eubank, Lee und Weinberg, Leonard: Does Democracy Encourage Terrorism?, in: *Terrorism and Political Violence,* Bd. 6, Nr. 4 (Winter 1994), S. 417–443.

Eubank, Lee und Weinberg, Leonard: Terrorism and Democracy within one Country: The Case of Italy, in: *Terrorism and Political Violence,* Bd. 9, Nr. 1 (Spring 1997), S. 98–108.

Fanon, Frantz: *Die Verdammten dieser Erde,* Frankfurt 1966.

Fetscher, Irving und Rohrmoser, Günter: *Analysen zum Terrorismus,* Bd. 1, *Ideologien und Strategien,* Opladen 1981.

Ford, Franklin L.: *Political Murder. From Tyrannicide to Terrorism,* Cambridge u. a. 1985.

Freedman, Lawrence: Terrorism and Strategy, in: Ders. u. a.: *Terrorism and International Order,* London/New York 1986, S. 56–76.

Fromkin, David: Die Strategie des Terrorismus, in: M. Funke (Hrsg.): *Terrorismus. Untersuchungen zur Strategie und Struktur revolutionärer Gewaltpolitik,* Bonn 1977, S. 83–99.

Funke, Manfred (Hrsg.): *Terrorismus. Untersuchungen zur Strategie und Struktur revolutionärer Gewaltpolitik,* Bonn 1977 (Schriftenreihe der Bundeszentrale für politische Bildung, Bd. 123).

Gal-Or, Noëmi (Hrsg.): *Tolerating Terrorism in the West. An International Survey,* London 1991.

Gaucher, Roland: *Les Terroristes. De la Russie tsariste à l'O.A.S.,* Paris 1965.

Girard, René: *Das Heilige und die Gewalt,* Frankfurt 1972.

Guelke, Adrian: *The Age of Terrorism and the International Political System,* London/New York 1995.

Heuvel, Gerd van den: Terreur, Terroriste, Terrorism, in: R. Reichardt/E. Schmitt (Hrsg.): *Handbuch politisch-sozialer Grundbegriffe in Frankreich 1680–1820,* H.3, München 1985, S. 89–132.

Hoffman, Bruce: »Holy Terror«: The Implications of Terrorism Motivated by a Religious Imperative, in: *Studies in Conflict and Terrorism,* Bd. 18 (1995), S. 271–284.

Hoffman, Bruce and Hoffman, Donna Kim: The Rand- St. Andrews Chronology of International Terrorism, 1994, in: *Terrorism and Political Violence,* Bd. 7 (1995), Nr. 4, S. 178–229.

Howard, Lawrence (Hrsg.): *Terrorism. Roots, Impact, Responses*, New York u. a. 1992.

Iviansky, Zeev: Individual Terror: Concept and Typology, in: *Journal of Contemporary History*, Nr. 12 (1977), S. 43–63.

Jäger, Herbert; Schmidtchen Gerhard; Süllwold, Liselotte: *Lebenslaufanalysen. Bd. 2 der »Analysen zum Terrorismus«*, Opladen 1981.

Jongmann, Albert J.: Trends in International and Domestic Terrorism in Western Europe, 1968–1988, in: *Terrorism and Political Violence*, Bd. 4, Nr. 4,(Winter 1992), S. 26–53.

Juergensmeyer, Mark (Hrsg.): *Violence and the Sacred in the Modern World*, London 1992.

Kappeler, Andreas: Zur Charakteristik russischer Terroristen (1878–1887), in: *Jahrbücher für die Geschichte Osteuropas*, Jg. 27 (1979), Heft 4, S. 520–547.

Kienzler, Klaus: *Der religiöse Fundamentalismus. Christentum, Judentum, Islam*, München 1996.

Kropotkin, Peter: *Worte eines Rebellen, Aufsatzsammlung*, Bd.I, Frankfurt 1978.

Kurz, Anat (Hrsg.): *Contemporary Trends in World Terrorism*, Tel Aviv 1987.

Langguth, Gerd: *Protestbewegungen. Entwicklung-Niedergang-Renaissance. Die neue Linke seit 1968*, Köln 1983.

Laqueur, Walter: *Terrorismus. Die globale Herausforderung*, Frankfurt/Berlin 1987.

Laqueur, Walter: Postmodern Terrorism, in: *Foreign Affairs*, Sept./Okt. 1996, S. 24 ff.

Laqueur, Walter und Alexander, Yonah (Hrsg.): *The Terrorism Reader*, New York 1987.

Man, Henry M. (Hrsg.): *Terrorism & Political Violence. Limits and Possibilities of Legal Control*, New York u. a. 1993.

Mansilla, H. C. Felipe: *Ursachen und Folgen politischer Gewalt in Kolumbien und Peru*, Frankfurt 1993.

Marighela, Carlos: Handbook of Urban Guerilla Warfare, in: Ders.: *For the Liberation of Brazil*, London 1971, S. 61–97.

Marty, Martin E. und Appleby, Scott R. (Hrsg.): *Fundamentalism and the State. Remaking Polities, Economies and Militance*, Chicago 1993.

Marx, Karl/Engels, Friedrich: *Werke*, Berlin 1969.

Maxwell Brown, Richard: *Strain of Violence. Historical Studies of American Violence and Vigilantism*, New York 1975.

Meier, Andreas: *Politische Strömungen im modernen Islam*, Quellen und Kommentare, Bonn 1995.

Merkl, Peter M. (Hrsg.): *Political Violence and Terror. Motifs and Motivations*, Berkeley/London 1986.

Miller, Martin A.: The intellectual Origins of Modern Terrorism in Europe, in: M. Crenshaw (Hrsg.): *Terrorism in Context*, Pennsylvania 1995, S. 27–62.

Moyano, María José: *Argentina's Lost Patrol. Armed Struggle 1969–1979*, New Haven and London 1995.

Mullins, Wayman C.: *A Sourcebook on Domestic and International Terrorism*, 2. Auflage, Springfield u. a. 1997.

Münkler, Herfried: Sehnsucht nach dem Ausnahmezustand. Die Faszination des Untergrunds und ihre Demontage durch die Strategie des Terrors, in: Steinweg, Heine (Hrsg.): *Faszination der Gewalt. Politische Strategie und Alltagserfahrung*, Frankfurt 1983, S. 60–88.

Münkler, Herfried: Guerillakrieg und Terrorismus, in: *Neue Politische Literatur*, XXV. Jg. (1980), Heft 3, S. 299–326.

Nahirny, Vladimir: Some Observations on Ideological Groups, in: *The American Journal of Sociology*, Bd. LXVII (1961/62), S. 397–405.

Neidhardt, Friedhelm: Über Zufall, Eigendynamik und Institutionalisierbarkeit absurder Prozesse. Notizen am Beispiel einer terroristischen Gruppe, in: H. von Alemann (Hrsg.): *Soziologie in weltbürgerlicher Absicht, Festschrift für René König*, Opladen 1981, S. 243–257.

Neidhardt, Friedhelm: *Gewalt und Terrorismus. Studien zur Soziologie militanter Konflikte*, Berlin 1988.

Nettlau, Max: *Geschichten der Anarchie*, Bd. I–IV, Glashütten im Taunus 1972.

O'Sullivan, Noël (Hrsg.): *Terrorism, Ideology and Revolution*, Brighton 1986.

Paris, Rainer: Der kurze Atem der Provokation, in: *Kölner Zeitschrift für Soziologie und Sozialpsychologie*, Jg. 41 (1989), S. 33–52.

Pomper, Philip: Russian Revolutionary Terrorism, in: M. Crenshaw (Hrsg.): *Terrorism in Context*, Pennsylvania 1995, S. 63–104.

Post, Jerrold M.: Rewarding Fire with Fire: Effects of Retaliation on Terrorist Group Dynamics, in: *Terrorism*, Bd. 10 (1987), S. 23–35.

Rapoport, David C.: The Politics of Atrocity, in: Y. Alexander u. a. (Hrsg.): *Terrorism-Interdisciplinary Perspectives*, John Jay 1977, S. 46–61.

Rapoport, David C.: Fear and Trembling. Terrorism in Three Religious Traditions, in: *The American Political Science Review*, Bd. 78 (1984), Nr. 3, S. 658–677.

Rapoport, David C.(Hrsg.): *Inside Terrorist Organizations*, New York 1988.

Rasch, Wilfried: Psychological Dimensions of Political Terrorism in the Federal Republic of Germany, in: *International Journal of Law and Psychiatry*, Bd. 2 (1979), S.79–85.

Reich, Walter: *Origins of Terrorism. Psychologies, Ideologies, Theologies, States of Mind*, Cambridge 1990.

Reinares, Fernando: Características y Formas del Terrorismo Político en Sociedades Industriales Avanzadas, in: *Revista Internacional de Sociología*, Nr. 5, Mai-August 1993, S.35–67.

Reinares, Fernando: The Political Conditioning of Collective Violence: Regime Change and Insurgent Terrorism in Spain, in: *Research on Democracy and Society*, Bd. 3 (1996), S.297–326.

Reinares, Fernando: Fundamentos para una Política Gubernamental Antiterrorista en el Contexto de Regímenes Democráticos, in: *Sistema* 132/133 (Juni 1996), S.111–128.

Rosenbaum, H. Jon und Sederberg, Peter C. (Hrsg.): *Vigilante Politics*, Pennsylvania 1976.

Ross, Jeffrey Ian: The Psychological Causes of Oppositional Political Terrorism: Toward an Integration of Findings, in: *International Journal of Group Tensions*, Bd. 24 (1994), Nr. 2, S.157–185.

Rubinstein, Richard E.: *Alchimists of Revolution. Terrorism in the Modern World*, New York 1987.

Russel, Charles A. u. Miller, Bowman H.: Profile of a Terrorist, in: *Terrorism*, Bd. 1 (1977), Nr. 1, S.17–34.

Scheerer, Sebastian: Deutschland: Die ausgebürgerte Linke, in: Henner Hess u. a.: *Angriff auf das Herz des Staates. Soziale Entwicklung und Terrorismus*, Bd. 1, Frankfurt a.M. 1988, S.193–429.

Schlagbeck, Donna M.: *International Terrorism. An Introduction to the Concepts and Actors*, Lexington/Toronto 1988.

Schmid, Alex P. u. a.: *Political Terrorism. A New Guide to Actors, Authors, Concepts, Data Bases, Theories and Literature*, 2. Aufl., Amsterdam/Oxford usf. 1988.

Schmid, Alex P. und Graaf, Jauny de: *Violence as Communication. Insurgent Terrorism and the Western News Media*, London 1982.

Smith, Davidson C.: *Combating Terrorism*, London/New York 1990.

Taylor, Maxwell: *The Terrorist*, London u. a. 1988.

Tibi, Bassam: *Die fundamentalistische Herausforderung. Der Islam und die Weltpolitik*, München 1992.

Tobler, Hans-Werner und Waldmann, Peter (Hrsg.): *Staatliche und parastaatliche Gewalt in Lateinamerika*, Frankfurt a.M. 1991.

Troebst, Stefan: Nationalismus und Gewalt im Osteuropa der Zwischenkriegszeit. Terroristische Separatismen im Vergleich, in: *Berliner Jahrbuch für Osteuropäische Geschichte* 1996/1, S. 273–314.

U.S. Department of State: Patterns of Global Terrorism: 1990, in: *Terrorism*, Bd. 14 (1991), S. 253–278.

Waldmann, Peter: Wann schlagen Prostestbewegungen in Terrorismus um? Lehren aus der Erfahrung der 70er Jahre, in: A. Randelzhofer und W. Süß (Hrsg.): *Konsens und Konflikt. 35 Jahre Grundgesetz*, Berlin/New York 1986, S. 399–428.

Waldmann, Peter: *Ethnischer Radikalismus. Ursachen und Folgen gewaltsamer Minderheitenkonflikte*, Opladen 1989.

Waldmann, Peter: *Militanter Nationalismus im Baskenland*, Frankfurt a. M. 1990.

Waldmann, Peter: Ethnic and Sociorevolutionary Terrorism: A Comparison of Structures, in: Donatella della Porta (Hrsg.): *Social Movements and Violence. Participation in Underground Organization*, Bd. 4 der Serie International Social Movement Research, Greenwich/London 1992, S. 237–258.

Waldmann, Peter: Terrorismus und Guerilla – Ein Vergleich organisierter antistaatlicher Gewalt in Europa und Lateinamerika, in: *Jahrbuch Extremismus & Demokratie*, 5. Jg. (1993), S. 69–103.

Waldmann, Peter (Hrsg.): *Beruf: Terrorist. Lebensläufe im Untergrund*, München 1993.

Walter, Eugene Victor: *Terror and Resistance. A Study of Political Violence*, New York 1969.

Wardlaw, Grant: *Political Terrorism. Theory, Tactics and Counter-Measures*, Cambridge/USA 1982.

Wasmund, Klaus: Zur politischen Sozialisation in terroristischen Gruppen, in: *Aus Politik und Zeitgeschichte*. Beilage zur Wochenzeitung *Das Parlament*, B 33–34/80, August 1980, S. 29–46.

Wieviorka, Michel: *Sociétés et terrorisme*, Paris 1988.

Wilkinson, Paul (Hrsg.): *Technology and Terrorism*, London 1993.

Wördemann, Franz: Mobilität, Technik und Kommunikation als Strukturelemente des Terrorismus, in: M. Funke (Hrsg). *Terrorismus*, Bonn 1977, S. 141–157.

Wördemann, Franz: *Terrorismus. Motive, Täter, Strategien*, München/Zürich 1977.

Wunschik, Tobias: *Baader-Meinhofs Kinder. Die zweite Generation der RAF*, Opladen 1997.

Namenregister

Sachregister

Bezeichnungen terroristischer Gruppen sind kursiv gesetzt.

Danksagung

Wenngleich der Band nur schmal ist, haben doch nicht wenige zu seiner Entstehung beigetragen. Für die Übertragung der ursprünglich für eine Vorlesung verwendeten handschriftlichen Aufzeichnungen in eine getippte Form danke ich meiner Sekretärin, Liselotte Winterholler. Frau Martina Kayser vom Gerling Akademie Verlag brachte manche umständliche Formulierung in eine knappere Fassung und sorgte dafür, daß der Text eine leserfreundlichere Gestalt annahm. Herrn Kollegen Uwe Backes, derzeit Universität Eichstätt, der das Manuskript kritisch durchlas, verdanke ich wertvolle inhaltliche und stilistische Anregungen. Frau Edda Heiligsetzer, Mitarbeiterin an meinem Lehrstuhl, leistete gründliche Vorarbeit für das Kapitel über den religiösen Terrorismus, eine mir bis dato wenig vertraute Materie, und half, formale Schwächen des Textes zu verbessern. Frau Kollegin Gudrun Krämer, Berlin, wies mich auf einige heikle Punkte bezüglich des islamischen Terrorismus hin. All den Genannten sei an dieser Stelle herzlich gedankt.

Last not least gilt mein Dank dem »anderen Peter«, d. h. Otto-Peter Obermeier, von dem nicht nur die Idee zu dem Buch stammt, sondern der darüber hinaus die unter Geisteswissenschaftlern eher seltene Gabe besitzt, Ideen auch in die Praxis umsetzen zu können.

Ich widme die kleine Schrift meinem verehrten Lehrer, Professor Mohammed Rassem, Salzburg – ohne ihn wäre ich wahrscheinlich nie zur Wissenschaft gekommen.

Peter Waldmann
Augsburg, Mai 98

Martin van Creveld

Die Zukunft des Krieges

Mit einem Vorwort von
Peter Waldmann

Aus dem Amerikanischen von
Klaus Fritz und Norbert Juraschitz
352 Seiten, Leinen, Fadenheftung
ISBN 3-932425-04-9

»Martin van Creveld ist einer der führenden
Militärhistoriker der Gegenwart. Seine Gedanken
zur Zukunft von Krieg und strategischer
Kriegführung sind brillant, umstritten, zuweilen
voreilig und immer provokativ. Sie werden eine
breite Diskussion auslösen.«
Walter Laqueur